绿色发展理念下
农业低碳生产效率分析
与减排政策设计

吴贤荣　著

中国财经出版传媒集团

经济科学出版社
Economic Science Press

北京

图书在版编目（CIP）数据

绿色发展理念下农业低碳生产效率分析与减排政策设计 / 吴贤荣著 . —— 北京：经济科学出版社，2023.6

ISBN 978 – 7 – 5218 – 4649 – 2

Ⅰ. ①绿…　Ⅱ. ①吴…　Ⅲ. ①节能－农业经济发展－生产效率－研究－中国 ②节能－农业经济发展－农业政策－研究－中国　Ⅳ. ①F323

中国国家版本馆 CIP 数据核字（2023）第 068349 号

责任编辑：胡成洁
责任校对：王京宁
责任印制：范　艳

绿色发展理念下农业低碳生产效率分析与减排政策设计

LÜSE FAZHAN LINIANXIA NONGYE DITAN SHENGCHAN XIAOLÜ FENXI YU JIANPAI ZHENGCE SHEJI

吴贤荣　著

经济科学出版社出版、发行　新华书店经销

社址：北京市海淀区阜成路甲 28 号　邮编：100142

经管中心电话：010 – 88191377　发行部电话：010 – 88191522

网址：www. esp. com. cn

电子邮箱：espcxy@ 126. com

天猫网店：经济科学出版社旗舰店

网址：http：//jjkxcbs. tmall. com

北京季蜂印刷有限公司印装

710 × 1000　16 开　13 印张　210000 字

2023 年 6 月第 1 版　2023 年 6 月第 1 次印刷

ISBN 978 – 7 – 5218 – 4649 – 2　定价：68.00 元

（图书出现印装问题，本社负责调换。电话：010 – 88191545）

（版权所有　侵权必究　打击盗版　举报热线：010 – 88191661

QQ：2242791300　营销中心电话：010 – 88191537

电子邮箱：dbts@ esp. com. cn）

本书为以下项目成果：

（1）国家自然科学基金青年项目"生态补偿政策对农户绿色生产率的影响机理与实证研究——以秸秆还田补偿政策为例"（编号：71903148）

（2）教育部人文社会科学研究青年基金项目"农业碳减排的生态服务价值评估及补偿机制研究"（编号：18YJC790184）

（3）武汉工程大学校内科学研究基金项目"基于低碳价值的农户生态补偿研究"（编号：K201812）

前　言
Preface

　　气候变化是当今世界共同面临的最严峻的环境挑战之一，碳排放是导致全球气候变化的一个重要因素。农业因其兼具碳排放、碳汇双重特征而成为学术界寄望于缓解气候变化的关键领域。中国是碳排放大国，也是传统农业大国，国家"十三五"规划以及党的十八大报告都高度重视农业碳排放问题。在大力推进低碳型农业发展进程、转变农业经济增长方式的背景下，转变农业经济效率考核机制，全面、客观、系统地探讨中国低碳农业发展问题十分必要。然而，目前中国的低碳农业发展进程处于什么阶段，低碳农业效率处于什么水平，传统农业经济效率考核机制与考虑环境约束的低碳农业效率考核机制存在怎样的差距，什么因素导致农户低碳生产效率低下，什么因素造成了中国低碳农业效率的区域差异，能否通过转变生产效率考核机制激励广大农户广泛参与低碳生产行为从而提升低碳生产效率，低碳约束手段与政策激励手段对低碳农业效率究竟会产生怎样的影响、哪种手段更有效，进行农业碳减排需要付出多大的经济代价？这些问题的解答是制定农业碳减排政策、有效推动低碳农业发展进程的关键。

　　基于上述问题，本书将农业碳排放和农业碳吸收等生态环境因素引入传统的农业经济效率核算分析框架，以"效率测度→成本核算→政策设计"为全书逻辑主线，系统性分析中国低碳农业发展问题。首先，简要介绍选题的国内外大背景，系统梳理本书研究领域的国内外相关前沿理论，并从中国低碳农业的发展现状分析中揭示现阶段存在问题。其次，在考察农业经济效率的同时，考虑农业碳排放和农业碳吸收等生态环境因素。一方面，从微观视角出发，采用 SBM 模型估算农户低碳生产效率，对导致农户低碳生产效率低下的因素进行剖析，在获得每个决策单元低碳生产效率值的基础上，运用 PSM 法估计农户低碳参与行为对其低碳生产效率的影响效应；另一方面，从宏观动态视角出发，利用 GML 指数法测定不同省域低碳农业效率，建立空间面板 SLM 模型，对低碳农业效率空间关联效应进行剖析，同时，利用门槛面板模型探究宏观低碳约束及低碳激励政策对低碳农业效率的影响效应。在此基础上，引入经济学中的影子价格思想对农业碳排放边际减排成本进行估计，从行政措施、财政手段、市场调节及保障措施等多方面系统探讨实现农业碳减排的路径选择与推动低碳农业发展进程的政策设计，以便为政府相关部门在政策制定方面提供科学依据和理论支撑。本书内容主要包括三大部分：第一部分，研究基础与现状解析（第1、第2、第3章）；第二部分，低碳农业效率测度：微观与宏观视角（第4、第5、第6章）；第三部分，农业碳减排的成本核算与政策设计（第7、第8、第9章）。通过系统研究，归纳形成以下基本结论。

（1）从微观视角看，农户低碳生产效率整体偏低，资本要素投入与碳排放产出冗余率较高是低碳生产效率低下的重要原因；参与农业清洁生产工程等农户的低碳行为对低碳生产效率具有显著正向促进效应。

运用 SBM 模型测算农户低碳生产效率，考察无效率决策单元的投入要素冗余率及农户低碳参与行为对其低碳生产效率的影响效应，本书研究表明，农户低碳生产效率较低，平均值为 0.4900；样本间差异性较大，约 58.63% 的样本农户低碳生产效率值在 0.5 以下，仅有 14.92% 的农户低碳生产效率值大于 0.7，大多数农户的效率值介于 0.3 与 0.6 之间；与最优决策单元相比较，资源过度消耗和农业碳排放产量高均是农户低碳生产效率低下的重要原因，在投入要素中资本投入冗余率最高，为 -6.37%，其次为劳动力和土地投入。通过传统生产效率与低碳生产效率的对比分析发现，低碳生产效率得分均值（0.4900）小于传统生产效率得分均值（0.5078），表明以往忽视农业碳排放、碳吸收的环境约束因素会高估农户的生产效率。农户低碳行为对其低碳生产效率具有显著正向影响效应，其中，参与农业清洁生产工程的农户比未参与农业清洁生产工程的农户低碳生产效率高出 9.90%。

（2）从宏观视角看，中国低碳农业效率增长速度缓慢，对农业规模技术进步和纯技术效率改善的依赖性较大；邻近省份低碳农业发展存在一定空间集聚效应。

借助低碳农业效率 GML 指数及其分解指数，从宏观层面对中国低碳农业效率进行评价，主要结论如下。

中国低碳农业效率增长总体偏慢，年均增速仅为 0.49%，增长主要源于前沿技术进步和技术效率改善的双重驱动效应。进一步分解指数发现，规模技术进步和纯技术效率改善的年均贡献率较高，分别为 0.59% 和 0.37%；通过传统农业生产效率与低碳农业生产效率的对比分析发现，低碳农业效率指数（1.0049）小于传统农业效率指数（1.0078），但其年均增长率（0.51%）大于传统农业生产效率年均增长率（0.23%）。

从空间计量结果来看，中国低碳农业效率表现出显著的空间自相关关系，同时，省域低碳农业效率分布呈现出明显的空间分块结构；地理因素对中国低碳农业效率具有显著的正向影响，邻近地区间的低碳农业效率存在着空间依赖性。

影响因素方面，对外开放程度与低碳农业效率有显著的正相关关系，进一步提倡对外贸易将有利于提升中国低碳农业效率，实现农业经济和低碳发展的双赢；农村居民人均收入水平、城乡收入差距、农业财政支持政策及农业生产受灾程度均与低碳农业效率呈显著的负相关关系。

（3）低碳规制手段与低碳农业效率之间具有明显的非线性关系，增汇约束手段、财政支农政策和农业补贴政策对低碳农业效率提升的影响均显著存在基于排放强度约束的"门槛效应"。

采用门槛面板模型模拟低碳约束与低碳激励对低碳农业效率的影响效应后发现，排放强度约束手段能够有效促进低碳农业效率提升，但并不意味着排放强度约束力度越大越好，增汇约束的低碳促进效应显著存在基于排放强度约束的"单一门槛效应"，当农业碳排放强度大于门槛值 0.4970 时，增汇约束对低碳农业效率提升的影响效应显著为正。财政支农政策的低碳促进效应显著存在基于排放强度约束的"单一门槛效应"，当农业碳排放强度高于门槛值 1.7344 时，财政支农政策对低碳农业效率提升产生显著负面影响；

农业补贴政策的低碳促进效应显著存在基于排放强度约束的"双门槛效应",当农业碳排放强度介于 0.4554 与 1.7344 之间时,补贴政策的激励强度增加对低碳农业效率提升的平均边际效应最大。因此,不建议单独使用任何一项约束或激励手段,而应"因区施策",以排放强度约束为主,同时避免过度依赖排放强度约束,适当放弃财政支农的政策激励方式,将增汇效应约束和农业补贴等激励方式配套使用,根据不同地区发展特点分别选择单边突破式、扬优补劣渐进式和短期积蓄的跨越式等低碳发展路径。

(4)中国农业碳排放的影子价格估计值省域差异较大,平均值为 67.71元/吨(合约 10.19 美元/吨);碳减排行动将造成农业部门的资源配置存在一定的效率损失,但损失部分越来越小。

本书利用影子价格方法估算 1993~2015 年中国 31 个省(自治区、直辖市)的农业碳排放边际减排成本,研究表明,农业碳排放的影子价格估计值在 6.62~551.05 元/吨,平均值为 67.71 元/吨(合约 10.19 美元/吨),且农业碳排放边际减排成本值在不同省份的差异较大,实行碳减排行动将造成农业部门的资源配置存在一定的效率损失。从农业碳排放影子价格的核密度曲线来看,随着时间推移,影子价格核密度曲线的峰值明显增大,表明农业碳减排成本的区域分布随时间推移而趋向于高度集中,碳减排成本的地区差异在样本考察期内缩小趋势较为明显,说明低碳约束造成的农业部门资源配置所存在的效率损失越来越小。种植结构是导致农业碳减排成本区域差异的重要影响因素之一。水稻种植比例每下降 1 个百分点,将导致农业碳减排成本值增加约 0.31 个百分点,表明水稻播种面积在粮食播种总面积中所占比重越高,实现农业碳减排目标所要付出的经济成本将越低。水稻主产区的减排难度相对较小,可以通过调整和优化农作物种植结构来实现有效降低农业碳减排成本。

(5)推进中国低碳农业发展的减排政策设计应从构建农业碳减排区域责任分摊机制、考虑低碳约束的农业补贴制度再创新、推进农业碳交易市场发展等多方面着手,同时完善推进低碳农业发展进程的政策保障措施。

通过对国外低碳农业发展经验的归纳,本书发现发达国家先进的农业技术和管理模式是低碳农业发展的关键,发展中国家发展低碳农业更注重从本国的产业优势和特色出发。在总结国外低碳农业发展经验对中国的启示的基础上，结合本书研究基本结论，笔者提出"一个目标，两大考虑因素，四个重点，三大支撑系统，四大保障措施"的政策体系构建基本思路，建议构建中国农业碳减排政策体系从区域责任分摊、财政补贴制度、碳交易市场和政策保障措施等方面着手，构建农业碳减排区域责任分摊机制，遵循"共同但有区别"的原则，严忌搞"一刀切"，分别指出东中西部减排政策的方向；考虑低碳因素进行农业补贴制度改革与创新，包括建立健全农业生产环节的低碳补贴制度以及农产品消费环节的低碳补贴制度，加大对生物质能源的补贴力度；推进农业碳交易市场的发展，完善农业碳交易市场建设基础与条件以及实现农业碳交易与农村脱贫有效结合；推进中国低碳农业发展进程的其他政策保障措施包括出台低碳农业战略规划，推进低碳农业立法进程；突出低碳技术的支撑作用，创新科技推广服务；优化农业产业结构，提高低碳农业组织化水平；促进产业间减排政策平衡发展，引导全民参与减排实践。

本书的研究创新主要体现在以下几个方面。(1) 为避免因农业碳排放测算不完整而出现中国低碳农业生产效率高估的情况，本书在衡量非期望产出时，对农业生产物资投入所引发的碳排放、农作物生长过程所产生的温室气体排放和农作物秸秆焚烧所引发的二氧化碳和一氧化碳气体排放进行了清查与排除。(2) 本书重点关注种植业低碳生产情况，在选取投入产出指标时统一采用狭义的农业统计口径来进行低碳生产效率研究，以更好地解读中国低碳农业效率的空间集聚效应，进而提出减排政策制定应考虑产业差异及地理因素。(3) 本书不但从宏观动态视角对低碳农业效率进行探究，还从微观视角出发，定量分析与评价农户低碳生产效率，对传统测算法与低碳测算法下的中国农业效率和农户生产效率进行了对比分析。(4) 在测度低碳生产效率的基础上，估计农户低碳减排工程参与行为对其低碳生产效率的影响，同时，检验低碳规制手段有效性发现，低碳约束与激励政策对低碳农业效率提升的影响存在基于排放强度约束的"门槛效应"。(5) 引入经济学中影子价格相关方法对中国农业边际碳减排的经济成本进行核算，在此基础上，从区域行政措施、财政补贴手段、市场交易调节等多方面着手构建推进中国低碳农业发展的政策体系。

目　录

Contents

第1章 导 论

1.1 研究背景与问题的提出

近年来，全球性碳减排呼声越来越高。虽然中国现阶段仍属于发展中国家，但一直以来本着以增进全人类共同福祉的基本原则，在国际上就资源与环境问题承担着"大国责任"（于宏源，2011）。2009 年底，中国在联合国哥本哈根气候变化大会①上向全世界庄严承诺，到 2020 年，全国单位 GDP 的二氧化碳排放量比 2005 年减少 40%～45%；2015 年底，中国在联合国巴黎气候大会②上重申，到 2030 年，单位 GDP 的二氧化碳排放量在 2005 年的基础上下降 60%～65%。毋庸置疑，工业部门是温室气体减排的工作重点，而农业部门碳排放总量与日俱增，亦是未来减排工作不容忽视的重要组成部分。尽管农业较其他行业部门减排空间较小，但减排意义和对资源环境的正外部效应远大于其他产业部门。因为农业碳减排除了可以减少大气中的温室气体排放，往往还意味着土壤肥力的提升、农业生态环境的改善、农产品健康绿色的保障（Johnson，2007），而这些正外部性对于推进中国农业可持续发展以及促进国民生活品质的提高都是大有裨益的。农业在气候变化中发挥着特殊作用（Mccarl，2000），因为它既是引起全球温室气体排量增加问题的来源之一，也是有助于大气中二氧化碳气体浓度降低的有力解决方案之

---

① 《联合国气候变化框架公约》UNFCCC 缔约方第 15 次会议，2009 年 12 月 7 日至 18 日在丹麦首都哥本哈根召开，温家宝同志代表中国出席会议。

② 《联合国气候变化框架公约》UNFCCC 缔约方第 21 次会议，2015 年 11 月 30 日至 12 月 11 日在法国首都巴黎召开，习近平同志代表中国出席会议。

一，其因兼具碳排放、碳吸收双重特性而成为近年来学术界寄望于缓解气候变化的关键领域。

中国作为传统农业大国，是世界上最大的农业碳排放生产国之一，农业碳排放问题早已引起了各界广泛关注，更是近年来学术界讨论的焦点。有数据表明，中国农业碳排放量约为全国温室气体排放总量的17%（董红敏，2008），具有一定减排潜力（Sun，2016）。所谓农业碳排放，是指在农业生产过程中由于人为导致的直接或间接的温室气体排放（Liu，2006），主要包括农用化肥、农药、农膜、柴油等农用物资导致的二氧化碳等温室气体排放以及农作物、畜禽等全生命周期的温室气体排放等。改革开放以来，中国经济社会迅猛发展，农业经济也取得了长足发展，但长期以来的高投入、高污染、高排放等环境问题仍待解决。在日趋严峻的全球气候变暖大背景下，农业可持续发展面临严峻挑战，农业碳减排问题不容忽视，在保障粮食安全与农业可持续发展的前提下，将农业碳减排纳入应对气候变迁的行动具有重要现实意义。过去单纯关注经济增长指标的国民经济核算体系在新的绿色发展理念下不再适用，在考察农业经济增长的同时，应兼顾碳排放等环境因素，才能对农业经济发展作出更加客观、科学的评价。

在大力推进低碳型农业发展进程、转变农业经济增长方式的背景下，转变农业经济效率考核机制，全面、客观、系统地探讨中国低碳农业发展问题十分必要。然而，目前中国的低碳农业发展进程处于什么阶段，低碳农业效率处于什么水平，传统农业经济效率考核机制与考虑环境约束的低碳农业效率考核机制存在怎样的差距，什么原因制约农户低碳生产效率提升，什么原因造成中国低碳农业效率的区域差异，能否通过转变生产效率考核机制激励广大农户广泛参与低碳生产行为从而提升低碳生产效率，低碳约束手段与政策激励手段对低碳农业效率究竟会产生怎样的影响、哪种手段更有效，进行农业碳减排需要付出多大的经济代价，如何有效促进农业碳减排从而推进中国低碳农业发展进程？这些问题的解答是制定农业碳减排政策、有效推动低碳农业发展进程的关键。基于上述问题，本书以"效率测度→成本核算→政策设计"为逻辑主线，将农业碳排放和农业碳吸收等生态环境因素引入传统的农业经济效率核算分析框架，从中国低碳农业的发展现状中揭示出现阶段存在问题。一方面，从微观视角估算农户低碳生产效率，对导致农户低碳生产效率低下的制约因素进行剖析，探究农户低碳行为对农户低碳生产效率的影响效应；另一方面，从宏观动态视角测定不同省域低碳农业效率变动趋势，探究宏观低碳约束及低碳激励政策对低碳农业效率的影响效应；在此基础上，估算农业碳排放边际减排的成本，探讨实现农业碳减排的路径选择与推动低碳农业发展进程的政策保障措施，以便为政府相关部门在政策制定方面提供科学依据和理论支撑。本书写作思路如图1-1所示。

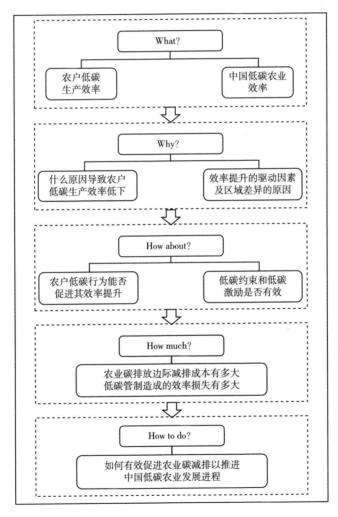

图1-1　本书写作思路

1.2　研究目的与意义

1.2.1　研究目的

本书在全面推进低碳农业发展进程、转变农业经济发展方式的背景下，将农业碳排放和农业碳吸收等生态环境因素引入传统的农业经济效率核算体系，系统性分析中国低碳农业发展问题，探究农业碳减排实现路径与政策保障措施，为丰富低碳农业效率及减排成本等领域的研究成果贡献微薄力量，同时，也为推进低碳农业发展相关政策制定提供科学依据。

研究的具体目标包括以下方面。

（1）从微观视角测算农户低碳农业生产效率。在实地调研与数据分析的基础上，以农户为决策单元，研究农户低碳生产行为及生产效率，考察无效率决策单元与最优决策单元相比较的投入要素冗余率，寻找改善低碳生产效率的可能方向，在获得每个决策单元低碳生产效率值的基础上，估计农户低碳参与行为对其低碳生产效率的影响效应。

（2）从宏观视角对中国省域低碳农业效率进行评价。在大量收集数据资料并尽量全面考察农业碳排放源的基础上，以省份为决策单元，研究中国各省份的农业效率动态趋势，进而揭示中国低碳农业效率的增长驱动力、空间集聚效应及影响因素，在此基础上，估计低碳约束与低碳激励政策对低碳农业效率的影响效应。

（3）对中国农业碳减排成本进行定量经济核算。通过技术农业碳排放影子价格，估算农业碳排放边际减排成本，探究其时序变动特征及地区水平差异，并对省级农业碳减排成本的分布动态趋势进行模拟，在此基础上，评估低碳环境规制政策实施的有效性，探究进行农业碳减排是否会造成农业部门的资源配置存在效率损失。

（4）构建推进中国低碳农业发展的政策体系。基于前面研究结论，在归纳和总结国外低碳农业发展先进经验的基础上，从行政措施、财政手段、市场调节等多方面着手系统构建中国农业碳减排政策体系，探究推进中国低碳农业发展进程的政策保障措施。

1.2.2 研究意义

1. 理论意义

本书研究属于农业经济学、资源与环境经济学、社会学与管理学等多学科的交叉范畴与前沿领域，其理论意义主要包括以下两点。

（1）将农业碳排放和农业碳吸收等生态环境因素引入传统的农业经济效率核算体系，系统地分析中国低碳农业发展问题，丰富和发展了低碳农业相关研究理论和文献。发展低碳农业是推进农村生态文明建设、农业可持续发展的内在要求，也是全面推进低碳农业发展进程、引导农业经济发展方式转变的理论需求。因此，过去单纯关注经济增长指标的国民经济核算体系新的绿色发展理念下不再适用，在考察农业经济增长的同时，应兼顾农业生产的外部效应，综合考察经济增长与碳排放和碳吸收等生态环境因素，对农业经济发展作出更加客观、科学的评价。

（2）通过构建同时含有期望与非期望产出的方向距离函数模型，对农业碳排放影子价格进行估算，为农业部门碳减排成本的定量经济核算问题探讨提供了理论依据。大多数学者在采用影子价格方法分析减排成本时关注的是宏观经济层面或者工业视角，部分学者也采用重工业等企业层面的数据进行分析，但较少关注农业部门的减排问题。然而，影子价格的估计结果不仅与估计方法有关，还与关注视角、研究对象及样本数据的差异相关，因此，本书重点关注农业领域，构建农业碳排放影子价格模型，对中国各省份农业碳减排成本进行定量经济核算，并对其区域差异动态趋势进行探究。

2. 实践意义

本书的实践意义主要体现在以下两个方面。

（1）对低碳农业生产效率进行评价，考察投入要素冗余率、效率增长驱动力及影响因素，寻找改善低碳生产效率的可能方向；估计低碳约束和政策激励对低碳农业效率的影响效应，为促进中国农业低碳化发展提供对策建议。本书分别从微观视角和宏观动态视角出发，对农户低碳生产效率和中国低碳农业效率进行定量评价,同时考察农户低碳生产投入要素冗余率以及中国低碳农业效率增长的驱动力及影响因素,寻找生产效率的低碳改善方向;此外,估计农户低碳参与行为对其低碳生产效率的影响效应,检验中国现行农业低碳减排工程的推广和实施效果,并考察低碳约束手段与政策激励手段对低碳农业效率的不同影响效应,有利于推进中国低碳农业发展进程的政策体系构建。

（2）通过计算农业碳排放影子价格估计各省份农业碳减排成本,不但可以评估低碳政策的有效性,对制定差异化农业碳减排政策起到参考作用,还能为中国农业碳补贴标准的核定和碳交易的区域定价提供科学依据。因为农业碳减排的经济成本难以衡量,经济学中影子价格概念的提出和广泛应用为衡量环境治理带来的经济损失提供了可能,碳排放影子价格反映的是碳排放削减的边际减排成本。通过对行业间或区域间的影子价格进行比较研究,可以在一定程度上评估各地区低碳环境规制政策实施的有效性。如果碳排放影子价格存在较大差异,说明低碳环境管制造成农业部门的资源配置存在一定的效率损失,低碳环境管制所付出的经济成本存在一定程度上的浪费。反之,则说明低碳环境管制成本是一种有效付出。因此,计算农业碳排放影子价格有助于差异化减排政策的制定,还能对农业碳排放权的市场价格制定和农业部门的碳减排补贴标准制定起到参考作用。

1.3 国内外研究动态与述评

1.3.1 国内外研究动态

1. 农业碳排放源及相关问题研究

与工业碳排放不同,农业碳排放源头众多且测算复杂。前文已经对农业碳排放给出了定义,农业碳排放是指农业生产过程中人类行为带来的直接或间接的温室气体排放,主要指农用物资使用带来的二氧化碳排放,包括化肥、农药、农膜及柴油等（赵其国等,2009）;水稻生产发育过程中产生的甲烷（CH_4）气体排放（李迎春等,2007）;养殖动物尤其是反刍动物产生

的甲烷、氧化亚氮（N₂O）气体排放等（李胜利等，2010）。学者们从不同
角度对中国农业碳排放问题进行了较为系统的研究，归纳整理主要集中在以
下两个方面。

（1）农业碳排放量的测算。美国学者利用计量模型分析和评估了作物
（品种，产量，套种模式）、气候条件（温度，降水量，蒸发量）以及土壤
条件（碳储存量，含水量）等对农地土壤碳转移量的影响（Vleeshouwers
and Verhagen，2002）。也有学者运用农业碳排放测算方法统计了美国、欧
盟、加拿大、印度、新西兰的农业碳排放情况，研究发现农业碳排放占碳排
放总量的比重与国别有关，由于不同国家农业生产方式存在差异，导致农业
碳排放占碳排放总量的比重也因此存在差异（Mccarl and Schneider，2000）。
伍默和蒂森（Woomer and Tieszen，2004）认为土地利用方式的转变是产生
农业碳排放的重要因素之一。农业碳排放产生的源头主要有农业废弃物、肠
道发酵、粪便排放、农业能源利用、稻田以及生物燃烧（Johnson et al.，
2007）。我国学者田云（2011）、贺亚亚（2013）在分别测算湖北省 1993 ~
2010 年、1995 ~ 2011 年两个时段的农业碳排量的基础上，分析认为其碳排
放总量变化特征明显，大致呈"先上升，后平稳，再上升"的变化态势。李
波（2012）、王才军（2012）等学者基于农业投入视角研究农业碳排放发展
现状及时序演变规律。李长生（2003）、李虎（2012）、刘月仙（2013）等
学者对中国农田温室气体排放情况以及畜禽温室气体排放的时序演变态势与
空间变化特征进行了深入探讨。冉光和（2011）发现传统农业背景下农业碳
排放水平相对较高，增速较快，数据显示改革开放以来中国农业碳排放量甚
至以平均每年 5% 的速度持续增长。

（2）农业碳排放因素分解研究。因素分解法是分析农业碳排放来源最
主要的方法之一，其中 LMDI 模型和 Kaya 恒等式这两种方法应用较多且被
学术界广泛接受。我国学者黄华（2012）利用 LMDI 模型分析了四川省农
业碳排放与能源消费碳排放状况，发现经济增长因素是导致碳排放增长的
最重要因素，也是唯一对碳排放量增长呈正效应的因素。戴小文（2015）
利用 Kaya 恒等式变形分别对中国农业能源碳排放及农用物资投入碳排放
进行因素分解，从分解的结果来看，其得出农业经济的增长在一定程度上
推动了农业碳排放的增长，相反，效率因素、结构因素、劳动力规模因素
则对碳排放量增长有负向影响。有学者从农地利用、稻田、肠道发酵和粪

便处理四个角度测算中国 1995 ~ 2010 年农业碳排放量，并对其阶段性变化特征进行了分析，在此基础上利用 Tapio 脱钩模型进一步探讨了中国农业碳排放与农业经济发展之间的关系（田云等，2012）。也有学者在全面核算农业生产导致的二氧化碳的基础上，分析了地区差异，并采用面板数据实证分析了全国及东部、中部、西部地区碳排放的影响因素（杨钧，2012；闵继胜，2012）；也有研究从农地利用视角出发，就农业碳排放总量及强度两方面探讨中国农业碳排放的时空分布特征，进一步利用 Kaya 恒等式分析碳排放总量不断变化的原因（李波等，2011）；更有学者基于能源消耗与贸易视角，利用 Kaya 恒等式和 LMDI 模型分解研究中国农业碳排放的变化因素，分析认为贸易条件效应是导致农业能源碳排放量变化的最主要原因。此外，国外学者在充分考虑作物、气候、土壤等不同因素的基础上研究土壤碳排放转移量对农业碳排放的影响（Vleeshouwers and Verhagen，2002），且发现土地利用方式转变也是重要的农业碳排放源之一（Woomer et al.，2004）。

2. 低碳农业效率评价与研究

回顾国内外相关文献，大量研究成果涉及碳排放效率衡量指标选取与测度。其中，米尔尼克和戈德伯格（Mielnik and Goldemberg，1999）在总结整理其理论研究的基础上，利用"碳化指数"度量法对发展中国家的碳排放状况进行了评价，但是该方法在能源要素评价指标的选择上存在不足，仅考虑单一指标却忽视了生产中其他投入要素的替代效应，因而无法对碳排放效率做出科学、全面的度量，在学术界存在较大争议（涂正革，2005；Jefferson，2008）。有些学者在综合效率指数的整体评价框架中加入了能源消费、经济发展和碳排放三个指标，利用数据包络分析法（Data Envelopment Analysis）进行分析，从而使碳排放效率评价更全面与合理（Burtraw et al.，2002；Seiford and Zhu，2002；Wu et al.，2007；陈诗一，2009）。

学者们利用这一思路的基础对碳排放效率及其相关问题展开了进一步分析（Zaim and Taskin，2002；Zofio and Prieto，2001）。前文研究碳排放效率问题大多涉及宏观层面（段庆锋，2012）和工业视角（查建平，2012；王群伟，2011），但当前中国正处于农业经济转型的关键时期，农业碳排放作为中国碳排放的重要组成部分，也应作为政府部门节能减排工作的一部分，农业碳排放效率的测度对制订差异化的农业碳减排政策具有重要的现实意义（吴贤荣，2014）。杨俊（2011）、王奇（2012）分别充分考虑氮、磷等污染物对农业全要素生产率的影响，且将氮、磷流失作为一种要素纳入农业绿色全要素生产率变化指数测算体系中，进一步与传统的全要素生产率进行对比；也有学者将水资源和农业面源污染两种要素纳入农业全要素生产率分析体系，对环境约束下中国农业经济增长效率进行测算（潘丹，2013）；更有学者在对农业面源污染进行测算的基础上，利用单元调查评估法实证分析了加入环境要素的农业全要素生产率增长问题（Hailu and Veeman，2000；李谷成，2011；韩海彬，2013），也有研究利用种植业投入产出与污染排放面板数据测算农业技术进步、环境技术效率与环境全要素生产率等相关指数，试图验证三种指数与农业经济增长之间的"倒 U"型库兹涅茨曲线（杜江，2016）。

3. 基于微观视角的农户低碳行为研究

农户是农业生产活动的直接参与者，其生产行为关乎农业低碳化发展的实现。现有文献中不乏从微观视角探讨农户低碳行为方式的研究，研究表明，社会经济因素和农业生产特点在农民采用低碳生产行为方式中扮演决定性作用，而小农的位置感和环境世界观以及人口和社会经济变量因素同样扮演重要角色（Montefrio et al.，2015）。有学者以化肥施用为例，利用中国 7 个省级行政区的微观调研数据，用倾向评分匹配法（PSM）探讨了农户低碳生产行为的影响因素（Jobin and Duquette，2014）。利用农户参与式评估方法估算了在水稻种植过程中减少农药、化肥投入对产量的影响程度（Huan et al.，2005）。部分学者均认为农户采用测土配方施肥等方式有利于保护农业生态环境（Wehner et al.，2014）。对中国目前因过度施用化肥带来的环境破坏进行分析，建议中国农业生产减少化肥施用量（Gong et al.，2011）。

近年来，中国农村出现了农户兼业化、村庄空心化、农村人口老龄化的现象。大量农村剩余劳动力离开农村，向城市转移，进而促进了兼业和土地流转，农村老龄化带来的是年老一代异于年轻一代的环境和农业生产认知，从而导致农户化肥施用、能源消耗等碳生产行为方式变化（黄祖辉，2011）。回顾相关文献，有学者认为这种非农就业化的趋势将导致高碳生产，其认为农户在生产中更倾向于使用大规模机械化以及农业化学品以大幅提高劳动效率，机械化和农业化学品使用量的提升随之带来碳排放的增加（冉光和，2011）。但也有部分学者认为，非农就业机会的增多在理论上能够减少农业碳排放，原因在于非农就业会降低农户从事农业生产的积极性，从而在一定程度上减少农药、化肥等农业物资的使用（李波，2011；闵继胜，2012）。综合来看，非农就业对农户碳行为的影响主要是从以上两个方面展开，研究的文献相对较少，而较多学者侧重研究非农就业对农户化肥投入的影响（王珊珊，2013）。大多数学者认为农户为减少劳动时间，依靠化肥等投入代替劳动投入，经济发展带来现金收入的增加也使其成为可能，而化肥的大量使用是造成农业碳排放增加的一个主要来源（何浩然，2006；李太平，2011）。也有部分学者认为，现代教育水平的提升会加深农户对化肥投入负面影响的认知，会逐步减少化肥施用量，现代农业发展的深化，也使农户倾向于减少有机化肥投入（马骥，2006；张锋，2011；张广胜，2013）。

4. 农业碳减排成本问题定量经济分析

国内外定量分析农业碳减排的研究方法中，边际减排成本曲线是最普遍的计量方法之一。边际减排成本曲线主要优势是能反映出不同减排措施成本有效性和减排潜力之间的关系，即减少单位温室气体增加的投入成本与减排量之间的关系（Kwon et al.，2005；Rezek et al.，2007），减排成本曲线主要可以反映以下信息：随着减排量的不断增加，单位减排量需要付出更多的减排成本（Färe et al.，2012）；减排措施不同，其减排成本也存在差异，即恰当的减排措施消耗的减排成本低，而不恰当的减排措施在消耗大量成本的同时对减排量也没有太多贡献，边际减排成本曲线能够有效识别减排措施是否具有成本有效性（Lozano et al.，2008）；绘制边际减排成本曲线首先要确定减排技术，其次估算相应的减排成本，最后是进行减排潜力的评价，其中减排成本估算是重点和难点，减排潜力评价涉及减排速率估算和实施面积（Du et al.，2012）。

对减排成本的估算，通常使用自上而下和自下而上这两种估算方法。前者是使用较多的是一般均衡模型，将减排量作为外生变量估算整体区域的减排成本；后者的原理是基于微观的数据，采用线性模型估算区域减排成本

（Picazo et al.，2005）。回顾国外相关文献，不乏学者利用边际减排成本曲线（MACC）测算农业碳减排成本问题的研究。例如应用 MACC 方法自上而下分别对全球范围及特定区域的农业碳减排成本的有效性和减排潜力进行估算（IGER，2001；ECCP，2001）；采用 MACC 方法对英国种植业及土壤各项减排措施下的边际减排成本进行估算（Macleod，2010）；也有学者应用此方法对澳大利亚农业各项减排措施下的边际减排成本进行估算（Thamo et al.，2013；Tang et al.，2016）。运用 MACC 方法估算印度北部地区不同农业技术条件下碳排放的情况，结果表明，不同技术组合情况下的碳排放量存在较大差异，其中传统的技术组合方式造成的碳排放量较高，存在 13 种农业技术的组合方式具有不同程度的减排潜力，农户净收入遭受不同程度降低（Pathak and Wassmann，2007）。在研究不同减排技术组合成本收益分析方面，学者们强调在农业温室气体的测算和分析中，要根据估算地的实际情况如气候、土壤等的不同而注意区别，故微观分析的数据来源要精确到村或者农户层面；此外还强调 MACC 方法较为适用于短期的减排成本有效性评价，而长期的评价则需将新技术的投资及结构变化产生的额外成本和收益纳入考虑的范畴（Flugge et al.，2006）。

5. 低碳农业发展路径与减排政策研究

相比工业污染而言，农业生产表现出的不确定性在实际中也加大了农业减排政策设计和减排效果分析的难度（Steele，2009）；郑恒（2011）建议制订专项规划以明确低碳农业发展目标、政策导向和重点任务；向平安（2007）针对不同地区实证研究了不同减碳政策的实施效果；范定祥（2011）利用博弈理论，通过改变农业碳排放源的博弈矩阵，进而诱导农户选择碳减排策略；唐晓川（2009）基于千烟洲生态实验站，核算了中国南方红壤区的植树再造林项目蕴含的碳汇潜力及潜在的经济效益。

在农业碳减排政策选择上，学者们普遍认为应采取合理的经济手段。其中，普雷蒂和沃德（Pretty and Ward，2001）认为农业源碳减排政策工具可以概括为在农户中推广减排技术、建立规章制度和立法措施及以碳税、补贴、信贷、配额为主的经济措施三类；布兰福德和乔斯林（Blandford and Josling，2009）则从农业生产过程、具体耕作方式的选择、碳税和碳补贴等方面给出农业碳减排政策工具。而大多数学者普遍达成一致的认识是：温室气体排放及减排背后的经济学本质为外部性问题，解决外部性问题常用的手段是补贴或征税，故通常使用碳税和碳交易等手段来解决温室气体的排放问题（沈满洪，2011）。有学者在此基础上对碳税、补贴和自愿参与碳权交易机制三大农业碳减排政策工具进行了详细论述，主要观点可分为以下几类。

（1）通过碳税政策促进农业碳减排。国外不少学者关于农业碳减排政策方面的研究均主张通过对碳排放源的使用进行一定征税以达到减排目的。他们认为，碳税政策的实行，一方面可以达到改善环境质量的目的，另一方面征收到的资金可作为补贴低碳行为的激励手段，也可以带来社会福利的增加（Rayment and Bryce，1998）。目前，国际上针对农业部门的碳排放实施征税的国家或地区并不多见，少有的几个农业碳税均来自发达国家，典型代表如美国针对农药征收的农药税、澳大利亚和芬兰针对化肥征收的化肥税、法国和瑞士征收的氧化亚氮税等（Helm et al.，2003）；也有学者认为对农业能源课税有利于提高能源利用率、达到碳减排目的（Ryan and Tiffany，1998）。有学者认为进行碳税定价及制定合理的征税标准是能否通过碳税政策实现农业碳减排的关键（Murray et al.，2004）。

（2）通过补贴政策激励农业碳减排。碳补贴方面，目前直接针对农业碳排放征收碳税的国家较少，大部分是通过对农业环境、气候及能源等方面征税间接体现出来；考伊等（Cowie et al.，2006）根据农业碳排放的五大方面的来源（土壤、反刍动物喂养、水稻生产、畜禽粪便排放和农业废弃物燃烧）预测了到2020年全球农业碳排放的趋势，并针对变化趋势综合评估了各国现有的气候政策，认为发展环境友好型技术是发展低碳农业的关键，政府应对此项技术的投资者和采纳者给予补贴。安特尔等（Antle et al.，2007）完全主张实行碳减排补贴政策，并以秘鲁安第斯山脉周围农业生产为例，对农业碳减排定价策略的实施对农户福利的影响进行了评估；沙伊克等（Shaikh et al.，2007）在对碳交易和补偿机制差异进行对比的基础上，以加拿大西部地区为例，测算了土地用于植树造林创造的碳减排所带来的社会福利变化，结果显示，植树造林导致土地所有者愿意接受的补偿低于土地边际产出收益，但高于这些林地实现碳减排后带来的潜在收益。他们均认为，实施补贴政策更能激励农户碳减排。

（3）结合碳交易与碳金融市场等多种手段。减排政策实施的基础在于核算碳排放体系的建立、测算方法的确定、减排固碳速度的确定以及最后落实与农户关于减排政策的协同四个方面，而减排政策设计包含三个方向，分别为参与碳减排国际公约、碳减排激励政策及建立自愿碳减排交易市场（Six et al.，2004）。自愿参与机制主要有两个方面，一是政府通过向农户推荐农业碳减排技术，结合农业技术推广激励农户自愿采纳，二是政府构建农业部门与非农业部门之间碳权交易的平台。实现碳减排的关键在于构建农业碳交易市场与实施农业碳排放许可（Lee et al.，2002）。也有学者利用计量经济模型测算出小于 500 公顷的林地由于交易成本较高而不能参与清洁发展机制相关项目（Locatelli and Pedroni，2004）。此外，更有学者通过碳注册、碳上限等方式将减少的碳排效益货币化，据此构建解决森林碳汇、碳储存问题的三层等级信用体系（Brucel et al.，2008）；Hugh（2009）借鉴金融机构处理资金的方式，在原有碳支付系统下又提出了更科学的碳银行系统，通过交易账户里的"碳"的方式实现碳收益。

1.3.2　文献述评

综合以上研究，国内外对低碳农业发展和农业碳减排问题的研究主要聚焦在农业碳排放总量测度、影响因素分解、碳排放效率衡量指标选取与测度、基于微观视角的农户低碳行为方式研究、农业碳排放边际减排成本曲线研究、碳税、碳补贴以及低碳农业发展路径与减排政策研究等几个方面，目前基本达成共识的是：过去单纯关注经济增长指标的国民经济核算体系在新的绿色发展理念下不再适用，在考察农业经济增长的同时，应兼顾农业生产外部性问题，将环境因素纳入（戴平生，2008；刘忠生，2008；李胜文，2008；王兵等，2010）。基于这样一个学术共识前提下，陈诗一等（Chung et al.，1995）建立了引入环境生产技术的方向性距离函数模型（Directional Distance Function，DDF），将资源环境因素作为经济增长中的重要因素，同时增加好的产出和减少坏的产出，如此，基于 DEA 方法综合测度低碳农业效率成为可能。

此后，学者们在此基础上进行了大量的实证分析（Hu et al.，2005；Wu，2001；涂正革，2008，2009；吴军，2009；陈茹，2010），这些研究主要集中于中国工业部门或宏观层面的环境经济效率。近年来，部分中国学者开始尝试在农业经济效率的测算中考虑环境因素（例如杨俊，2011；李谷成，2011；潘丹，2012；杜江，2016），他们的环境坏产出指标均为农业污染物；也有学者在测算农业经济效率时，试图将环境因素落脚于碳排放问题（例如曾大林，2013；钱丽，2013；田云，2015）。以上文献在一定程度上丰富了低碳农业的研究成果，对推进低碳农业发展具有重要意义，为后续相关研究奠定了坚实的基础，但仍存在进一步细化和深化的空间。本书认为现有研究在以下几个方面有待商榷。

（1）农业碳排放测算不完整，导致测算出来的低碳农业效率被高估。现有文献对非期望产出中的农业碳排放量测算不完整，主要表现在仅考察农业生产物资投入所引发的碳排放，而忽略农作物在自然生长过程中的呼吸作用产生的温室气体排放和农作物秸秆焚烧所引发的二氧化碳和一氧化碳气体排放。农作物生长过程所产生的温室气体排放主要包括甲烷（CH_4）和氧化亚氮（N_2O），其中 N_2O 已包含在农业生产要素投入所引发的碳排放中，CH_4 排放除了一部分能够被旱地土壤吸收外，另一部分水田的 CH_4 排放容易被忽略。另外，农作物秸秆的不同处理方式会带来不同的碳效应，田间直接焚烧会产生的大量二氧化碳和一氧化碳气体排放，以往文献均忽略了这部分碳排放，从而出现高估中国低碳农业生产效率的情况。

（2）投入产出指标统计口径未统一，导致农业效率评价结果偏离实际值。广义农业包含的范围较为广，狭义的农业仅指种植业，若只考察狭义农业范畴，所有投入产出指标应统一采取种植业产值占广义农业总产值的比重作为权重依据进行剥离。而现有文献通常出现投入产出指标统计口径混乱的问题，比如非期望产出的农业碳排放采用种植业口径或种植业加畜牧业，而期望产出中的农业碳吸收采用种植业口径，经济产出却采用农林牧渔总产值，且部分投入指标如土地、化肥、农药等采用种植业口径，而劳动力却沿用广义农业口径。因此，必须要统一投入产出指标的统计口径，减少测算结果的偏差，得出的结论才能对农业内部各行业进行具体的政策指导。

（3）基于微观视角的农户低碳生产研究仅限于农户低碳技术采纳行为分析，未对农户低碳生产效率进行定量评估。现有文献中不乏从微观视角探讨农户碳行为方式的研究，但研究对农户低碳生产技术采纳意愿与行为及其影响因素分析较为集中，也有估算农业生产过程中减少农药、化肥投入对产量的影响程度的研究，但缺乏对农户低碳生产效率的定量评估，从而无法对微观农户的现有低碳生产效率进行客观评价，也难以验证能否通过转变生产效率考核机制激励广大农户广泛参与低碳生产行为从而提升低碳生产效率。因此，有必要开展更为细致的农户低碳生产行为微观调查，从微观层面对农户低碳生产效率进行评价，探究是否存在投入要素、非期望产出冗余及期望产出不足的现象，以提升低碳生产效率的政策措施制定更有针对性。

（4）缺乏对低碳约束和激励政策有效性的实证研究，中国现有低碳减排工程推广与实施效果有待进一步检验和评价。虽然也有学者对不同低碳技术或政策组合下的温室气体排放效果进行了对比分析，并以此分析农户采用不同技术政策组合模式的成本收益情况，但由于在分析过程中却将减排政策同农业生产效率隔离开来，单纯分析了减排技术的减排效果，而未能与生产效率兼顾起来进行综合考察，成本收益分析也仅仅对不同减排技术本身的采纳经济成本进行了对比，没有考虑如产量变化、排放变化及其他外部性的综合影响效应。因此，有必要将不同减排技术或减排政策同经济效益一同纳入农业经济效率综合核算分析框架中，对现有低碳减排政策进行客观、科学评价。

1.4　研究思路、内容与方法

1.4.1　研究思路

本书主要围绕"效率测度→成本核算→政策设计"的逻辑主线，将农业碳排放和农业碳吸收等生态环境因素引入传统的农业经济效率核算分析框架，系统性分析中国低碳农业发展问题。

具体而言，本书将遵循如下思路进行展开。首先，简要介绍研究对象的国内外大背景，系统梳理本书领域的国内外研究前沿及相关理论框架与基础，并从中国低碳农业的发展现状分析中揭示现阶段存在问题。其次，在考察农业经济效率的同时，考虑农业碳排放和农业碳吸收等生态环境因素。一方面，从微观视角出发，估算农户低碳生产效率，对导致农户低碳生产效率低下的因素进行剖析，探究农户低碳行为对农户低碳生产效率的影响效应；另一方面，从宏观动态视角出发，测定不同省域低碳农业效率，对低碳农业效率空间关联效应进行剖析，探究宏观低碳约束及低碳激励政策对低碳农业效率的影响效应。在此基础上，引入经济学中的影子价格相关理论对农业碳排放边际减排成本进行估计，探究其分布动态及趋势。最后，基于全文研究结论，结合国外低碳农业发展经验和先进模式的基础上，从行政措施、财政手段、市场调节等多方面系统探讨实现农业碳减排的路径选择与推动低碳农业发展进程的政策保障措施。

1.4.2　研究内容

1. 研究内容及章节布局

本书的内容主要分为三大部分，共 9 章，章节布局与具体内容如下。

第一部分，研究基础与现状解析（第 1、第 2、第 3 章）。

第 1 章，导论。简要介绍选题的国内外大背景，分别从理论与现实两个层面明确指出本书的研究目的与意义，厘清国内外农业碳排放源与分解、低碳农业生产效率、农户低碳行为、农业碳减排的定量经济分析及低碳农业发展路径与减排政策等几大领域的研究热点、前沿与趋势，在此基础上进行简要评述；接下来，归纳本书研究思路、方法和各章节研究内容布局及可能的创新之处。

第 2 章，概念界定与理论基础。本章的概念界定和相关理论分析框架是全书研究的理论基础，首先基于现有研究成果及自身研究经历对农业碳排放、低碳农业以及碳减排成本等核心概念分别进行界定，进行有针对性的研究；其次对研究所要涉及的外部性理论和农户行为理论进行解读，得出各理论对本书的启示，从而构成本书的基本理论框架与支撑。

第 3 章，中国低碳农业发展现状分析。本章结合前一章的低碳农业相关理论重点分析中国低碳农业的发展现状，对中国农业低碳化发展历史演进与特征进行了梳理，提出现阶段低碳农业发展要求，并分别从资源稀缺和资源浪费并存的角度以及低碳农业与低碳经济的关系角度多方面论述中国低碳农业发展的必要性；分别以黑龙江、江苏、安徽、重庆四地作物典型案例详细介绍中国低碳农业发展实践进程，在此基础上，针对现阶段低碳农业发展进程中存在的主要问题进行剖析，以此为后文的研究奠定宏观背景基础。

第二部分，低碳农业效率测度：微观与宏观视角（第4、第5、第6章）。

第4章，农户低碳生产效率测度与分析：微观视角。本章为实证内容，从微观视角出发，以农户为决策单元，研究563个样本（农户）的低碳生产行为及生产效率，试图寻找改善低碳生产效率的可能方向。全章的结构安排如下：首先，介绍农户低碳生产效率的测算方法，并对各投入产出变量进行界定，对调研数据来源、结构和特征进行详细说明；其次，从微观农户的角度，采用含有非期望产出的SBM模型对农户低碳生产效率值进行测算，并考察无效率决策单元与最优决策单元相比较的投入要素冗余率；再次，在获得每个决策单元低碳生产效率值的基础上，运用PSM法估计农户低碳参与行为对其低碳生产效率的影响效应；最后给出本章的结论。

第5章，中国省域低碳农业效率评价：宏观视角。本章内容与前一章相对应，从宏观视角出发，以省份为决策单元，尝试测算1993～2015年中国31个省份的农业效率动态趋势，进而揭示中国低碳农业效率的增长驱动力及影响因素。全章的结构安排如下：首先，详细介绍低碳农业效率GML指数的测算方法和低碳农业效率测算所需使用的投入产出变量界定；其次，对中国省域低碳农业效率进行测算和分解，分别对低碳农业效率指数及其分解指数的动态变化、区域差异进行分析；再次，通过空间Moran's Ⅰ指数和空间LISA集聚对低碳农业效率的空间相关性进行检验，并建立空间面板SLM模型对低碳农业效率影响因素进行空间回归估计；最后给出本章的结论。

第6章，低碳约束与低碳激励对低碳农业效率的影响。本章重点分析低碳约束与低碳激励对低碳农业效率的影响。全章的结构安排如下：首先，从理论基础出发，分别从低碳约束手段和低碳激励政策两个不同角度阐述低碳规制手段对低碳农业效率的影响作用机理，并提出研究假设；其次，依次对门槛面板模型的设定和门槛值的确定与检验方法进行详细介绍；再次，利用上述门槛面板模型分别模拟低碳约束与低碳激励对低碳农业效率的影响效应，然后根据门槛区间标准进行省份分组讨论，并据此给出各组的政策启示；最后是本章小结。

第三部分，农业碳减排的成本核算与政策设计（第7、第8、第9章）。

第7章，中国农业碳排放边际减排成本测度与时空分析：经济成本核算。本章采用参数法来估计农业生产方向距离函数下的碳排放影子价格，估算农业碳排放边际减排成本，并对各省份的农业碳减排成本的区域差异动态趋势进行探究。全章内容具体安排：首先，通过文献梳理找出影子价格思想在测算非期望产出边际减排成本中的运用，并基于该思想对影子价格的理论模型及参数法求解的实证模型进行详细介绍；其次，利用上述模型对各省份农业碳排放边际减排成本进行估算，分析减排成本的时序特征及地区差异；再次，利用 Kernel 密度函数对农业碳减排成本的分布动态趋势进行模拟，并探究农业种植结构对边际减排成本的影响；最后进行讨论和总结。

第8章，推进中国低碳农业发展的减排政策设计与保障措施。本章基于前面的研究结论，在归纳和总结国外低碳农业发展先进经验的基础上，从行政措施、财政手段、市场调节等多方面系统构建推进中国低碳发展的政策体系。全章内容具体安排：简述发达国家低碳农业发展经验及发展中国家低碳农业发展进程，进而归纳和总结出国外低碳农业发展的先进模式及发展经验对中国的启示，在此基础上提出推进中国低碳农业发展进程的减排政策设计及保障措施。

第9章，研究结论与展望。一方面，梳理全文的研究内容，系统归纳与总结本书的主要结论；另一方面，通过对本书存在的不足之处进行分析和阐述，同时结合作者自身研究经历，对下一步研究进行展望。

2. 技术路线图

基于以上内容，本书将整个研究内容分为三大部分，即研究基础与现状解析部分、低碳农业效率评价部分、农业碳减排的成本核算与政策设计部分，研究技术路线如图 1 – 2 所示。

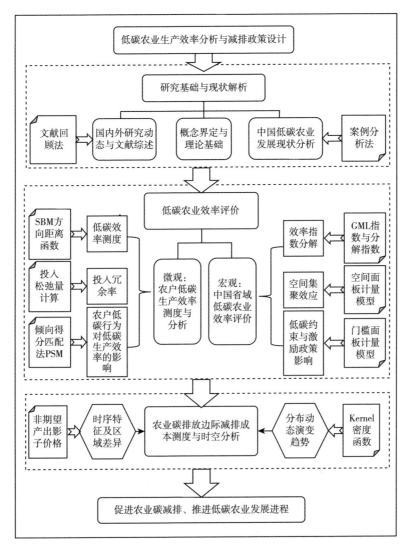

图 1 - 2 本书研究技术路线

1.4.3 研究方法

结合本书研究目的，同时依据每一章节研究目标的差异，各章节采用的计量方法也会有差异。其中，低碳农业效率的测度将采用考虑环境生产技术的数据包络分析法（DEA 方法）的 SBM（slacks-based measure）方向性距离函数和 GML（Global Malmquist-Luenberger）生产效率指数分解法；研究农户低碳行为对其生产效率的影响将采用处理效应模型 PSM（Propensity score matching）法和 Logit 回归模型；探讨中国低碳农业效率空间关联特征时将采用全局自相关 Moran's I 检验指数、局域自相关 LISA 检验法和空间滞后 SLM 模型（Spatial Lag Model）；考察低碳约束与低碳激励对低碳农业效率的影响采用门槛效应模型；估计农业碳边际减排成本借助经济学中影子价格方法，分析其分布动态趋势则采用 Kernel 密度函数等方法。各计量方法简介如下。

1. 基于非期望产出的 DEA-SBM 和 DEA-GML 模型

基于非期望产出的 SBM 模型能够剔除投入松弛引起的非效率因素，且更加准确地评价了非期望产出客观存在条件下生产效率的评价。同时 SBM 模型解决了变量选择时存在量纲不同、角度各异的偏差问题，能更准确地评价生产效率（刘勇，2009）。本书根据调研数据应用 DEA-SBM 方向性距离函数模型测算农户低碳农业生产水平，并将其分解为投入要素松弛、经济产出及碳吸收功能不足和农业碳排放产出冗余三个部分（详见第 4 章的方法介绍）；本书采用 DEA-GML 生产效率指数测度中国的 31 个省份的低碳农业效率动趋势，并将其分解为纯技术效率 PEC 指数、规模效率 SEC 指数、纯技术进步 PTC 指数和规模技术进步 STC 指数四部分（详见第 5 章的方法介绍）。

2. 倾向得分匹配法 PSM 和 Logit 回归模型

在估计农户低碳参与行为对其低碳生产效率的影响效应时，需要分别估算参与者如果未参与低碳行为时的效率和未参与者如果参与低碳行为时的效率。但实际情况是，在同一时点上单个农户只能呈现一种状态，要么参与低碳行为，要么没有参与（Caliendo and Kopeinig，2008），且农户参与低碳生产并不满足随机假设，参与行为是农户"自选择"（self selection）的结果，是根据自身需求和禀赋条件做出的选择，存在选择性偏差（selection bias）。因此，传统方法简单采纳参与者的生产效率与未参与者生产效率之差来替代农户低碳参与行为对其低碳生产效率的影响效应的估计结果是严重有偏的（Imbens and Wooldridge，2009）。为了避免参与效应对农户"自选择"引致的因果干涉，本书将在反事实分析框架下，利用 Logit 回归计算农户参与低碳行为的倾向得分值，再采用 PSM 法来模拟自然实验下的随机选择状态，进而得到农户低碳参与行为对其低碳生产效率影响的一致估计结果（详见第 4 章第 4 节相关内容）。

3. 空间面板 SLM 经济计量分析方法

空间计量经济理论是分析地区空间上的经济现象属性与邻近地区空间的经济现象属性之间的相关性（Anselin，1988）。农业生产较为依赖自然条件，故相邻不同地区农业生产以及技术采用存在一定相关性，同时随着中国农业市场体系的日趋完善和区域开放程度的不断扩大，邻近农业生产单元之间的农业生产联系更加紧密，故低碳农业发展不仅依靠本区域，邻近区域的低碳农业发展水平也对本地区有着重要影响。因此，分别利用空间统计分析中的 Moran's I 指数对低碳农业效率的全局空间自相关性进行检验，采用 LISA 集聚对低碳农业效率的局部空间自相关性进行检验，通过检验后，建立空间面板模型（Spatial Lag Model，SLM）对低碳农业效率的影响因素进行估计，引入空间地理因素以控制邻近地区的影响（详见第 5 章第 4 节相关内容）。

4. 门槛效应面板模型

当多种规制手段同时使用时，一种低碳规制手段强度的变化可能对另一种低碳规制手段的效率提升效应产生显著影响，也即是说一种规制工具对低碳农业效率的影响效应可能存在基于另一种低碳规制手段的"门槛效应"。门槛面板回归模型最早是由汉森（Hansen，1999）提出的，他依照所选样本数据的自身特点来划分门槛区间并确定相应门槛值，不但可以对划分区间的门限值进行参数估计，还能对其显著性进行统计检验，从而可以有效克服传统的分段回归函数因人为划分样本区间或二次项模型产生的偏误问题。因此，本书采用该模型对不同低碳规制手段的效率提升效应相互作用关系进行检验。基于采用"自抽样法"（bootstrap）对 F 统计值渐进分布进行模拟，从而构造相应 P 值以检验门槛效应的显著性；在确定门槛效应之后，采用极大似然法来获得检验统计量 LR（likelihood ratio）的分布以确定门槛置信区间，对门槛的估计值是否等于其真实值进行检验（详见第 6 章相关内容）。

5. 非期望产出影子价格方法及 Kernel 密度估计

根据环境生产技术思想，期望产出与非期望产出的零结合性（null joint-ness）和非期望产出的弱可处置性（weak disposability）可知，追求期望产出的同时必定伴随非期望产出，且在既定投入下若要削减非期望产出，必须以牺牲一定量的期望产出为代价，环境调节对农业生产的边际效应（Färe et al.，2005）。经济学中影子价格（shadow price）概念的提出和广泛应用为估计环境治理带来的经济损失提供了可能，碳排放影子价格反映的是碳排放削减的边际减排成本（Criqui et al.，1999）。通过对行业间或区域间的影子价格进行比较研究，可以在一定程度上评估各地区低碳环境规制政策实施的有效性（Kuik et al.，2009）。影子价格被表述为在某一特定投入前提下，单位农业碳排放变动量所带来的农业总产值变动量，可用于衡量碳排放对期望产出影响的大小，也即边际减排成本（marginal abatement costs，MAC）。进一步，采用 Kernel 密度函数方法对中国农业碳排放影子价格的分布动态趋势进行模拟，以衡量农业碳减排成本是否存在损失和浪费现象（详见第 7 章相关内容）。

1.5 本书可能的创新

本书在传统农业生产理论指导的基础上，结合资源环境经济学的最新进展，尝试将农业碳排放和碳吸收等生态环境因素纳入传统的农业经济效率分析框架中，重新考察中国农业经济效率。基于资源环境约束框架，主要围绕低碳农业效率和农业碳减排成本问题探索展开讨论。一方面综合考察农业碳排放测算问题，并保证投入产出指标统计口径的统一；另一方面在重点关注种植业低碳发展的同时，尝试从微观角度对农户低碳生产效率进行评价，以期在保障粮食安全的前提下，推进中国低碳农业发展进程，同时探求安全、科学的中国农业碳减排路径，从而促进中国农业的健康可持续发展。具体而言，相比现有文献，本书主要取得了以下五个方面的进展。

（1）为避免因农业碳排放测算不完整而出现中国低碳农业生产效率被高

估的情况，本书在衡量非期望产出时，对农业生产物资投入所引发的碳排放、农作物生长过程所产生的温室气体排放和农作物秸秆焚烧所引发的二氧化碳和一氧化碳气体排放进行了综合、全面的清查。其中，农业生产物资投入所引发的碳排放具体包括农用化肥、农用药物、农用薄膜、农用柴油以及农业灌溉消耗电能直接或间接所导致的温室气体排放；农作物生长过程所产生的温室气体排放主要来源于水稻生长过程中的甲烷气体排放；而农作物秸秆焚烧所引发的温室气体排放包括水稻、玉米和小麦等主要农作物秸秆焚烧所产生的二氧化碳和一氧化碳气体排放。

（2）本书重点关注种植业低碳生产情况，在选取投入产出指标时统一采用狭义农业统计口径，对其低碳生产效率进行研究，揭示中国低碳农业效率的空间集聚效应，进而指出减排政策制定时应考虑产业差异及地理因素。在测度低碳农业生产效率的过程中，非期望产出为种植业碳排放，期望产出中的生态产出为农业碳吸收，经济产出为狭义农业总产值，部分投入变量因缺乏数据而采用狭义农业总产值除以广义农业总产值的比重作为权重来进行剥离，以确保所有指标均为狭义农业统计口径，避免出现某些文献中因为投入产出指标统计口径混乱而导致农业效率评价结果偏离实际值的情况。此外，本书在探究中国低碳农业效率的影响因素时，采用空间计量经济模型进行估计，空间地理因素的引入使得邻近地区的空间溢出效应得以控制，估计结果更切合实际情况。

（3）本书不但从宏观动态视角对低碳农业效率进行探究，还从微观视角出发，定量分析与评价农户低碳生产效率，分别对传统测算法与低碳测算法下的中国农业效率和农户生产效率进行了对比分析。本书在考察低碳农业经济效率时，分两条主线分别进行：一方面，从微观视角出发，估算农户低碳生产效率，对导致农户低碳生产效率低下的制约因素进行剖析，并考察无效率决策单元与最优决策单元相比较的投入要素冗余率；另一方面，从宏观动态视角出发，测定不同省域低碳农业效率增长指数，并将其分解为纯技术效率 PEC 指数、规模效率 SEC 指数、纯技术进步 PTC 指数和规模技术进步 STC 指数四类驱动指数，并分析不考虑和考虑碳排放、碳吸收情况下中国农业效率和农户生产效率的差异，对中国低碳农业效率进行多层次、多角度评价。

（4）在测度低碳生产效率的基础上，估计农户低碳减排工程参与行为对其低碳生产效率的影响，同时检验了低碳规制手段有效性，发现低碳约束与激励政策对低碳农业效率提升的影响存在基于排放强度约束的"门槛效应"。本书在获得每个决策单元低碳生产效率值的基础上，控制样本选择性偏误问题，估计反事实分析框架，利用倾向得分匹配法估计农户低碳减排工程参与行为对其低碳生产效率的影响效应，客观评价中国现有低碳减排工程的推广与实施效果；在测算得到中国低碳农业效率指数的基础上，从宏观层面分析低碳约束与低碳激励政策对中国低碳农业效率的影响效应，发现低碳规制手段与低碳农业效率之间具有明显的非线性关系，低碳约束与政策激励对低碳农业效率提升的影响均存在基于排放强度约束的"门槛效应"。

（5）引入经济学中影子价格理论和有关方法对中国农业边际碳减排的经济成本进行核算的基础上，提出从区域行政措施、财政补贴手段、市场交易调节等多方面着手构建推进中国低碳农业发展的政策体系。本书采用参数法来估计方向距离函数下的农业碳排放影子价格，估算农业碳排放边际减排成本，对各省份的农业碳减排成本的时序特征和区域差异进行探究，并模拟农业碳排放影子价格的分布动态趋势，发现碳减排行动将造成农业部门的资源配置存在一定效率损失，但损失部分越来越小；在此基础上，尝试从区域行政措施、财政补贴手段、市场交易调节等多方面系统构建促进中国农业碳减排的政策体系，同时，紧密结合中国农业发展的实际情况，有计划、有步骤、有保障地推进中国特色的低碳农业发展之路，主要从政策法规、技术体系、产业结构以及社会宣传等方面分别着手制订措施，保障中国低碳农业发展的有序推进。

第 2 章　概念界定与理论基础

　　本章重在界定核心概念和对相关的理论进行分析。本章作为全文的理论基础，对本书的研究重点内容起到支撑作用。而本书以低碳农业生产效率和农业碳减排成本为研究的重点内容，因此需要对农业碳排放、低碳农业和减排成本等概念进行详细阐述，有助于开展接下来的研究。基于此，本章在参考相关研究成果的基础上，结合笔者自身的研究经历，对可能涉及的相关理论进行全面梳理与阐述，主要包括外部性理论和农户行为理论。

2.1　核心概念界定

2.1.1　农业碳排放

　　农业碳排放也称为农业温室气体排放，严格意义上讲，农业碳排放并不等同于二氧化碳的排放，联合国政府间气候变化专门委员会（IPCC）对温室气体的界定不仅包含二氧化碳，还包括甲烷（CH_4）、氧化亚氮（N_2O）、氢氟碳化物（HFCs）、全氟碳化物（PFCs）和六氟化硫（SF_6），但温室气体中最主要的气体是二氧化碳，且其排放量造成全球变暖的最主要因素（Storey，1997）。温室气体中最主要的气体是二氧化碳，因此用"碳"（carbon）一词作为简称，以便让民众直接了解和认识碳排放。根据 IPCC 于2007 年的统计数据，农业碳排放是仅次能源行业、工业和林业的第四大排放行业，对环境影响日益加大，不容忽视。对农业碳排放概念的界定一般是从其来源出发，即人类在从事农业生产活动过程中造成的温室气体的排放，包括农业生产会投入相应的化肥、农药、农膜、农用柴油等物资，这些物资的投入会产生相应的温室气体（Mosier et al., 2006），此外，还包括畜禽饲养过程中直接或者间接的温室气体排放（Oenema, 2006）。根据笔者近年来对农业碳排放的研究并综合其他学者对农业碳排放的界定，本书中的农业碳排放是指人类在从事农业生产活动过程中的农用化肥、农药、农膜、柴油等农用物资投入等所产生的温室气体排放、农作物全生命周期的温室气体排放以及作物秸秆等农业废弃物处置不当所带来的额外温室气体排放。

2.1.2 低碳农业

低碳农业是低碳经济应用于农业领域的表现，主要是相对于传统农业的高碳排而言的，是未来农业应对气候变化、资源环境的必然出路。国外并无"低碳农业"这一说法（米松华，2013），但低碳农业体现在具体的低消耗、低排放的农业生产模式中。目前国内学术界对低碳农业的界定尚未统一。赵其国等（2009）从农业的投入产出角度对低碳农业进行界定，认为低碳农业是一种在农业生产、经营过程中投入较少的农业物资而获得较高收益、同时温室气体排放也最少的农业发展模式，要实现此种发展模式，应做好政策导向、经营管理、技术创新等方面的协同推进。许广月（2010）从低碳农业的系统性角度对低碳农业的概念进行界定，指出低碳农业应是具有统筹农村经济、农业生态和农村社会的功能，其外部性可辐射整个经济社会，具体兼顾农业物资的低消耗、温室气体低排放，以提高碳吸收能力和减弱碳排放强度作为低碳农业的突破口。高文玲等（2010）认为低碳农业的本质是高科技型农业生产技术体系，重点是采取多种减少农业物资投入、控制农业污染、提升农业效率的措施，进而实现在生产全过程中减少对温室气体的排放。王青、郑红勇等（2012）认为，低碳农业要解决三个方面的问题：一是农业生产对工业产品如化肥、农药等的依赖造成的间接排放；二是不合理的农业生产活动造成的直接排放，例如动物饲养和秸秆焚烧；三是森林和植被等绿色资源的减排作用。因此，低碳农业意味着在农业生产过程中减少对化肥、农药的使用，改变不合理的农业生产方式并且通过扩大绿色植被覆盖增加碳汇从而间接减少碳排放，最终提高农业的生产效率和效益。结合以往对低碳农业内涵的研究，本书认为低碳农业是物资消耗低、碳排放少、碳吸收能力强，而农业经济效率和效益较高的绿色农业。

2.1.3　农业碳减排成本

碳减排成本是指降低碳排放需要耗费的成本，包括经济成本、市场成本和技术成本（Lee et al.，2002）。其中经济成本是指征税使得行为人改变经济行为引起的效率损失，或者补贴低碳排放纳税人而使得高碳排放纳税人承担失去获得补贴的机会成本；市场成本是指为实现减排目标人为地对市场进行设定引起的减排成本，例如《京都议定书》强制性要求 2008～2012 年温室气体的排放量要在 1990 年的水平上减少至少 5% 这样的规定；技术成本是指为减排而投入的技术研发、技术更新和技术应用的成本。减排成本的测算是制定和实施减排政策的前提，目前各国由于经济发展水平不同因而减排成本不同。一般来说，发达国家的经济结构、能源消费结构较为完善，技术水平较高，单位碳排放量处于较低水平，因此边际的减排成本要远远高于发展中国家；而发展中国家由于经济水平落后于发达国家，固然拥有边际减排成本的优势，但是发展经济、提高人们的生活水平问题依旧是发展中国家的首要任务。在国际气候谈判中，各国一般会基于本国边际减排成本来承担相应的减排任务，出台配套的减排政策。理论上，当存在可交易碳排放权时，所有参与单元或个体均可以通过碳排放权交易使其最后一单位的减排成本等于碳排放权价格（Coggins and Swinton，1996）。在某一特定投入前提下，单位农业碳排放变动量所带来的农业总产值变动量，可用于衡量每减少一单位的农业碳排放所需要损失的农业经济产出值的大小，经济学上被称为边际减排成本（Criqui et al.，1999；Kuik et al.，2009）。

2.2　相关理论基础

低碳农业是农业可持续发展的题中之义，其注重低投入、低消耗、低排放的生产方式也是农业可持续发展的要求，低碳农业在农业可持续发展的大背景下应运而生。碳排放等环境问题属于典型的具有外部性的性质，而低碳农业具有积极的正外部效应，本节详细阐述外部性相关的经济理论并分析农户的行为，农户是低碳农业政策包含的一个重要对象，理解农户行为对推广低碳农业政策至关重要。

2.2.1　外部性理论

1. 外部性的内涵

外部性是现代经济学中的一个热点研究问题，是经济学中比较难以定义的一个概念，又称为溢出效应、外部效应等，外部性最早由英国经济学家马歇尔在其 1890 年的著作《经济学原理》中提及，其用"内部经济"和"外部经济"作为除土地、资本和劳动力这三种生产要素的第四种导致产量增加的要素，马歇尔将外部性视为一种隐性的生产要素，认为其对经济增长至关重要。其他经济学家对外部性的概念也进行了探讨，保罗·萨缪尔森（1999）对外部性做出了如下定义：外部性是指经济行为中的生产或消费对其他群体产生了非自愿的不可补偿的成本或给予了无须补偿的收益的情形；约瑟夫·斯蒂格利茨（2001）认为外部性是由于当个人或厂商的一种行为对其他产生影响，对方却没有给予支付或得到补偿时而产生的，或从市场交易的角度来看，外部性是未被交易体现出来的额外的收益或者成本。经济学家们有的从经济活动的主体出发解释外部性，也有的从行为的接受方出发理解外部性，还有学者给出外部性数学的解释方式，综合学者们对外部性的阐述，本书通俗地将外部性定义为由于主体的活动客观上对他人造成的收益或者成本。

单纯对外部性做解释通常让人难以理解，而对外部性赋予方向或者现象化相对易于接受。我们可以依据给其他主体带来影响的不同将外部性分为正外部效应和负外部效应。正外部效应是指经济行为中某个个体享受了别人决策带来的好处而无须付费，受益者无须付费，也称为"外部经济"；负外部效应是指某个经济行为对他人造成损害却无须为此承担相应的成本，也称为外部不经济。例如，林业等绿色产业具有碳汇功能，同时还可以调节气温和提供清新的空气，其他享受到适宜温度和清新空气好处的主体却不用向林业付费，故而林业对其他使用清新空气的主体而言就是外部经济；相反，工业经济大部分情况下是净碳排产业，而且排出其他废弃物，对环境和其他主体造成一定损害却无须承担相应的成本，所以工业的碳排放对其他主体而言就是外部不经济。

2. 外部性理论发展的三块里程碑

外部性理论发展经历了马歇尔的"外部经济"、庇古的"庇古税"和科斯的科斯定理三个阶段。这三个阶段被称为外部性理论发展进程中的三块里程碑。

（1）马歇尔的"外部经济"理论。外部性源于马歇尔对生产要素的论述，其将"内部经济"和"外部经济"当作除土地、资本和劳动的第四种生产要素，虽然并未明确提及外部性的概念，但马歇尔对"内部经济"和"外部经济"的阐述被视为外部性理论研究的奠基。马歇尔从企业这一微观主体的角度出发分析"内部经济"与"外部经济"，其认为前者是企业内部一些有利的因素导致的产出不断提高或者成本不断下降，这些因素包括企业员工工作热情高涨、劳动技能熟练、协作分工效率的不断提升等；而后者是指由于企业外部存在一些有利的因素对提高企业产量和降低生产成本有促进作用，这些因素包括距离市场较近、产品的市场容量大、交通便利等。马歇尔"外部经济理论"并没有提出关于"内部不经济"和"外部不经济"确切的概念，只是可以根据其对"内部经济"和"外部经济"的解释推断出"内部不经济"和"外部不经济"的含义。

（2）庇古的"庇古税"理论。经济学家庇古于 1912 年正式发表了《财富与福利》一书，并于 1920 年更名《福利经济学》出版。此书是庇古的经典著作，也是福利经济学的专著，庇古由于对福利经济学的贡献而被称作"福利经济学之父"。在马歇尔研究"外部经济"的基础上，庇古丰富了外部性问题的研究内容和研究方法。从内容上看，补充了"外部不经济"的概念；从研究方法上看，首次使用经济学的分析方法来分析外部性的问题。庇古认为外部不经济是指厂商的行为给其他厂商或者社会带来了不需付出代价的损失。"庇古税"基于庇古对环境污染问题外部性的深入研究，由于环境污染带有厌恶公共物品的性质，环境污染会造成人们生活质量的下降与人们追求高质量生活的目标相违背。环境污染具有负的外部性，在经济学中的意义可表示为成本与收益不对等，即私人边际成本和社会边际成本、私人边际收益与社会边际收益之间的不一致。不存在外部效应的情况下，当市场处于均衡时，厂商生产产品付出的边际成本与社会边际成本相同，厂商生产产品获得的边际收益与社会边际收益一致。在污染存在的情况下，厂商治理污染的成本即为外部成本。如图 2 - 1（a）所示，在完全竞争市场的情况下，厂商生产产品的边际成本为 PMC，边际收益为 PMR，社会边际成本为 SMC，厂商治理污染的边际外部成本为 XC，可以得出 SMC = PMC + XC；图 2 - 1（b）反映的是在不完全竞争情况下，厂商的需求曲线向右下方倾斜。[①] 如果污染的成本不由厂商承担，厂商根据边际收益等于边际成本，即利润最大化的原则会将产量定在 q_1 水平处，但污染的外部成本由厂商承担的情况，其出于利润最大化的目的，厂商将产量定在 q_2 水平处。由于治理污染的成本导致产量由 q_1 变为 q_2，造成社会效率的降低。因此，庇古从整个社会福利的角度出发，认为政府应当采取一定的经济政策来消除边际私人成本、边际社会成本及边际私人收益、边际社会收益的背离。征税和补贴这两种经济政策被认为是实现外部效应内部化的有效手段，庇古对外部效应的经济政策建议被称为"庇古税"。

　　尽管"庇古税"提出补贴与征税来解决外部性问题，但其也存在一定的局限性。其一，"庇古税"存在的前提是"社会福利函数"，而政府是公共利益的天然代表，需要政府在"庇古税"中扮演关键角色，而现实中政府的决策水平受到较多的局限，未能做到完全按照经济理性的规律办事；其二，"庇古税"中涉及的税收和补贴政策需详细测量与外部性相关的主体的收益和成本关系，而实际上受制于信息不完全的影响，很难准确执行相应的税率和补贴；其三，从执行政府公共管理职能的成本来看，若执行成本大于外部性的成本，政府的职能从经济效率上讲就不是帕累托改进，而是非效率的。

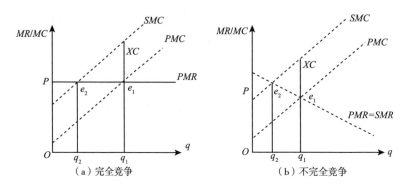

图 2 - 1　"庇古税"的理论图示

　　① ［美］K. E. 凯斯、R. C. 费尔著：《经济学原理》，中国人民大学出版社 1994 年 4 月版，第 559 页；方福前著：《福利经济学》，人民出版社 1994 年 7 月版，第 97 页。

（3）科斯定理。科斯对外部性的研究同样是得到马歇尔对"内部经济"与"外部经济"论述的启发，科斯定理是在"庇古税"的基础上形成的，科斯本人并未完整提出所谓的"科斯定理"，该定理是后人基于科斯于 1937 年发表《企业的性质》和 1960 年发表《社会成本问题》中分别提出的"交易费用"概念和对产权界定与"外部性"分析的基础上整理而成的。科斯注重用市场来解决外部性的问题，其认为只要产权是明确的，且交易费用为零或者很小的情况下，此时无论将初始产权赋予谁，都能有效解决外部性的问题，市场均衡的结果都是有效率的。与"庇古税"不同，科斯定理更推崇自由市场在资源配置中的作用，其认为"庇古税"存在较多的问题。科斯在《社会成本问题》中对"庇古税"的多次论述，指出其存在的问题和解决方式。因此，从某种程度上讲，科斯定理是科斯对庇古理论的批判中形成的。科斯在庇古对外部性研究的基础上，得出如下几点结论：一是认为外部性不能简单认为是一方侵害另一方的利益，应该对其有严格的界定，例如化工厂排污问题，若是化工厂在居民到来之前建了厂，那么化工厂拥有排污的权利，此时最好的解决办法或许不是政府向化工厂收税，而是居民向化工厂"赎买"；二是认为在不存在交易费用的情况下，"庇古税"没有存在的必要，其主张如果没有交易费用，那么双方通过协商可以实现资源的最优配置，因此在产权界定清晰的情况下，资源配置处于最优水平，无须政府征收税或者提供补贴；三是认为若交易费用不为零，那么解决外部性的问题需要综合考虑产权界定的成本和收益问题，此时"庇古税"可能是好的解决方案，但也可能是糟糕的方案。

科斯定理提出了用市场交易手段即自愿协商替代"庇古税"手段解决外部性问题，在当时巩固了自由经济主义的根基，能够使用科斯定理解释现实经济中的许多问题，其应用范围将庇古理论纳入其中，因而实际上科斯定理是对"庇古税"的批判性继承。20 世纪 70 年代，"石油经济"带来的危害逐渐显现，环境污染日益严重，科斯定理被投入实际的应用，美国推出的排污权交易制度就是科斯定理的实际运用。而具体排污权交易制度是指在控制污染物排放总量的原则下，引入市场机制，允许合法合理的排污权，同时鼓励排污权像商品那样被买入和卖出，以此达到控制污染物排放的总量，从而实现减少污染排放量、保护生态环境的目的。

尽管科斯定理是对"庇古税"的批判性继承，能够解决较多现实经济活动中的问题，但其依然存在局限性。第一，科斯定理发挥作用依赖于市场化的程度，因为科斯定理注重用市场化手段解决外部性的问题，若市场化程度不高，那么必定出现"市场失灵"的现象；第二，科斯定理过于依赖自愿协商的方式将外部性问题内部化，但交易费用无处不在，且协商是否有效取决于交易费用的大小，若经济活动中的交易费用庞大，那么这种协商制度的成本高于社会净收益从而失去存在的意义；第三，科斯定理的前提是产权已被清晰界定，只有清晰界定了产权，才能通过自愿协商来解决外部性的问题，但现实活动中，由于资源环境之类的公共物品的产权难以界定或者界定成本较高，因此协商的制度也就失去了前提。

3. 对本书的启示

本书研究低碳约束下的农业生产过程，而农业生产本身对生态环境具有极强外部性，一方面，农业高碳生产模式及高速增长的农业碳排放，会加剧大气中温室气体浓度，不但会对农业生态环境带来负向作用，也会对周边其他产业造成一定不好影响，却无须为此承担成本，这正是约瑟夫·斯蒂格利茨指出的外部不经济情形；另一方面，农业低碳生产模式及强大的农业碳吸收功能，有利于带动农业经济增长，同时还会对整个生态环境以及周边环境产生正的社会效益和生态环境效益，但其他享受到这些好处的主体却不用为此而付费，这恰好是保罗·萨缪尔森的正外部性理论内容。本书正是基于这样一个完整的外部性理论来解析农业生产过程中的碳排放和碳吸收对于农业经济增长所扮演的环境角色，分别以单个农户和行政省份为不同层面的生产决策单元，分析其农业生产过程中的碳排放和碳吸收行为和状态，并引入科斯定理和"庇古税"思想，对农业碳减排成本进行省份界定，以期推进中国农业碳排放权交易市场的发展，并考虑低碳农业发展、兼顾经济效益与生态效益的有机结合对现有农业补贴制度进行再创新。

2.2.2　农户行为理论

从经济学分析的角度来看，农户行为是指农户为了实现自身的经济利益而做的各种选择和相应的经济决策，因此农户行为根据不同利益和方式可分为农户生产行为、农户消费行为、农户资源利用行为、农户投资行为和经营行为等，尽管表现的形式不一，但最终都是为了实现农户自身利益的最大化。基于农户是"理性经济人"的假设，相关学者对农户行为的解释和分析可以分为三类：一是以舒尔茨为代表的理性小农学派；二是以苏联经济学家恰亚诺夫为代表的组织生产学派；三是以美籍华人经济学家黄宗智为代表的历史学派。

1. 理性小农学派

理性小农学派以诺贝尔经济学奖获得者、美国农业经济学家西奥多·舒尔茨为代表人物，他的核心观点认为农户同资本家一样，是理性的，追逐利益的最大化。舒尔茨的代表作《改造传统农业》对农户是"理性人"做出了说明，他认为传统农业的生产效率较低是由于生产的思想禁锢和生产技术创新的乏力等，导致农业生产剩余几乎为零，但农户并不是愚昧无知的，一旦出现合适的生产和投资机会使得各项资源的配置效率得到优化，农民将会"点石成金"，创造出更多的社会价值（舒尔茨，1964）。理性小农学派认为农民的经济行为符合帕累托最优原则，是理性并且有效的；小农所具有的进取精神以及对市场价格变动所做出的正确反应，使得依靠政府的经济刺激指导农民进行生产决策成为改造传统农业的更好选择，要素均衡远比农场的规模更为关键。理性小农学派另一位代表经济学家波普金进一步发展了舒尔茨的理性小农学派，其著作《理性的小农》（1979）中提出"在农业生产模式中，农户基于自身的偏好与对其他要素的价值评估，会选择个人或家庭福利作为最大受益者的决策"的假设，理性小农学派重在强调农户作为理性的"经济人"而存在，因此改造传统农业的重中之重就是为农户创造良好的市场环境，鼓励农户为追求利益而创新，接下来就是农户依赖自身有意识的经营活动追逐利益了，政府无须干预。

2. 组织生产学派

组织生产学派的主要代表人物有农业经济学家恰亚诺夫、斯科特和波拉尼，与理性小农理论不同，理性学派的核心观点认为农户从事生产行为并非追求利润最大化。恰亚诺夫（1966）的代表作《农民经济组织》中主要基于"劳动-消费均衡"和"家庭生命周期"两大理论基础，从微观层面出发对农民家庭经济活动的运行机理进行了分析。他指出：与理性小农学派相反，农户经济活动遵循的是其自身的规律，与"经济人"毫不相关。由于农户经济自给自足的成分居多，从而无法准确计算其利润，家庭付出的劳动力也无法准确核算劳动力的投入，因此从收支核算来看，农户的经济活动不受理性生产的制约。相比于利益最大化的驱动，农户对劳动力和资源的投入更多地受伦理、道义和习俗等因素的驱动。农户在决策是休闲还是劳动的时候一般是出于满足家庭消费以及劳动辛苦程度的考虑，而并非出于成本和利润的考虑。因此恰亚诺夫认为小农是保守的、非理性且低效的。美国经济学家斯科特认为小农从事生产的目的是出于避险，由于农业生产较大程度依靠自然因素，而自然因素具有不可控带有一定随机性，使得农业生产的风险不可控，所以农户行为中"安全第一"和避险心理较重，不愿意冒险追求平均收益的最大化（Scott，1976）。

3. 历史学派

历史学派以美籍华人黄宗智教授为代表人物，其于 1985 年在代表作为《华北的小农经济与社会变迁》一书中提出了"拐杖逻辑"的命题，认为农户的收入主要由农业经营收入和非农务工收入两块组成，而前者由于农业生产边际劳动报酬较低而收入有限，难以满足家庭成员的生活消费支出，必须依靠不断提高后者的收入水平作为拐点支撑满足家庭的生活消费。通过对中国华北地区 20 世纪 30~70 年代的小农经济农业经济状况进行经验研究和理论分析，黄宗智得出：中国的农民既不完全是理性学派中的"理性人"小农，也不完全是非理性学派中的生计生产者，他们既追求利润最大化也追求效用最大化。

自舒尔茨提出理性小农理论以来，学术界对农户的生产行为究竟是否理性长期存在争议，但可以肯定的是，无论是出于避险的目的还是为满足生存需要的要求，农户从事农业生产的目标一定是在特定条件下追求效用最大化，本质上都可以视同理性的。因此，农户是理性"经济人"的研究假设得到绝大部分学者的认同和支持，虽然仍有学者会用农户从事比较效益较低的农业的现象来对理性小农的理论质疑，但事实上这些"非理性"行为只是在特定环境制约下的农户理性行为的不同表现，其目的仍旧是追求效用的最大化，当农户生活挣扎在生存线的边缘时，农户首先需要生存下来，农户的理性行为表现为生存理性（丰雷等，2013），而当农户的生存无忧时，会开始考虑改善生活，此时会追求货币收入最大化的行为理论，而当商品经济高度发达时，农户是"经济人"，将利润最大化作为行为的唯一导向。综上，可用理性小农的概念来统一农户行为理论。

4. 相关理论对本书的启示

农业生产过程中，农户是从事生产活动的管理者，是农业生产行为方式的决策者，是低碳农业推广的实施者。农户在农业生产活动中的碳行为方式直接决定着低碳农业能否顺利发展。按照西奥多·舒尔茨的理性学派观点，作为"理性人"的农户个体，降低农业生产成本或提高农业生产收益是他们进行农业生产决策时最重要的依据。高消耗、高排放的粗犷生产方式会对农业生态环境造成极大负担，一地生态环境一旦遭到破坏，将影响整个地区农业生产活动，不利于其长期效益，然而，农户在组织生产时几乎很少考虑这个问题，从这个角度来讲，农户符合恰亚诺夫等组织生产学派的观点。事实上，农业高碳行为方式会对生态环境产生负外部性，而同时，农业低碳行为方式会对生态环境产生正外部性，使人们在追求经济效益的基础上，也保证了社会效益和生态环境效益。根据黄宗智等历史学派结论，中国的农民并非完全"理性人"，而更多地属于"有限理性"群体，他们更关注眼前的经济效益，而往往忽视生态或社会等长期效益，即，尽管进行低碳农业生产的环境效益对人类社会发展至关重要，但是"有限理性"的农户更重视眼前的直接经济效益。

2.3　本章小结

本章的概念界定和相关理论分析框架是全文研究的理论基础，从界定农业碳排放、低碳农业以及碳减排成本等概念到外部性理论和农户行为理论构成本章的研究内容，可得出如下研究结论。

（1）农业碳排放是仅次于能源行业、工业和林业的第四大排放行业，对气候变化等环境的影响不断加深，正确界定农业碳排放是开展低碳农业研究的前提条件，本书参考相关学者的研究成果并结合笔者自身的研究经历和认识，认为农业碳排放是农业生产过程中物资投入和对农业废弃物处置产生的温室气体排放；而低碳农业是指以低农业物资投入、低资源消耗、低排放能够换来高产出、高效益和高碳汇的农业生产方式，属于对环境具有正外部性的产业；农业碳减排成本包含了经济减排成本、市场减排成本和技术减排成本，国际上对于碳排放的谈判和争论的根源在于各国的减排成本不一。

（2）外部性理论最早用来分析公共物品的问题，例如环境污染，对外部性的研究始于马歇尔的"内部经济"与"外部经济"阐释，"庇古税"和科斯定理对外部性进行系统的论证和分析，应用较为广泛；对农户行为理论按照其"经济人"假设是否成立分成了理性小农学派、组织生产学派和历史学派。结合相关学者的研究，笔者认为可以用黄宗智等的历史学派理论来概括三大流派，即农户在特定条件下会追求利益最大化，是"有限理性"的。

第3章　中国低碳农业发展现状分析

准确把握中国低碳农业发展的现状是进一步推动其发展的基本前提。当前，人们已基本认识到低碳农业发展的必要性和重要性，部分省份低碳农业已开启具体的实践活动，但由于片面追求产量的路径依赖，非低碳农业生产行为仍旧存在于广大农村地区，农户惯于使用高投入、高排放的生产方式，存在较多的问题。本章内容分为五节：第一节为中国农业低碳化发展历史演进与特征梳理；第二节为低碳农业发展的必要性分析；第三节为中国低碳农业发展的具体实况；第四节为中国低碳农业发展现存问题剖析；最后是本章小结。

3.1　中国农业低碳化发展的历史演进

中国农业在过去几十年取得了显著的发展成就，但农业发展的方式较为粗放，高投入、高能耗和高排放特征显著。随着国内外对温室气体排放危害认识的进一步深入，中国逐渐开始重视农业的低碳化发展，大致经历了农业环境保护、循环农业、资源节约型和环境友好型农业、低碳农业等几个阶段，农户的农业资源利用和减排意识逐渐提高。

3.1.1　中国农业低碳化发展四大阶段

1. 农业环境保护阶段

中国"环境保护"基本国策出台于 20 世纪 80 年代，是基于公众认识到工业无节制发展对生态环境的破坏已经严重影响到人类自身的可持续发展而适时出台的，主张经济建设与环境保护同步发展。在此阶段，公众对农业本身会造成生态环境破坏和资源浪费的认识并不强烈，主要因为公众受传统思维影响，认为农业是自然再生产的产业，其本身对环境不会造成太大的影响，反而由于农业的绿色属性会对环境起到保护作用。而事实上，这一时期的农业正在经历农药、化肥等生产要素投入和粮食产量的双线快速增长。由于粮食产量的增长而忽视粗放式农业生产对生态环境的影响，政府在农业领域也制定了环境保护的相关政策，例如大力推广生态农业和植树造林生态工程，加强保护土地和森林资源，建立自然保护区以保护生物多样性。虽然公众对农业发展对环境的负面影响认识不足，但相关政策的制定和实施在一定程度上缓解了农业对生态环境造成的不"经济"。在此阶段，环境保护的重点是治理污染和生态保护问题，政策治理开始重视对农业生态、农业资源的关注，而对气候变化的关注相对偏少。

2. 循环农业阶段

20世纪90年代，伴随着循环经济思想的不断发展，循环农业应运而生，相对于传统农业而言，循环农业发展体现出资源循环可持续利用的思想，发展模式强调可持续发展，运用循环经济理论与生态工程学方法，重点讲农业工程。它要求把农业经济活动组织成"资源—产品—再生资源"的循环式流程（如图3-1所示）。循环农业的特点包括减量化、再利用和再循环（reduce、reuse、recycle，3R）。其中减量化要求在农业生产过程中尽量减少农业生产资料，尤其是农业化学品的投入，节约使用资源；再利用是指要提高资源的利用效率；再循环旨在构建"农业资源利用—农业产品—农业资源再生"的闭环式物质流动，将尽可能多的农业资源纳入循环圈。其中较为典型的循环农业模式包括"鸭—鱼—蚌—树"的立体养殖、"玉米—牛—沼气—日光温室"的循环农业、"稻—鸭—鱼—牛"共作的循环生产等（陈红兵等，2007）。循环农业要求减少资源浪费，减少化肥、农药等高排放物资投入，强调循环利用农业废弃物，这在一定程度上较少了农业碳排放，符合低碳农业发展的要求。

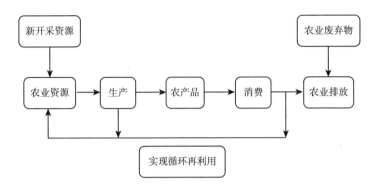

图 3-1　循环农业流程

3. 资源节约型、环境友好型农业阶段

2005 年，中国首次提出要建设"资源节约型、环境友好型社会"（以下简称"两型社会"），并作为经济与社会长期发展的一项战略任务。而发展"资源节约型、环境友好型农业"（以下简称"两型农业"）是"两型社会"的题中之义。资源节约型农业要求在产前科学规划农业生产，生产中注重对水、农药、化肥等农业生产投入要素的减量节约，生产后合理利用农业废弃物，以达到资源节约的目的；而环境友好型农业要求采用对环境不产生损害或者最小损害的农业生产技术进行生产。资源节约型农业与环境友好型农业相辅相成、互相促进（如图 3-2 所示）。表现在资源节约型农业尽可能减少农业投入品，尤其是对环境有损害的生产投入品，以便有助于环境的健康发展；而采用高效、环保的农业新技术有利于降低生产要素的投入和实现节约资源。"两型农业"要求加快转变农业经济发展方式，促进人口、资源和环境的相互协调，同时要求加快发展循环农业，在循环农业的基础上更加强调对高效、环保的农业新技术的使用，对于农业碳减排意义重大（张俊飚，2008）。

4. 低碳农业阶段

在经历农业环境保护、循环农业、"两型农业"后，现代农业进入低碳农业的发展阶段。"低碳经济"是在可持续发展大背景下，要求通过一系列创新手段实现较少高碳能源使用和减少温室气体排放的经济发展方式，低碳农业发展是国民经济低碳化发展不可或缺的一部分，更加突出"低碳化"在

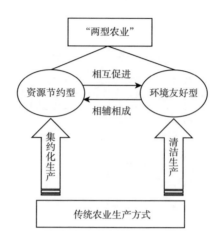

图 3 - 2　"两型农业"的流程

农业经济发展中的作用。首先，农业低碳化是应对气候变化的发展战略。作为一个负责任的政府，中国在抑制全球气候变暖过程中主动担负起责任。低碳农业发展要求加快低碳农业技术的研发和应用，控制农业碳排放的源头，发挥林草碳汇的作用，提高农业产业应对气候变化的能力。其次，低碳农业发展是破解国内资源环境约束、转变农业发展方式的重要机遇。随着农业经济快速扩张，粗放的农业增长方式导致的资源与环境压力日益凸显，作为发展中大国，中国农业正处于实现转变农业发展方式的重要机遇期，实施低碳农业发展是抢占新一轮农业经济高速发展制高点的重要契机。最后，发展低碳农业是使农业经济发展与生态环境高度融合、满足粮食安全和农产品供给、优化农业经济发展的必要途径。低碳农业发展的意义在于重新定义农业经济的意义，它强调农业经济发展与生态环境的高度融合，将资源节约和环境保护作为优化农业经济发展机制的基础和手段，为农业经济发展注入"低碳"平衡稳定因素。

3.1.2　低碳农业的特点

实现低碳农业发展要依靠协同创新的制度，减少直接农业碳排放，最终实现农业发展方式的转型和低碳化。结合低碳农业的内涵，其特点主要有以下几个方面。

1. 以协同创新为发展准则

低碳农业发展存在以下三方面的协同性：一是政府、农户以及利益相关者三者之间的协同，政府是农业政策的制定者，对农业发展方向起到引领作用，而农户是农业行为的直接参与者，利益相关者包括涉农企业和相关组织，三者的协同创新要有一致的目标，即实现农业低碳化发展；二是对耕种制度、生产行为和减排技术的协同控制，低碳农业是一个复杂的系统，做好生产前、生产中和生产后的协同控制能够实现减排目标的最大化；三是低碳农业多重目标的协同发展，协调低碳农业涉及资源投入减少、温室气体减排、农业增产以及环境正外部性等多方面问题，兼顾多重发展目标。

2. 以"石油农业"的低碳化改造为实现途径

众所周知，具备机械化和化学化特点的"石油农业"在农业现代化发展中贡献巨大，但依靠工业投入品使用的现代农业直接或间接地造成化石能源的大量消耗，带来一系列负外部性影响，如对土壤结构的破坏、温室气体大量排放等。中国农业发展的本质目标是粮食安全，因此低碳化改造现代农业的前提是不能否认现代农业发展的基本特点是机械化及化学化，在此前提下，全面要求机械和化肥农药等资源的合理投入，通过协同低碳农业技术、低碳生物技术、低碳能源技术等多领域的技术创新来提高农业投入物资的利用效率，实现减少投入物资、降低碳排放强度，促进现代农业低碳化发展。

3. 兼顾农业低碳化和农村综合发展

低碳农业是可持续农业的一种模式，实现低碳化农业发展方式不是最终目的，而是促进农业可持续发展的手段。古代农业发展没有化肥、农药、农机具等物资的投入，纯粹依靠农业的自然属性，"靠天吃饭"成为古代农业的代名词，生产风险不可控制，农业生产效率低下，农民收入没有保障，这样的农业发展方式显然不是我们追求的；而现代农业的发展更多依靠增加农药、化肥、农膜等物资投入，大大提高农业的生产能力和抵抗自然风险能力，使农业增产更有保障，农民收入大大提高，但与此同时带来资源消耗和温室气体排放的问题，这样的发展方式是不可持续的。低碳农业应该是能够保障资源节约利用、温室气体排放可控的一种高效可持续农业，促进农村的综合发展。

3.2　中国发展低碳农业的必要性

中国的农业基础仍旧薄弱，大力发展现代化农业，主要通过以扩大机械化生产等增加资源的投入力度来提高农业的产量，提升农业的比较效益。受边际产量递减规律的制约，一味靠增加投入并不能保证产量在长期内持续提升，反而易造成资源浪费严重和温室气体排放居高不下的困境。低碳农业是物资消耗低、碳排放少、碳吸收能力强、农业经济效率和效益较高的绿色农业，发展低碳农业是发展农业现代化的必然要求。以下从两个方面指出发展低碳农业的必要性。

（1）从资源稀缺和资源浪费并存的角度来看，发展低碳农业是现代农业发展的必要要求。中国农业一直在向现代化方向发展，但农业现代化主要强调生产力水平的提升，并辅以大规模机械化的手段。在实际发展中，该种方式易导致对土地、淡水、农药、化肥等资源使用的不合理和浪费，例如土地资源过度开发、水资源浪费、过度使用农药、化肥等。土地资源是农业发展的根本，中国的耕地资源尤其是优质耕地资源相对中国庞大的人口规模来讲极其匮乏，过度开发土地资源或者对其过度使用，影响农业的可持续发展；中国淡水资源尤其是可灌溉的淡水十分有限，实际农业生产中淡水资源的过度使用和浪费问题严重，如华北地区农业灌溉过度使用地下水导致地面沉降、海水倒灌和土壤盐渍化等现象，对农业发展可持续发展造成严重负面影响；农药、化肥本身也是一种资源，过度使用不但对农业增产无益，反而会带来土壤结构破坏、温室气体排放甚至农业减产等问题。温铁军（2010）指出过去几十年长期以产业化、现代化和规模化等为重点的农业现代化发展模式，使得资源的过度使用和浪费，带来了严重的负外部效应，中国现代农业的发展方向应由以往的过分强调农业产业化和现代化的政策思路向现代农业的多功能性和综合价值属性农业政策转变，走低碳型现代农业的道路是农业现代化的必由之路。

（2）从低碳农业与低碳经济的关系角度看，发展低碳农业是低碳经济的基础。低碳农业是低碳经济的重要组成部分，但从二者出现的先后顺序而言，低碳经济概念的出现要早于低碳农业，低碳经济是基于公众认识到过去工业经济资源的浪费和严重的温室气体排放问题而提出的概念，低碳经济则强调国民经济要实现资源节约利用，经济发展方式转变为绿色高效的生产、消费模式，减少温室气体的排放。延伸到农业领域，人们逐渐认识到农业资源的高投入和温室气体排放也带来一系列环境问题而提出低碳农业的概念，低碳农业强调在农业领域减少农业资源投入、提高农业资源使用效率、减少农业温室气体的排放。而农业碳排放占比高达 17%（董红敏，2008），由于低碳农业的起步晚，故其发展潜力巨大，对于促进低碳经济发展的意义重大。

3.3　低碳农业发展的典型实践

自 2009 年哥本哈根气候大会召开以来，"低碳"成为全球关注的热点。中国低碳农业的说法是受低碳经济启发，一开始低碳农业存在浓重的噱头色彩，但近些年农业碳排放对气候的影响逐渐引起了人们对低碳农业的重视。目前虽尚未形成低碳农业的理论体系，但中国部分省份已针对农业低碳化发展展开了实践。下文将分别就黑龙江省、江苏省、安徽省和重庆市四地的低碳农业发展实践进行分析。

3.3.1　低碳型现代化大农业：以黑龙江为例

黑龙江省是中国重要的农业生产大省，是保证中国粮食安全的商品粮生产基地。政府为推动垦区低碳型现代化大农业转型，出台了《黑龙江省低碳农业发展规划》，是全国首个省级低碳农业经济发展规划，其旨在促进"高效、生态、节能的耕作制度及农业产业体系"的建立，列出了低碳高效现代农业的经济发展指标，包括节能减排约束性指标、重点工程项目以及政府补贴等具体问题的设计（韩贵清，2010）。黑龙江属于中国典型的实现农业生产规模化地区，农业现代化程度较高，结合黑龙江垦区特征，其展开的低碳农业实践主要有以下三部分：一是保护性耕作制度的实践，即在一定范围内对于符合条件的区域推广免耕耕作和保护性耕作的方式，以此增加土壤碳汇，目标是每年实现免耕技术的垦区 3000 万亩和保护性耕作垦区 1000 万亩；二是推动农业生物质能源的利用，黑龙江每年农作物产量高，相应的副产品——秸秆资源丰富，同时风能、太阳能等生物质能源也是优势资源，黑龙江部分垦区已利用太阳能发电做动能进行农业生产，部分垦区开始推广秸秆气化技术以及稻壳发电技术，相应建立起完善的气化工程和发电工程体系，形成低碳的能源体系；三是在垦区注重对生态工程和农林复合生态系统的建设，推动林业碳汇不断增加。除以上三个方面外，黑龙江省在低碳农业技术上取得较大突破，例如"纳米增效肥料试验研究与示范"技术项目的推广，其优势是可以减少肥料的使用量，具体的节约量大约在 30%。除了节能外，该项技术还能增产，实践表明纳米增效肥对水稻、大豆、玉米、马铃薯等 4 种作物的增产率达 5% ~ 30%。一系列实践创建出适宜的产地环境，为绿色食品加工及品牌化及低碳农业经济的发展提供了可行性。

3.3.2　低碳技术应用与秸秆资源化：以江苏为例

江苏省是中国经济总量第二的省份，其地理位置优越，农业经济发展基础较好。2008 年，江苏省依托世界银行的全球环境基金启动了"适应气候变化农业开发"项目，具体以新沂市和宿豫区为项目试点地区，主要内容涉及对一些适应气候变化的低碳农业项目进行可行性分析，开展低碳农业技术推广与试验农业新品种等。作为率先在中国启动适应气候变化农业项目的省份，江苏省在借鉴相关经验的基础上，结合自身低碳农业实践经验，在全省25 个县和 2 个农场大力推广。此外，根据江苏农业的资源和技术优势，政府大力推广"测土配方施肥"技术、"秸秆气化工程"项目和"秸秆发电"技术等低碳行为。一方面，大力推广测土配方肥的使用，江苏省大力补贴测图配方肥的价格，鼓励在农业生产中使用绿肥，同时不断监测土地的质量，完善耕地信息评价和管理系统，提高土地用肥的经济性和科学性，并起到节能和固碳重要作用。另一方面，江苏省丰富的秸秆资源为其开展秸秆资源的综合利用奠定了基础，通过秸秆气化工程和其他综合利用行为，建立起较多的秸秆沼气工程,缓解农村生活能源对温室气体的排放,秸秆还田、秸秆肥料化等利用方式减少了秸秆资源本身对环境带来的影响。江苏省对资源的优化利用和对低碳技术的大力补贴值得其他地区借鉴。

3.3.3　基于资源特色的低碳循环农业发展:以安徽为例

安徽省农业生物资源丰富,大力推进农业结构调整,紧紧围绕"无害化、低排放、零破坏、高效益、可持续、环境优"的主旨,实施农业循环经济发展模式,探索低碳农业之路。已开展的低碳循环农业经济模式包括农业种养结合、立体复合型发展、绿色观光农业等。农业种养结合模式是以沼气为中心,通过沼气工程将养殖业和种植业紧密连接在一起,创造出更大的协同价值,安徽省发展的经典种养结合的模式如"猪—沼—菜""牛—沼—果园"等。立体复合型发展模式则充分结合种植业、养殖业以及林业不同的特色,利用生物间的相互关系,实现多层次的配置和多级能源的循环利用,发挥出大农业的优势。立体复合型农业通常适合对特色农产品的开发,一些特色农产品通常需要特殊的光热及生物资源的支持,该模式正好能满足一些特色农业的发展需要,可提高农产品的附加价值。此外,安徽省对农业废弃物的循环利用进行了积极的探索实践:充分利用动物粪便资源、秸秆资源作为食用菌生产的基质材料,将废弃物进行资源化综合利用,实现延长农业生态产业链的目的。安徽基于本省资源特点,大力发展低碳循环农业,充分利用农作物本身的生长习性以及将农业废弃物资源化利用,提高了农业生产的综合效率,促进了安徽省农业的低碳化、现代化发展。

3.3.4　减排技术与土壤增汇协同发展:以重庆为例

为适应全球气候变化,重庆市一直高度重视与积极探索低碳农业模式的研究及其应用,一方面积极着手推广农业节能减排新技术,另一方面通过提高土地利用率增加土壤碳汇功能。农业相对于工业等其他行业具有碳排和碳汇双重特征,重庆市充分利用这一独特性,努力增加土壤碳汇,提倡和发展不同作物间作、套作和轮作三种种植模式,将豆科与禾本科等作物进行多茬轮作和水旱轮作,起到了培育地力、提高土壤有机质及改善土壤理化性状的效果。在此基础上，大力推广免耕技术、测土配方施肥技术、病虫害防治技术等多种农业节能减排新技术。免耕技术的广泛应用可从根源上降低温室气体的排放，促进农作物产量的增加，保护土壤和水资源；一大批如育种技术、测土配方施肥技术、畜禽健康养殖技术、绿肥饲用技术、病虫害防治技术等节能减排技术的推广施行在一定程度上减轻了温室气体的排放，在保障农业生产和农村生态环境协同发展的同时，实现了经济效益与环境效益二者兼顾。

3.4　中国低碳农业发展中存在的主要问题

虽然推进农业低碳化是人心所向，但农业的低碳化转型之路仍布满荆棘。中国农业由于长期以来依靠高投入来获得高产出，农业的发展积累了一系列问题，低碳农业的发展还需克服以下几个问题。

3.4.1　高碳源要素投入过度而碳汇功能发挥不足

1. 化肥、农药等高碳排放源生产资料过度使用

在农业生产过程中，化肥、农药等生产资料的投入遵循边际收益递减的规律，即产出随着化肥、农药等生产资料投入的增加而增长达到产量的峰值，若继续加大投入则会造成产量下降。中国农业发展的实际情况也表明，产量的提升不能完全依赖化肥、农药等生产资料的无限量投入，而是要转变发展方式，更多地依靠技术进步。20 世纪 90 年代以来，中国农用柴油使用量、农药使用量和农用化肥施用量都处于连续增长的态势（如图 3 - 3 所示）。

不难发现，农用化肥施用量的增长量最快，从 1990 年的 2590.3 万吨到 2014 年的 5995.94 万吨，年均增长 6.17%；农用柴油使用量的增长量其次，从 1993 年的 938.3 万吨到 2012 年的 2107.5 万吨，增长率高达 9.41%，高于化肥的年均增长率；农药的使用量增长相对较慢，从 1991 年的 76.53 万吨增长到 2012 年的 180.61 万吨，但其年均增长率却达到 8.14%。无论是化肥、农用柴油还是农药，均是农业碳排放的重要来源，其使用量的快速增

长，带来高碳排放高速增长的同时，还给生产它们所需的资源带来了较大的压力。其中，生产化肥需要的煤炭、磷矿、天然气等资源都是不可再生的；生产农用柴油需要依靠石油，而中国原油进口量不断增加，对外依存性不断提高；生产农药则需要硫、磷、钾类等化工原料，这些都是国家节能减排重点监控的矿产资源。

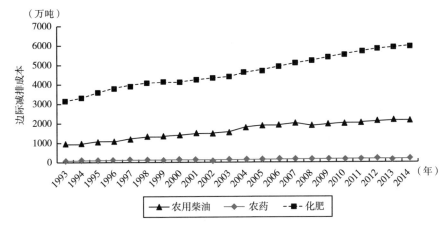

图 3 - 3　1993 年以来中国农用柴油、农药和化肥使用情况

数据来源：历年《中国农村统计年鉴》，笔者整理。

2. 秸秆等农业废弃物处置不当导致碳汇逆转现象严重

农业碳汇的实质是农作物在其生长过程中利用光合作用将二氧化碳封存至作物的果实与秸秆之中。如果秸秆在田间被直接焚烧，其贮存的碳汇会重新排放到大气中，即出现碳汇逆转现象；如果秸秆用于还田则可起到固碳效用，维持其碳汇功能。因此，作物秸秆处理不当不但使得碳汇逆转而导致额外农业碳排放的增加，也造成了严重的资源浪费和环境污染。中国大陆作物秸秆产量巨大，2008 年已达到 8.42 亿吨（彭春艳等，2014），但大部分农村地区对秸秆并未进行有效的回收利用，尽管近些年来在一些地区陆陆续续出台了秸秆禁烧令，仍然有大量农作物秸秆被焚烧，而秸秆燃烧是农业碳排放的一个重要来源（曹国良、张小曳等，2006）。秸秆大量焚烧带来以下几点环境问题：一是严重污染空气质量，近几年全国的雾霾现象与大量焚烧秸秆有直接的关系，给公众的健康和安全留下隐患；二是加剧温室效应，赵建宁等（2011）对中国大陆1999～2008年粮食作物秸秆焚烧的碳排放做了测算，平均每年排放的总碳约为 3.32×10^7 吨；三是破坏土壤结构，秸烧秸秆破坏了地表的生物系统，改变了土壤的物理性状，加剧了土壤板结，破坏了地力，造成农田质量下降。

近年来，环保部门在全国范围内连续开展秸秆焚烧火点卫星遥感巡查监测，各地认真组织开展现场巡查工作。从连续巡查监测结果及各地实地检查情况来看，2015年全国秋夏农作物秸秆野外焚烧整体情况较2014年同期有所好转，但秸秆回收综合利用形势并不乐观，检测发现，有不少地区野外焚烧农作物秸秆的现象仍然存在，带来大量额外碳排放的同时，给当地农村及附近城区生态环境造成恶劣影响。环保部门公布了2015年全国31个省份的农作物秸秆野外焚烧火点强度结果，即平均每千公顷耕地面积的野外焚烧火点数排名，排在全国前5位的省份依次为河南、河北、山东、海南、北京，平均每千公顷耕地上的火点数分别为0.050个、0.031个、0.025个、0.019个、0.017个。①

3.4.2　农民低碳意识淡薄与政府激励机制缺位并存

1. 现有发展模式弊端以及农民低碳意识淡薄

胡习斌（2006）认为中国小农分布特征致使虽某一个农户或地区采用低碳农业模式，但周围往往仍以石油农业方式耕种土地，存在污染的同时又不利于低碳农业的规模化发展；温铁军（2010）认为中国之所以存在氮肥产能过剩和低效利用，是因为国家对氮肥生产和流通环节的补贴政策，并指出如何低成本地调整现有的利益格局，即削弱原有与农业产业化利益相关集团的阻力是当前中国发展低碳农业等环境友好型现代农业所面临的最大难题；蒋高明（2008）提出低碳农业的发展前景取决于生态循环，而当前中国农业内部结构及产业链各个环节中仍存在与低碳农业发展观念相悖的方面，这直接导致有机肥来源不足和农业内部资源利用不当；张新民（2012）认为在积极推动现代农业的过程中，化肥效用低下、碳汇功能受限、土壤退化严重等的原因在于设施栽培碳排放严重；农村耕地大量撂荒的主要原因在于土地流转

---

① 资料来源：生态环境部环境监测信息公布资料整理而得。

的低效益与土地的社保功能，出于获取短期利益的目的，承租户将最大限度地攫取土壤肥力，这同农业减排固碳相违背（余光英，2013）。

20 世纪 80 年代以来实施的"无工不富，无商不活"政策，造成了农业发展的全面落后，农民平均收入水平和受教育水平远远低于城镇人口，农民在从事农业生产中更加急功近利而忽视低碳生产方式，加之城镇化发展和随着进城务工青壮年农民工数量的不断增加，由谁种地的问题尤为突出。目前大量的耕地空闲或由妇女和老人经营，由于耕作经验不足或传统耕作习惯中农业产业低碳化的意识淡薄，使得其农业生产停留在高投入、高消耗、高污染的非低碳模式。

2. 低碳扶持资金缺乏和有效激励机制缺位

低碳农业技术的研发投入、生态补偿的投入、公共设施的投入及交易费用的支出是发展低碳农业的成本（潘志华、郑大玮，2010）；当前，中国尚未形成稳定的政策性低碳农业投入机制，更多地依赖政府临时性拨款、政府贷款或国际机构的捐款和贷款来完成大规模低碳农业技术示范项目；鉴于低碳农业发展具有资金投入成本高、资金需求大、效益周期较长的特征且具备公共产品属性，而金融支农投入作为一种市场行为对效率和效益较为敏感，在发展低碳农业的过程中，中国面临着金融机构对低碳农业技术项目支持力弱、信贷放款量少的筹资窘境（刘泉君，2011）。

目前零散的农业环境政策不能充分激发农户的环境思想，然而发展低碳农业恰恰最需要的就是农户的自我约束，农业兼业化使得农户更愿意以大量使用化学投入品代替劳动而非获取农业生产效益最大化，这成为发展低碳农业等环境友好型农业的最大阻碍（温铁军，2010）；一体化农户、消费者、产业利益相关者农业环境政策的缺位、现有农业环境政策大多对农户收入和福利作用小且无法有效地协助农户防范使用新技术的风险均反映出现有农业环境政策尚未完全表现其激励效应（向东梅、周洪文，2007）。长期以来，在人口增长的压力下，农业生产以追求产量增长为主要导向。我国政府采取了一系列有助于农产品增产的政策，如在粮食生产方面，对种粮农户实施的粮食直补、良种补贴、农机具购置补贴和农资综合补贴这四项补贴的增长速度较快，而与此同时全国粮食产量也连续多年增产，说明补贴政策的利好作用。政府为保证农民正常使用化肥、农药、农膜等农业物资，同样实施了较高的补贴政策，以化肥为例，政府每年对化肥的直接和间接补贴超过500亿元（文小才，2007）。政策对产量的关注程度高，实施化肥补贴意味着鼓励化肥施用，然而，就如何引导农民实际有效地从事对资源节约、环境友好的农业活动却缺乏有效的政策引导。

3.4.3 低碳农业技术服务体系不够完善

1. 低碳农业技术操作复杂、成本偏高

中国低碳农业的发展主要制约因素之一是技术体系不完备（李建波，2011）。中国每年研发的低碳农业技术的数量较多，质量也较高，但依然难以被广泛运用，究其原因，一方面是中国发展规模化农业对"石油农业"形成的路径依赖（李明贤，2011），农户习惯性于大量使用农药、化肥等农业物资；另一方面则是目前中国城镇化发展迅速，农户进城数量在不断增加，留在农村的农户兼业化普遍，对农业投入的物资不太关注，他们更倾向于简单省时又省力且熟悉的"高碳"投入方式，路径依赖和农村老弱农户的增多导致低碳农业技术难以有效推行（邓水兰、温诒忠，2011）。而现有低碳农业技术的复杂操作难以适应农村对技术简化的要求，例如测土施肥技术，该项技术的研发目的是节约化肥等农资的投入量，提高资源的产出量，同时保护土壤及周边环境，实现农业低碳生产，但由于农户条件有限，缺乏配合和支持该项技术实施的意识与时间，因此目前测土施肥等相关技术的推广程度受到限制。基于此，农民通常采用时间耗费少、操作简单、易于掌握的农业技术，而一些传统的农业技术恰好有这方面的优势。

尽管目前中国大力推广低碳农业技术，但是低碳农业技术采用率仍然偏低，最主要的原因在于大部分低碳农业技术成本高。主要表现为两个方面：一是低碳农业技术在注重经济效益的同时，还兼顾了环保、安全等功能属性，加之研发者在研发低碳农业技术时集中在对技术本身的效果上，更多地偏重理论上的成果，忽略了在不同生产条件下采用该项技术需付出的实际成本；二是农民不愿付出学习新技术所需的时间成本和学习成本。例如，绿色高效的测土配方施肥方法能够有效地降低肥料的投入，并且避免乱施肥、过量施肥给土壤和其他环境造成的损害，但该方法成本偏高，因此农户更倾向选择传统的种植经验和简单直接的化肥使用方法，从而不利于控制资源的浪

费和温室气体排放。

2. 基层农技推广体制不够完善

切实有效的技术推广制度是低碳农业技术有效推广的保障，而基层农技人员在解决低碳农业技术推广"最后一公里"、技术转化"最后一道坎"等问题上往往能够发挥关键作用。目前我国低碳农业技术的转化率不高、生产效率较低跟目前基层农技推广制度不够完善、基层农技人员素质偏低等现实情况密切相关。从基层农业推广制度的角度来看，改革开放后，基层农技推广体制几经变革，目前多种体制同时存在，包括事业编制的基层农技推广体制和"以钱养事"市场推广体制等。前者的问题在于基层农技人员属于"旱涝保收"的事业编制，缺乏市场化激励，推广低碳农业技术的积极性较低，而后者的缺陷在于基层农业人员缺乏相应的待遇，对农业技术的推广行为比较效益低，技术推广人才流失较为严重。体制的不完善难以确保低碳技术推广在标准上的高效和一致。从基层农技推广人员的角度来看，目前大部分基层农技推广人员年龄偏大，知识结构单一、老化，对新型的低碳型农业技术的学习能力不足，对农业技术推广时更主要是依靠以往的经验积累而非科学的认知，故对农户进行具体的技术指导时往往更加关注有利于产量提高的技术而忽视对资源节约、环境友好的低碳技术。

3.5　本章小结

本章结合低碳农业相关理论重点分析了中国低碳农业的发展现状，分别对其历史演进阶段、发展的必要性及特点、具体情况以及现存问题四个方面进行归纳和总结，得出如下研究结论。

（1）中国农业低碳化发展大致经历了农业环境保护、循环农业、资源节约型和环境友好型农业、低碳农业等几个阶段的历史演进，不同阶段对农业的发展要求也不同；低碳农业强调农业经济发展与生态环境的高度融合，将资源节约和环境保护作为优化农业经济发展机制的基础和手段，为农业经济发展注入"低碳"平衡稳定因素。无论从资源稀缺和资源浪费并存的角度还是从低碳农业与低碳经济的关系角度来看，走低碳农业发展之路是解决农业资源与环境问题的必然要求；低碳农业是以协同创新为发展准则、以"石油农业"的低碳化改造为实现途径和做到兼顾农业低碳化和农村综合发展的现代高效农业发展模式。

（2）低碳农业兴起于哥本哈根气候大会之后，目前虽尚未形成低碳农业的理论体系，但中国部分省份已针对农业低碳化发展展开了实践，例如黑龙江的低碳型现代化大农业、江苏的秸秆资源化工程、安徽的特色低碳循环农业及重庆的减排技术与土壤增汇协同发展模式等，低碳农业实践活动的试点和推行对促进中国农业整体进入低碳化发展意义重大。中国低碳农业发展中存在的主要问题有三个：一是高碳源要素投入过度而碳汇功能发挥不足，包括化肥、农药等高碳排放源生产资料过度使用和秸秆等农业废弃物处置不当导致碳汇逆转现象严重等问题；二是低碳农业技术服务体系不够完善，包括低碳农业技术操作复杂、成本偏高和基层农技推广体制不够完善两方面；三是农民低碳意识淡薄与政府激励机制缺位并存，一方面体现为现有发展模式弊端以及农民低碳意识淡薄，另一方面体现为低碳扶持资金缺乏和有效激励机制缺位。

第4章 农户低碳生产效率测度与分析：微观视角

农业生产对生态环境具有极强的外部性，农业生态环境作为准入门槛较低的一种公共资源，公众可免费使用，并且不具备排他性。20世纪70年代，家庭联产承包责任制在全国范围开始实行，这意味着农户是农村最基本的生产单元（Li et al.，1999），这也意味着农户不合理的经济活动与生态环境恶化有着直接联系（Hu，1997）。在发展低碳农业过程中，农户是农业生产活动的管理者，是农业生产碳行为方式的决策者、低碳农业推广的实施者。农户在农业生产活动中的碳行为方式直接决定着低碳农业能否顺利发展。作为"理性"的农户个体，降低农业生产成本或提高农业生产收益是他们进行农业生产决策时最重要的依据。尽管进行低碳农业生产的环境效益对人类社会发展至关重要，但"理性"的农户更重视眼前的直接经济效益（Wang et al.，2010）。而事实上，农业高碳行为方式会对生态环境产生负外部性，生态环境一旦遭到破坏，将对其他使用者产生负面影响；相反，农业低碳行为方式会对生态环境产生正外部性，在保证农业经济效益的同时，体现出农业的社会价值和生态环境价值。因此，本书以农户为基本决策单元，研究其低碳农业生产行为及生产效率，试图寻找改善低碳生产效率的可能方向。

全章的结构安排如下：首先，介绍农户低碳生产效率的 SBM 测算方法，并对各投入产出变量进行界定，对调研数据来源、结构和特征进行详细说明；其次，从微观视角出发，对调研样本农户低碳生产效率值进行测算，并考察无效率决策单元与最优决策单元相比较的投入要素冗余率；再次，在获得每个决策单元低碳生产效率值的基础上，运用倾向得分匹配法估计农户低碳参与行为对其低碳生产效率的影响效应；最后得出本章的结论。

4.1 引   言

从现有文献看，除了着眼于宏观层面探究低碳农业问题外，基于农户角度探讨农户碳行为决策的研究也逐渐涌出。乔宾和杜克特（Jobin and Duquette，2014）基于中国 7 个省份的稻农调查数据，以化肥施用为例，通过应用倾向评分匹配（PSM）的方法探讨了影响农户农业低碳生产行为的主要因素。蒙特弗里奥等（Montefrio et al.，2015）的研究表明，社会经济因素和生产站点的特点是农民参与低碳生产合同的主要决定因素，小农的位置感和环境世界观，以及人口和社会经济变量，扮演重要的角色。学者们利用农户参与式评估方法估算了水稻种植过程中减少农药、化肥等投入要素对产量的影响程度（Huan et al.，2005）。学术界一致认为，农户采用测土配方、定时施肥（timing fertilizer）等方式均有利于农业生态环境。有学者通过对中国目前因过度使用化肥而产生的环境破坏分析，强烈呼吁中国农业生产减少化肥施用量（Gong et al.，2011）。

在农户低碳生产行为对生产效率的影响探讨方面，莫瑟里（Mauceri，2007）、葛继红（2012）、赵连阁（2013）等学者运用不同方法对农户低碳农业行为的生产效率进行探究，发现低碳农业行为对其生产效率具有显著提升效应。但值得注意的是，他们在实证过程中均采用传统最小二乘法（OLS），未能剔除农户自身禀赋特征差异的影响作用，严谨性和准确性有待进一步验证。实际生产过程中，农户低碳行为前后的效率差异除了低碳行为因素的影响，还会受到来自其他因素的干扰，且农户低碳行为与其生产效率之间存在互为因果的关系，解决上述问题需要对低碳行为者和非低碳行为者的指标差别进行比较研究，而传统 OLS 方法显然不再适用，而倾向得分匹配方法（PSM）借助反事实分析框架的构建可以实现。

综上所述，现有研究一定程度上丰富了低碳农业的研究成果，对推进低碳农业发展具有重要意义，为后续相关研究奠定了坚实的基础。然而，现有研究虽然能整体把握农户碳行为方式，为本书研究奠定了坚实的理论基础，但现有文献中有关农户低碳行为及生产效率的研究仍存在进一步细化和深化的空间。因此，本章利用在湖北省农村地区的微观调查数据，通过建立含有非期望产出的 SBM 模型，对农户低碳生产效率进行测度，并运用倾向得分匹配法估计农户低碳参与行为对其低碳生产效率的影响效应。

4.2　研究方法与指标说明

4.2.1　DEA-SBM 效率测度模型介绍

数据包络分析法（DEA）是一种通过参考每个决策单元与最佳前沿面的距离来测算相对效率值的非参数方法（张冬平，2009），该方法不像其他方法一样需要预先确定生产函数或各指标的权重，所以应用较广泛。如张冬平（2005）运用该方法测算了水稻生产技术效率；李鹏（2014）利用该方法测算了 2011 年 3 个省份的农业废弃物循环利用效率；肖国增（2014）采用该方法对农户农地生产利用效率进行评价。

在此基础上，根据环境生产技术思想，在追求期望产出的同时，将环境污染等非期望产出也纳入进来（Färe et al.，2001），用 $P(x)$ 来表示经济 - 环境生产的可能性集合，假设农业生产投入要素为 x，有 N 种；期望产出为 y，有 M 种；非期望产出为 c，有 J 种，分别表述为：

$$\begin{cases} x = (x_1, x_2, \cdots, x_N) \in R_+^N \\ y = (y_1, y_2, \cdots, y_M) \in R_+^M \\ c = (c_1, c_2, \cdots, c_J) \in R_+^J \end{cases} \tag{4-1}$$

则考虑环境损失条件下，经济 - 环境生产可能性集为式（4 - 2）：

$$P(x) = \{(y,c) : x \text{ can produce}(y,c)\} \tag{4-2}$$

生产集 $P(x)$ 应满足如下几个方面的条件，如式（4 - 3）：

$$\begin{cases} (1) P(x) \text{ is compact } x \in R_+^N; \\ (2) (y,c) \in P(x) \text{ and } y' \leqslant y \text{ imply}(y',c) \in P(x); \\ (3) (y,c) \in P(x) \text{ and } c' \leqslant c \text{ imply}(y,c') \notin P(x); \\ (4) (y,c) \in P(x) \text{ and } b = 0 \text{ imply } y = 0. \end{cases} \tag{4-3}$$

　　基于 DEA 模型的距离函数方法的优势在于当某一投入要素或产出指标不能够进行等价量化时，可以构建一个多投入与多产出并存的生产模型，以求解既定投入要素下，期望产出沿着向量 $\vec{g} = (g_y, -g_c)$ 方向的最大增长限度和非期望产出的最大缩减限度，表述如式（4-4）：

$$\vec{D}_c(x, y, c; g_y, -g_c) = \max\{\lambda : (y + \lambda g_y, c - \lambda g_c) \in P(x)\} \quad (4-4)$$

　　如图 4-1 所示，横坐标 c 表示非期望产出（undesired output，如农业碳排放），纵坐标 y 为期望产出（desired output，如农业总产值），曲线 ONPQ 为农业生产前沿面，该曲线则为所有观测点的最佳生产可能集 $P(x)$。若观测样本点 M 不在前沿面曲线上，则要实现最佳生产状态，需沿着向量 $\vec{g}$ 的方向移动到产出前沿面的 N 点上，其坐标可表述为 $(c - \lambda g_c, y + \lambda g_y)$。该移动过程中，表示非期望产出的横坐标 c 在减小，而表示期望产出的纵坐标 y 在增大，变动比例最大值即为 $\lambda = \vec{D}_c(x, y, c; g_y, -g_c)$，也就是相对效率值。

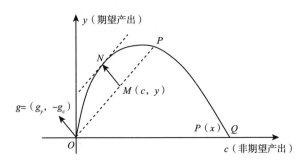

图 4-1　方向距离函数图示

方向距离函数具有如下转移特性：

$$\vec{D}_c(x, y + \alpha g_y, c - \alpha g_c; g) = \vec{D}_c(x, y, c; g) - \alpha \quad (4-5)$$

且满足以下条件：

$$\begin{cases} (1)\ \vec{D}_c(x, y, c; g_y, -g_c) \geqslant 0, 当且仅当 (y, c) \in P(x); \\ (2)\ 若\ y' \leqslant y, 则\ \vec{D}_c(x, y', c; g_y, -g_c) \geqslant \vec{D}_c(x, y, c; g_y, -g_c); \\ (3)\ 若\ c' \leqslant c, 则\ \vec{D}_c(x, y, c'; g_y, -g_c) \geqslant \vec{D}_c(x, y, c; g_y, -g_c); \quad (4-6) \\ (4)\ 若\ (y, c) \in P(x)\ 且\ 0 \leqslant \theta \leqslant 1, 则\ \vec{D}_c(x, \theta y, \theta c; g_y, -g_c) \geqslant 0; \\ (5)\ \vec{D}_c(x, y, c; g_y, -g_c) 是凹函数。 \end{cases}$$

在实际操作和计算中，有学者提出基于松弛测度的非径向非角度的 SBM（Slacks-based Measure）模型，将松弛变量设定于目标函数中（Tone，2001），其基本形式是：

$$\vec{D}_c(x,y,c;g_y,-g_c) = Min\rho = \frac{1 - \dfrac{1}{N}\sum\limits_{n=1}^{N} s_n^x}{1 + \dfrac{1}{M+J}\left(\sum\limits_{m=1}^{M} s_m^y/y_{m0} + \sum\limits_{j=1}^{J} s_j^c/c_{j0}\right)}$$

$$(4-7)$$

假设时期有 $i=1,\cdots,I$ 个决策单元，则 SBM 模型应满足以下规划条件：

$$s.t. \begin{cases} \sum\limits_{i=1}^{I} z_i x_{i,m} - s_n^x = x_{i',n}, n = 1,\cdots,N; \\ \sum\limits_{i=1}^{I} z_i y_{i,m} - s_m^y = y_{i',m}, m = 1,\cdots,M; \\ \sum\limits_{i=1}^{I} z_i c_{i,j} - s_j^c = b_{i',j}, j = 1,\cdots,J; \\ s_m^y \geq 0, s_i^b \geq 0, s_n^x \geq 0, i = 1,\cdots,I. \end{cases} \quad (4-8)$$

其中，$\sum\limits_{1=i}^{I} z_i$ 为权重变量的总和，s_n^x，s_m^y，s_j^c 分别代表了投入松弛量、期望产出松弛量和非期望产出的松弛量；目标函数 $\rho \in [0,1]$，当且仅当 $\rho=1$ 时，该决策单元处于完全有效率的状态，此时满足 $s^x = s^y = s^b = 0$，即最优解中各变量的松弛量均为零，不存在投入过剩或产出不足的现象。当 $\rho < 1$ 时，表示决策单元存在效率损失部分，此时各变量的松弛量不为零，投入产出存在可改进的空间。

4.2.2　投入产出变量与调研数据说明

1. 数据来源及分析

在国家自然科学基金面上项目"气候框架下农业碳排放的增长机理及减排政策研究"及国家自然科学基金重点项目"现代农业科技发展创新体系研究"的联合资助下，采取随机抽样与典型调查相结合的方式，本书课题组成员于 2015 年 7 月，前往湖北、河南、陕西、江苏、四川等地，就低碳农业生产及节能减排技术等方面的问题进行了问卷调查及访谈。共发放问卷 850 份，回收 836 份，剔除回答前后矛盾、关键信息漏答及地区不符的问卷后，共获得适用于研究的样本 563 个。

（1）调研内容。为了保证调查结果的准确、可靠，本书课题组对调查问卷进行了精心的设计和反复的修改。在调查问卷的设计过程中，参考了大量的文献，并对调研方法进行了学习。经过初步设计，组织了多次小组讨论，对问卷初稿进行修改与完善，最终定稿后，组织了专家学者对问卷进行了修改。最后，组织团队成员进行了预调查，以此检测问卷设计的科学性和合理度以及完成一份问卷的时间。

问卷主要围绕以下五大内容展开：一是基础设施及受访者基本家庭情况，包括受访地基础设施与环境条件（地形面貌、公路、集镇、有线电视、有线网络）、被调查者及家庭基本情况（被调查者个人基本情况包括年龄、性别、健康情况、文化程度、务农年限、兼业情况、干部身份；家庭基本情况包括家庭总人口、劳动力、兼业人数、家庭住房面积、参加专业化组织情况、是否科技示范户、当地农业技术服务等情况）、家庭经营规模和收支情况（粮食作物、经济作物、畜牧养殖等规模、产量、收益；翻地、播种及收割机械、化肥、农药、农膜、灌溉、雇工及自家劳动力等生产性投入；煤炭、柴薪、电力、天然气、液化气、沼气、汽油等生活性能源消耗及农作物秸秆焚烧情况；家庭年收入、农业收入，年支出、农业支出等），对于种植双季稻的农户，其水稻种植面积以两次种植面积之和表示；二是农户对于气候变化的认知及应对情况；三是低碳农业技术及农村节能减排工程参与情况，包括农村沼气建设工程、秸秆禁烧和综合利用工程、农村家庭光伏电站工程、农村太阳能热水器入户工程、农机节能升级工程、农业清洁生产工程六大节能减排工程和新能源利用、新品种、新型环保农药、科学灌溉、科学施肥、农机操作、科学储藏及电子营销等多项现代农业科技推广情况；四是农业技术风险认知和技术需求信息，包括新技术采纳偏好、农业科技咨询等方面的问题；五是农户对于低碳农业生产认知及关于农业碳减排技术的采纳动机、采纳机会、采纳能力、信任因素、风险因素等维度下各观测变量的一些观点、感受与态度，采用的是李克特（Likert）五分量表。

（2）调研地区。为了对农户节能减排工程的参与情况及低碳农业生产效率进行分析，结合本章所用研究方法的特性，以 DEA 模型测算各个决策单元的相对效率，其模型构建前提是要求决策单元具备同质性，即样本农户的生产方式即外部环境具有相似性。而不同省份的地理环境因素相差较大，种植结构及耕作方式也存在较大差异，因此，剔除河南、陕西、江苏、四川四个省份，本书从 850 个调研样本中选择了湖北省的 563 个有效样本作为研究对象。就调研地点来看，选取了湖北省的武汉市新洲区、随州市、荆州地区为样本点，基本涵盖了鄂北、鄂南及鄂东大部分地区。选择这三个地区主要是基于一下两个方面的考虑：一是这三个地区均为湖北汉江生态经济带开发规划基地；二是为确保样本农户的覆盖面，在农业类型上兼顾了城郊农业（武汉）和乡村农业（随州、荆州），同时在调研地的地理特征上兼顾了平原（荆州）和丘陵（随州）地区。新洲和随州是团队近几年来连续观测的定点调研地点，也是湖北省低碳循环农业示范基地，该地收集的数据对于本课题研究具有特殊意义；而荆州地区是湖北省绿色低碳农业生产技术先进地区，也是近年来农作物秸秆资源化利用等减碳方式成效较为显著的地区之一，其样本数据具有典型代表意义。接下来结合实际情况，从新洲、随州、荆州三地选出三个自然村作为调研地点开展入户调查。具体而言，新洲地区选择的是李集街、三店街和徐古镇，村庄包括大游村、刘里村、刘先村、李镇村、董椿村、谢元村、谢店村、周山村、七里村九个村；随州地区选择的是安居镇、万店镇和淅河镇下辖的宝峰观村、黄家畈村、黄家寨村、先觉庙村、张家河村、夹子沟村、双河村、聂咀村、金屯村九个村；荆州地区选择的是岑河镇、李河镇和沙市实验林场，建制村包括白读村、岑河村、东湖村、西湖村、古湖村、童河村、窑湾村、张场村、实验林场九个村。具体分布情况如表 4-1 所示。

表 4-1　　　　　　　　　　　　实地调研的地点

地区	乡镇（街道）	建制村	问卷数（份）	比重（%）
新洲区	李集街、三店街、徐古镇	大游村、刘里村、刘先村、李镇村、董椿村、谢元村、谢店村、周山村、七里村	163	28.95
随州市	安居镇、万店镇、淅河镇	宝峰观村、黄家畈村、黄家寨村、先觉庙村、张家河村、夹子沟村、双河村、聂咀村、金屯村	197	34.99
荆州市	岑河镇、李河镇、沙市实验林场	白读村、岑河村、东湖村、西湖村、古湖村、童河村、窑湾村、张场村、实验林场	203	36.06

资料来源：经笔者调研整理而得。

　　根据调研地点分布，农户调查被分为三个调研小组分别进行：第一小组共9人，由1名老师、3名博士生、4名硕士生和1名本科生组成，于湖北省武汉市新洲区开展了为期5天的调研；第二小组共8人，由3名博士生和5名硕士生组成，前往湖北省随州市开展农户调查，调查时间为5天；第三小组共20人，1名博士生、3名硕士生和16名本科生组成，前往湖北省荆州地区进行入户调查，共持续4天时间。调研过程中采取了多种形式发放调查问卷：在当地村干部的帮助下，将农户集中起来发放问卷；在农户居住较为分散的地方，由当地村干部或村民带领调查小组成员前往农户家庭进行调查。需要说明的是，为保证调查结果的准确性，尽可能地克服偏差，在访谈开始之前，课题组统一为每一位被调查者筹备了20元人民币的误工费，以降低不反映偏差，并对所有调查成员进行课题介绍以及调研注意事项等专业培训，以降低调查方式偏差、调查者偏差；在调查过程中，我们向被调查者列举了样本地国家关于低碳农业发展的政策法规，强调低碳农业生产对增进自身福利的重要性，以降低农户的假想偏差，并强调该调查数据仅用于本课题成员的学术研究，同时向被调查者出示学生证、身份证以及学校开具的调研介绍函等证明文件，以降低策略性偏差。

2. 调研对象基本统计情况

　　农业农村部在推广十大农村节能减排技术的基础上，提出农村沼气建设、秸秆禁烧和综合利用、农村扶贫光伏下乡、农村太阳能热水器入户、农机节能升级和农业清洁化生产这六大农业低碳减排重点工程，深入推进农业农村节能减排，努力建设资源节约型、环境友好型新农村。根据研究目的，本书考察的是农户在农业生产过程中的低碳行为及低碳生产效率等问题，并结合调研地区农业生产以水稻、小麦、棉花等种植业为主，农业生产投入大、农作物秸秆产生量大、耗能高排放大等普遍存在的实际情况，选择其中秸秆禁烧与综合利用工程、农机节能升级工程、农业清洁生产工程三大低碳减排工程作为样本推广工程，分析农户的参与情况以及这些低碳项目对农业生产效率的影响作用。秸秆禁烧和综合利用工程是指通过广泛宣传、深入督查、完善政府扶持、加大考核奖惩等措施和手段，出台秸秆还田、秸秆堆腐、打捆收集、秸秆固化、秸秆气化利用和设备购置等奖补政策，大力推广秆秆肥料化、饲料化、基料化、能源化、材料化"五化"综合利用；农机节能升级工程即大力推进农机、农艺集合，推广保护性耕作、高效低量植保技术和设施农业节能技术，充分发挥国家农机购置补助政策，引导农机大户、农机合作社购置先进适用、节能环保的农业机械，发展大中型、高性能、多功能复式作业农机装备；农业清洁生产工程是以测土配方施肥为基础，建立专家、网站、短信、公告等全方位信息服务网络和一条龙、配方卡、个性化、菜单式等技术服务模式，按照平衡施肥原则，推广配方肥、有机肥、绿肥、缓控释肥等新型肥料及先进科学施肥技术。

从调研内容的第三部分中，即低碳农业技术及农村节能减排工程参与情况，可以勾勒出湖北省低碳农业参与情况的大概图景。对于"您是否听说过该低碳技术或减排工程？"的提问，农户若回答"是"则赋1，反之则为0；对于"您是否愿意参与该项低碳技术或减排工程？"农户若回答"是"=1，"否"=0；对于"你是否参与了该低碳技术或减排工程？"农户若回答"参与"=1，"未参与"=0。表4-2对被调查者低碳农业生产的参与情况进行了总结。

表4-2　　　　　　　　低碳减排工程的认知与参与情况平均得分

低碳减排工程	认知程度	参与意愿	参与度
秸秆禁烧与综合利用工程	0.91	0.86	0.62
农机节能升级工程	0.35	0.64	0.32
农业清洁生产工程	0.43	0.76	0.39

资料来源：由笔者调研数据整理而得。

通过农户对低碳减排工程的评分可知，农户对秸秆禁烧与综合利用工程的认知程度、参与意愿和参与度均高于农业清洁生产工程和农机节能升级工程，实际的调研也证实了这一结论。湖北荆州市农村地区在秸秆禁烧政策的贯彻落实方面基本做到了全覆盖，农户随意焚烧秸秆的行为几乎不再出现，在政府的大力宣传下开始重视对秸秆的综合利用，而农户对农业清洁生产工程、农机节能升级工程了解不深，从而导致了参与意愿和参与度不高。

农户对低碳减排工程认知方面。除秸秆禁烧与综合利用工程的得分超过0.9分，而其他2项工程的评分均在0.5分以下，这说明农业低碳减排工程的宣传力度和推广程度不够；由于近年来国家政策的大力推动和鼓励，农户对秸秆资源价值的认识逐渐提高，故农户对秸秆禁烧与综合利用工程认知程度较高。在农机节能升级工程方面，评分仅为 0.35 分，说明农户对该工程的认知程度较低，可能的原因是农户在购置农机具时更关注机具本身的价格，选择售价相对较低的机器，而农机具供应商在销售时并未真正传导节能农机具的概念，单纯强调低价迎合农户从而促成销售，故即便农户选择了节能环保的农机具也并不了解其节能的意义所在；在农业清洁生产工程方面，其评分为 0.43 分，说明农户对该工程认知程度也不高，而农业清洁生产工程主要是以测土配方施肥为基础。农户对农业清洁生产工程缺乏认知究其原因可能有：一是官方对测土配方肥的统计可能存在一定偏差，二是农户购买肥料时将测土配方肥仅作为一般的肥料，并不知晓其具体使用方法和其节能理念。这说明了低碳减排工程在湖北省内仍有较大的发展空间。

农户对低碳减排工程的参与意愿方面。农户对秸秆禁烧与综合利用工程、农机节能升级工程和农业清洁生产工程的参与意愿的评分分别达到了 0.86 分、0.64 分和 0.76 分，均超过了 0.5 的评分，整体说明农户对低碳减排工程的参与意愿较强。在所有三项工程中，参与意愿最为强烈的是秸秆禁烧与综合利用工程，说明农户对于农业生产中的常见工程且参与后可能带来直接经济收益的参与意愿更为强烈。农机节能升级工程作为三者中的最低评分项目，反映出农户对于节能的理念认识不深，对其减排和生态功能未能有全面理解，从而缺乏参与意愿。

农户对低碳减排工程的参与度方面。除了秸秆禁烧与综合利用工程的评分超过了 0.6 分外，其余两项工程得分未能超过 0.4 分，说明农户在低碳减排工程的整体参与度上表现低迷。在秸秆禁烧与综合利用工程方面，农户对此工程了解最多，加之操作简单易于掌握等原因，农户在秸秆禁烧与综合利用工程上的参与度相对较高。而另外两项工程，农户出于成本的考虑，加上这两项工程本身存在的技术壁垒使得农户在实际的参与度上表现低迷。

为了更深入探究农业低碳技术或减排工程推广中的缺陷以及可供改进的地方，我们还向农户询问了参与该工程最大的障碍来自哪些方面（见表 4 - 3）。结合相关研究，本文设置了"资金成本""技术缺乏""时间成本""期望值低""其他"等作为农户参与低碳减排工程的障碍因素选项。

表 4 - 3　　　　　　　农户参与低碳减排工程的障碍因素　　　　单位：%

低碳减排工程	资金成本	技术缺乏	时间成本	期望值低	其他
秸秆禁烧与综合利用工程	25. 40	29. 13	20. 43	25. 93	9. 77
农机节能升级工程	49. 38	39. 96	3. 37	21. 31	14. 92
农业清洁生产工程	34. 81	48. 67	6. 22	22. 38	9. 77

注：因题目设置为多项选择，因此各项百分比之和大于 1。

资料来源：笔者调研数据。

从表 4 - 3 中可知，对于不同的低碳减排工程，农户对其障碍因素的考虑各有不同，但仔细对比可发现一些共同之处。整体而言，农户参与低碳减排工程的资金成本以及其缺乏相关技术成为最大的两个阻碍因素。此次调研对农户年龄的统计结果显示，目前参与农业生产的农户收入水平偏低，对农业生产的投资支出也偏少，对参与低碳减排工程的资金成本投入采取较为保守的态度。另外，农户普遍年龄偏大，且文化程度偏低，对农业新技术的学习不容易，对低碳减排工程的期望值也在一定程度上影响农户参与行为，而时间成本对农户的影响相对较小。究其原因，农业生产活动是阶段性的，农户对时间具有绝对的掌控权，且大多数农户时间较为充裕，因此时间因素对农户参与低碳减排工程影响较小。还有部分农户选择了其他因素。

（1）农户参与秸秆禁烧与综合利用工程障碍因素的统计分析。单从农户未参与该工程障碍因素的统计结果来看，认为资金成本、技术缺乏、时间成本、期望值低是主要障碍的占比分别为 25.40%、29.13%、20.43% 和 25.93%，可知在这四种因素的分布上相对较为均衡，而在这四种因素中对技术的考虑略高于对参与工程期望值和资金成本，时间成本的考虑相对最少。由此得出农户在参与秸秆禁烧与综合利用工程首先考虑的是技术缺乏，究其原因，对秸秆综合利用包括肥料化、饲料化、基料化、能源化、材料化，其中农户参与前三者较为容易，但是参与能源化和材料化利用对农户而言需要较高的技术条件；其次是期望值和资金成本；最后是时间成本以及其他因素。

（2）农户参与农机节能升级工程障碍因素的统计分析。影响农户参与农机节能升级工程的障碍因素中，资金成本、技术缺乏、期望值低排在前三位，占比分别为 49.38%、39.96% 和 21.31%。其中对资金成本因素的考虑位列第一，由于大件农机设备本身价格不菲，而节能型农机具即便有政府补贴，其价格水平也难以低于非节能设备，加之农户收入处于较低水平，因此常出于资金成本的考虑而选择购买非节能农机具设备；农户的技术缺乏也通常成为农户未能参与农机节能升级工程的因素；而农户对时间成本的考虑不构成其未参加农机具节能升级工程的因素，原因可能是农户选用节能农机具和非节能农机具在工作花费的时间趋同，加之农户本身闲暇时间较为充裕，对时间成本的感知不明显。

（3）农户参与农业清洁生产工程障碍因素的统计分析。影响农户参与农业清洁生产工程因素排前三的分别是技术因素、资金成本和对该工程的期望值，占比分别达 48.67%、34.81% 和 22.38%。从技术因素来看，农业清洁生产工程确实对技术的要求较高，农户自身对技术的学习和掌握较慢，对要求高、操作复杂的技术存在畏惧心理，成为未参与农业清洁生产工程的最大障碍；从资金成本因素看，农户若未能掌握正确的技术条件，使用以测土配方肥为代表的农业清洁生产工程的成本上比普通化肥要高；从对工程的期望值来看，由于农户的文化程度等原因限制，较为注重短期收益，而农业清洁生产工程的长期收益功能大于短期收益功能，致使农户不愿冒险选择该工程。

3. 投入产出变量

本章选择的农户生产投入指标分别为：（1）劳动投入（Labor）。目前而言，农业仍是劳动密集型产业，故劳动力投入是农业生产最基本的要素投入，根据本书研究目的，将兼业人数从家庭劳动力总人数中剥离出来，以农户生产全过程中实际投入的劳动力为准，单位为人；（2）土地投入（Land）。作为一切农业活动的载体，土地投入也是最基本投入要素，选取耕地面积作为土地投入变量易使测算结果出现偏差，因此本书采取学术界主流的做法，用上一年农户作物实际播种面积替代当年的土地投入变量，单位为亩；（3）资本投入（Capital）。资本投入即农户上一年农业生产物质费用投入的总和，包括种子投入、化肥投入、农药投入、农用机械投入以及雇工费用等，单位为元。

传统生产效率测算中产出变量一般为经济产出，考虑低碳约束后，将农业碳排放和农业碳吸收等生态指标纳入，考察更准确。本书的产出指标包含期望产出即农业经济产出和农业碳吸收，而非期望产出为农业碳排放，具体界定如下。

农业总收入。以经济产出作为一项期望产出指标，与上述投入变量统计口径保持一致，本书的农业经济产出变量为农户上一年的农业生产总收入，单位为元。

农业碳吸收。以农业碳吸收作为经济产出外另一生态期望产出的替代变量，单位为千克标准碳。农业碳吸收包括森林、牧草、农作物等植物生长全生命周期中由于光合作用而吸收大气中的二氧化碳总量，本书重点关注农业生产过程中的碳吸收，因此仅考察农作物生长过程碳吸收量，其具体计算公式可以表示为 $y_2 = \sum y_{2i} = \sum c_i q_i (1-r)/HI_i$，式中，$y_2$ 表示作物碳吸收总量；i 表示第 i 种作物；c 表示碳吸收参数；q 表示农作物总产量；r 表示作物总产量含水比重；HI 表示作物的经济系数。结合具体的调研地区，农作物涉及如水稻、小麦、玉米等粮食作物和豆类、油菜籽、花生、棉花和其他蔬菜类等经济作物，上述作物碳吸收率和经济系数主要参考韩召迎（2012）、田云等（2013）研究结果，并经笔者整理而得。

农业碳排放。选择农户生产过程中的农业碳排放作为非期望产出的替代变量，单位为万吨标准碳。[①] 不同的生产项目由于排放结构相对复杂，不仅要充分考虑导致其产生直接碳排放的生产环节，还需将间接碳排放或引致碳排放纳入其中。在项目生命周期内，碳排放一直存在，很难单独对某一环节进行计算，IPCC 推荐的方法为直接采用碳排放系数进行碳排放的测算。本书在农户生产项目碳效应分析框架的基础上，参考田云（2012）、闵继生（2012）等学者碳排放公式构建的方法，构建农户经营项目的碳排放公式为 $c = \sum c_i = \sum e_i \varepsilon_i$，其中，$c$ 为农业生产碳排放总量，c_i 为某一碳源的碳排放量，e_i 为碳源基础数据，ε_i 为某一碳源的碳排放系数。根据调研地区农业生产方式及种植结构，拟从以下三个方面来识别碳源因子及排放系数。

一是农业生产要素投入所引发的碳排放。农业生产要素主要包括目前农

---

① 为了方便处理和分析，根据依据 IPCC 第四次评估报告（2007）的温室效应强度，本书将所有测算得出的 CO_2、CO、CH_4 等气体排放统一换算成标准碳当量，以统一单位。具体而言，1 吨 CO_2 含 0.2727 吨 C，1 吨 CH_4 等价于 25 吨 CO_2 所产生的温室效应、1 吨 N_2O 等价于 298 吨 CO_2 所产生的温室效应。

业生产必不可缺的农药、化肥、农膜、农用柴油以及农业灌溉耗费的电能等，这些要素的使用直接或者间接产生碳排放，其排放系数分别为 0.8956 千克 C/千克、4.9341 千克 C/千克、5.18 千克 C/千克、0.5927 千克 C/千克和 266.48 千克 C/公顷，系数来源于 IABCAU[①] 及 IPCC 公布资料。

二是农作物生长过程所产生的温室气体排放。本章参考的农作物品种种类较为齐全，不仅包括水稻（早稻、中稻和晚稻）、小麦（冬小麦和春小麦）、玉米等粮食作物品种，还包括豆类、油菜籽、花生、向日葵、亚麻、棉花、薯类、甘蔗、芝麻、烟草、甜菜、瓜类和其他蔬菜类等经济类农作物。农作物生长过程所产生的温室气体排放主要包括甲烷（CH_4）和氧化亚氮（N_2O），其中氧化亚氮主要来自氮肥、复合肥等施肥过程（王智平，1997），而这部分碳排放在农业生产要素投入所引发的碳排放中已经纳入，未免重复计算，这里只考察甲烷（CH_4）这一气体排放。从现有的研究成果来看，旱地生态系统中，甲烷排放较少，甲烷最主要的来源是湿地系统，其中水稻是中国最主要的甲烷排放源，也是全球大气的甲烷排放的主要来源之一（唐红侠，2009）。因此，在计算农作物生长过程温室气体排放时仅需考虑水稻生产过程中的甲烷排放即可。由于水稻生长过程中会产生大量甲烷气体，而水稻生长受气候条件等因素影响较大，不同时节种植的水稻在生长过程中的甲烷气体排放系数也会存在差异（闵继胜，2012）。考虑到实际调研过程中，农户水稻种植主要为一季稻，三季稻或双季稻的情况较少，因此本章中甲烷排放系数采用闵继胜（2012）研究结果中湖北省的中季稻甲烷排放系数 58.17 克/平方米。

三是农作物秸秆焚烧所引发的二氧化碳（CO_2）和一氧化碳（CO）等气体排放。根据农作物草谷比系数计算出各农作物秸秆量，由于水稻、玉米和小麦三类主要作物是中国农作物秸秆产量的主要来源（李飞跃，2013），限于数据，本章暂考虑这三种作物。草谷比系数来源于国家发展改革委公布资料及前人研究成果整理而得（曹国良，2005），湖北省水稻、玉米和小麦的草谷比系数分别为 1.16、1.94 和 1.37（详见第 5 章表 5 - 1）。

所有投入产出指标的主要统计特征如表 4 - 4 所示。

---

① IABCAU 为中国农业大学农学与生物技术学院（Institute of Agronomy and Biotechnology, China Agricultural University）。

表 4 - 4　　　　　　　　投入产出指标描述性统计

变量		单位	均值	标准差	最小值	最大值
投入要素（x_i）	劳动力投入（x1）	人	1.65	0.96	1.00	8.00
	土地投入（x2）	亩	15.09	15.73	0.70	97.50
	资本投入（x3）	元	8000.84	10770.96	395.00	107000.00
期望产出（y）	农业总收入（y1）	元	21278.23	24567.55	660.00	176400.00
	碳吸收总量（y2）	千克	8594.46	10297.80	303.60	67692.24
非期望产出（c）	碳排放总量（c）	千克	2325.35	2600.87	136.02	21160.34

注：土地投入指标的单位为亩，将调研地区大亩、中亩统一换算成标准亩，即 1 亩等于 666.67 平方米。

资料来源：笔者调研。

4.3　农户低碳生产效率测度结果与分析

运用调研所收集的样本数据及前文介绍的研究方法，对湖北省的 563 个样本农户低碳农业生产效率进行测算。同时，为了与不包含农业碳排放与农业碳吸收的传统生产效率相比较，我们也使用 DEA 模型测算了不包含农业碳排放与农业碳吸收的传统农业生产效率。本节首先构建低碳约束下各决策单元的最佳生产前沿，并将各决策单元的环境技术与最佳生产前沿进行对比，运用 MaxDEA Pro 6.9 软件对基于非角度非径向 SBM 模型的农户生产效率进行规划求解，获得每个决策单元的生产效率得分值（成刚，2016），然后进行分析。具体分析思路如下：（1）农户低碳生产效率的测算结果展示，及其在不同效率区间上的分布情况；（2）在测算各个决策单元低碳生产效率值的基础上，考察无效率决策单元与最优决策单元相比较的投入要素冗余率，从而找到基于投入角度的低碳生产效率改善方向；（3）低碳生产效率与传统生产效率测度结果的比较分析，并依据得分值的大小进行不同类型农户划分。

4.3.1　农户低碳生产效率测度结果与分布情况

测度结果如表 4 - 5 所示。农户低碳生产效率得分均值为 0.4900，表示农户在低碳生产过程中造成了约49%的效率损失，低碳生产效率较低。因此，在其他条件不变的情况下，提高农户低碳生产效率，期望产出增长空间达51.00%。从表4-5中可以看到农户低碳生产效率得分值的各区间分布情况，总体样本农户的563户中有427个样本农户的低碳生产效率值在0.6以下，占样本总量比重高达75.86%，而其中58.63%的样本农户低碳生产效率值在0.5以下；低碳生产效率值在0.7以上的样本农户仅为84户，占样本总量的比重仅为14.93%；低碳生产效率值主要集中在0.3~0.6，比重为61.64%，其中，低碳生产效率值主要集中在0.3~0.4、0.4~0.5和0.5~0.6的比重分别为24.69%、19.72%和17.23%。总体而言，农户的低碳生产效率普遍较低。

与此同时，区域间低碳生产效率也存在显著差异，农户低碳生产效率从高到低排序为：随州 > 荆州 > 新洲，得分均值分别为0.5117、0.4899和0.4684（如表4-5所示）。其中，随州地区的农户低碳生产效率较其他省份高，但仍存在48.83%的提升空间，荆州和新洲地区低碳生产效率提升空间分别为51.01%和53.16%。从各区域效率大小分布看，新洲、随州和荆州三个地区低碳生产效率得分值低于0.5的农户比例分别占各地区样本量的67.48%、50.26%和59.60%；低碳生产效率值在0.7以上的样本农户占样本总量的比重分别为13.49%、14.72%和16.26%；低碳生产效率值均集中于0.3~0.6，占各自样本量的百分比分别为69.32%、64.47%和52.71%。

表4-5　　　　　　　　　　农户低碳生产效率分布情况

效率值	总体		新洲		随州		荆州	
	户数	比例（%）	户数	比例（%）	户数	比例（%）	户数	比例（%）
0.1以下	6	1.07	1	0.61	2	1.02	3	1.48
0.1~0.2	14	2.49	2	1.23	3	1.52	9	4.43
0.2~0.3	60	10.66	18	11.04	14	7.11	28	13.79
0.3~0.4	139	24.69	59	36.20	41	20.81	39	19.21
0.4~0.5	111	19.72	30	18.40	39	19.80	42	20.69
0.5~0.6	97	17.23	24	14.72	47	23.86	26	12.81
0.6~0.7	52	9.24	7	4.29	22	11.17	23	11.33
0.7~0.8	43	7.64	12	7.36	17	8.63	14	6.90
0.8~0.9	10	1.78	3	1.84	3	1.52	4	1.97
0.9~1.0	31	5.51	7	4.29	9	4.57	15	7.39
均值	0.4900		0.4684		0.5117		0.4899	

注：表中区间统计数据不包括下限，包括上限。

数据来源：笔者调研收集。

4.3.2 　 基于投入冗余的低碳农业生产效率改善方向

在测算各个决策单元低碳生产效率值的基础上，我们同时考察了特定决策单元与最优决策单元相比较的投入要素冗余、非期望产出冗余以及期望产出不足，从而找到相应的低碳生产效率改善方向。

当农户低碳生产效率值等于 1 时，此时该农户位于生产前沿面上，松弛变量 $s_n^x = s_m^y = s_j^c = 0$，即投入过剩、非期望产出冗余以及期望产出的不足均不存在；当农户低碳生产效率值 <1 时，可以分别通过计算松弛变量 s_n^x、s_m^y、s_j^c 的大小来反映农户低碳生产效率的改进方向。基于此，将各个决策单元各个投入变量的松弛变量 s_n^x 除以对应的投入指标值得到投入冗余率，将产出松弛变量 s_m^y 除以相应产出指标值分别得到农业经济产出和农业生态产出的不足率，将非期望产出松弛变量 s_j^c 除以相应的农业面源污染值得到农业非期望产出，即农业碳排放的冗余率。计算结果如表 4 - 6 所示。

表 4 - 6 　 　 　 　 　 低碳生产非有效决策单元投入产出可改进程度

地区	投入冗余率（%）		期望产出冗余率（%）		非期望产出冗余率（%）	
	劳动力投入	土地投入	资本投入	农业总收入	碳吸收总量	碳排放总量
总体	- 2.26	- 0.15	- 6.37	5.58	4.74	- 52.07
新洲区	- 2.96	- 0.48	- 1.83	19.06	3.15	- 57.90
随州市	- 1.98	- 0.04	- 5.37	1.58	6.77	- 51.36
荆州市	- 1.96	- 0.02	- 10.17	0.32	4.25	- 48.74

注：表中各冗余率数值为每个地区各农户样本冗余率的平均值。

从表 4 - 6 中可以得出以下结论。

第一，从总体农户低碳生产过程看，投入要素与非期望产出存在一定的冗余，而期望产出表现出不足的现象，这说明除农业产出不足外，湖北省农户低碳生产无效率的原因还体现在资源投入和非期望产出两个方面，资源消耗过多和农业碳排放过多均是调研地区农户低碳生产效率低下的原因。对农户低碳生产效率低下影响从大到小排序依次为非期望产出、资本投入、农业经济产出、农业碳吸收、劳动力投入和土地投入。

第二，投入冗余方面，资本投入冗余率为 - 6.37%，在农户低碳生产无效率中所占的比重最高，这说明调研地区农户低碳生产过程中资本投入过多，在以后的低碳农业生产中，应该逐步减少资本投入量，减少空间为6.37%。由于当前农村存在着大量的剩余劳动力，虽然在调研过程中没发现农民外出务工现象普遍，但在现有生产结构中，劳动力投入过多依然是构成农户低碳生产效率低下的第二大影响因素。土地投入对农户低碳生产效率低下的影响排在第三位，在中国耕地面积日益稀缺的情况下，本不应该出现这样的情况，一方面说明在调研地区，耕地资源并没有得到高质量的利用，耕地利用效率较低，从而导致土地投入出现一定量的冗余；另一方面，这可能与当地较多相对小规模的土地经营方式有关，已有研究表明，小规模的农业生产容易导致效率损失（Wang，1996；田传浩，2005）。

第三，分区域来看，考察投入冗余方面，随州、荆州两个地区农户低碳生产效率低下的影响力排序同总体样本保持一致，而新洲地区出现细微差异，即劳动力投入的影响力大于资本投入因素，说明在以后的低碳农业生产中，应该逐步减少随州、荆州两地分别约5.37%、10.17%的资本投入量，而新洲地区应减少约2.96%的劳动力投入。具体而言，新洲地区低碳农业生产无效率的主要影响因素依次为劳动力投入、资本投入和土地投入；随州和新洲地区低碳农业生产无效率的主要影响因素均依次为资本投入、劳动力投入和土地投入。对比可以发现：新洲地区的劳动力投入对该地区农户低碳生产效率低下的影响较大，冗余率为 -2.96%；而随州和新洲地区的劳动力投入冗余率分别为 -1.98% 和 -1.96%。这可能与新洲地区的距离位置有关，在调研过程中我们发现，新洲地区的农民借着与武汉市较近的地理优势，前往武汉务工虽多，但留宿武汉的时候较少，在两地之间往来频繁，从而造成大量劳动力损失；而随州和新洲地区距离武汉相对较远，通常情况下一个人要么外出务工要么留在家里专业从事农业生产，如此一来，该劳动力的农业生产效率反而相对较高。此外，荆州地区土地冗余率最小（ -0.02% ），土地利用效率最高。

4.3.3　不同类型农户的生产效率对比分析

以上分析的基础上，令人感兴趣的问题是低碳约束因素是否会对农户的生产效率产生影响。为了回答这一问题，本书在考察农户低碳生产效率的同时，也计算了不考虑碳排放、碳吸收的传统农业生产效率，并通过对二者的比较，分析低碳约束因素对农户生产效率的影响（如表4-7所示）。

为了更清晰地界定各决策单元的现有生产状态是否属于低碳环保型，可将低碳生产效率得分均值小于传统生产效率得分均值的地区定义为"高碳型"地区。由表4-7可知，若不考虑碳排放和碳吸收等生态因素的影响时，即农户的传统生产效率得分均值为0.5078，低于低碳生产效率平均值，表明调研地区样本农户的农业生产基本属于"高碳型"。具体而言，传统生产效率值在0.6以下的个样本农户量为474户，占比高达84.15%，说明农户传统生产效率普遍处于较低水平，效率损失严重。分地区来看，新洲、随州和荆州三地传统生产效率得分均值分别为0.4865、0.5124和0.5245，均在不同水平上高于低碳生产效率值，表明三个地区均为高碳型地区，若继续按以往单纯考察农业经济产出的测算方法来评价农户生产效率，而忽视农业碳排放、碳吸收等环境约束因素，会导致农户生产效率被高估。农户传统生产效率从高到低排序为：荆州>随州>新洲，同低碳生产效率相比，新洲依然是三个地区中效率最低，而随州地区由低碳生产效率排名的第一位退居为传统生产效率排名的第二位，表明在这三个地区中，随州地区的低碳农业生产表现相对较好。

表4-7　　　　　　　农户低碳生产效率与传统生产效率分布

效率值	低碳生产效率得分		传统生产效率得分	
	农户数（户）	比例（%）	农户数（户）	比例（%）
0.1以下	6	1.07	4	0.77
[0.1~0.2)	14	2.49	16	2.90
[0.2~0.3)	60	10.66	59	10.44
[0.3~0.4)	139	24.69	127	22.63
[0.4~0.5)	111	19.72	97	17.21
[0.5~0.6)	97	17.23	89	15.86
[0.6~0.7)	52	9.24	66	11.80
[0.7~0.8)	43	7.64	52	9.28
[0.8~0.9)	10	1.78	14	2.51
[0.9~1.0)	31	5.51	37	6.58

续表

效率值	低碳生产效率得分		传统生产效率得分	
	农户数（户）	比例（%）	农户数（户）	比例（%）
总体均值	0.4900		0.5078	
新洲区	0.4684		0.4865	
随州市	0.5117		0.5124	
荆州市	0.4899		0.5245	

注：表中区间统计数据不包括下限，但包括上限。

进一步，同样依据低碳生产效率与传统生产效率得分值的大小，可将563 个样本农户的现有生产状态划分为低碳型、均衡型和高碳型三种不同类型：低碳型即低碳生产效率值大于传统生产效率值；均衡型即低碳生产效率值等于传统生产效率值；高碳型即低碳生产效率值小于传统生产效率值。结果如图 4 - 2 所示，较多农户属于高碳型（占总样本量的 69.65%），仅有 25.37% 的样本属于低碳型农户，此外，有少量农户（4.98%）的低碳生产效率等于传统生产效率，属于均衡型。分地区来看，随州地区的低碳型农户占比最多，为 33.07%；其次是荆州地区，低碳型农户占比为 24.85%；低碳型农户占比最少的是新洲地区，为 17.27%。

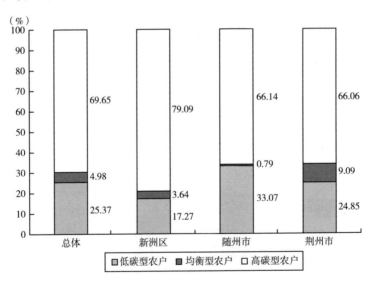

图 4 - 2　三种类型农户不同地区分布情况

4.3.4　讨　论

我们将本书研究结果与相关研究结论进行了比较（见表 4 - 8）。由于样本数据、模型选择及关注视角的不同，学者们的研究结果之间存在一定差异。可以看到，本章在考虑农业碳排放非期望产出得到的农户生产效率为 0.4900，由于测算方法、研究对象的不同，测算的估计值与朱帆（2011）、姜天龙（2012）、李鹏（2013）等人对农户生产效率的估计值稍有不同，但本书结果值处于诸位学者估计值的范围内。朱帆等五位学者对农户生产效率估计值的平均值为 0.5833，本章研究的估计值低于其平均值，原因在于本章考虑了碳排放约束非期望产出，碳排放约束要求农户在生产中节省对农药、化肥、农膜等农业物资的投入；而如前文所述，在不考虑碳排放约束的情况下，测算出的农户效率估计值为 0.5078，更接近他们估计值的均值，进一步表明考虑碳排放约束会影响农户的生产效率。

表 4 - 8　　　　　　　　　不同研究中农户生产效率估计值对比

研究出处	关注视角	研究样本	采用模型	估算均值
朱帆（2011）	农业生产效率	西藏 163 个样本	三阶段 DEA	0.584
姜天龙（2012）	粮食生产效率	吉林 292 个样本	投入导向 BCC	0.766
李鹏（2013）	农业废弃物循环利用效率	山东、湖北、河南共 220 个样本	三阶段 DEA	0.4516
肖国增（2014）	农地利用效率	湖北 44 个村庄样本	投入导向 BCC	0.73
吴雪莲（2016）	农户水稻生产效率	湖北 425 个样本	投入导向 BCC	0.385
本书	考虑碳排放约束的农户生产效率	湖北 563 个样本	包含非期望产出的 SBM	0.4900

注：表中模型 DEA、SBM 分别表示 Data Envelopment Analysis 和 Slacks-based Measure，BCC 模型即规模报酬可变模型（Banker，Charnes and Cooper，1984）。

4.4　农户低碳参与行为对低碳生产效率的影响

为积极响应低碳经济号召，促进中国低碳可持续农业的良好发展，国家制定并推行了一系列促进低碳农业发展的政策措施，并重点推广六大农业低碳减排技术与工程，深入推进农业农村节能减排，努力建设资源节约型、环境友好型乡村，促进农业和农村可持续发展。但通过以上分析发现，调研地区农户低碳生产效率平均水平依然较低，国家能否转变生产效率考核机制，通过广大激励农户参与低碳生产行为，从而提升农户低碳生产效率？为考察农户低碳参与行为对其低碳生产效率的影响，检验中国现行低碳减排政策的执行和实施效果，本节内容在前一节的测度基础上，运用倾向得分匹配法，将农户参与低碳减排工程从其他影响农户低碳生产效率的社会经济因素中独立出来，单独考察参与低碳减排工程对农户低碳生产效率的影响效应。

4.4.1 倾向匹配得分法与数据说明

1. 倾向匹配得分法简介

农户参与低碳减排工程等低碳农业参与行为对其低碳生产效率的影响效应是我们关心的问题，本节采用反事实分析框架下的倾向匹配得分法（propensity score matching，PSM）进行估计。

首先，设置一个虚拟变量 T_i，用以表示第 i 个农户是否得到了"处理"（treatment），如果参与低碳减排工程，则 $T_i = 1$，表示处理组，否则为对照组，$T_i = 0$；其次，为与期望值区别，这里记效率值 E 为 Y，假定 Y_i^1 表示第 i 个参与低碳减排工程的农户的效率情况，Y_i^0 表示第 i 个未参与低碳减排工程的农户生产效率情况。则低碳减排工程对其效率影响的参与者平均处理效应 ATT 和非参与者平均处理效应 ATU 可表示为：

$$ATT = E(Y_i^1 \mid T_i = 1) - E(Y_i^0 \mid T_i = 1)$$
$$= E(Y_i^1 - Y_i^0 \mid T_i = 1) \tag{4-9}$$
$$ATU = E(Y_i^1 \mid T_i = 0) - E(Y_i^0 \mid T_i = 0)$$
$$= E(Y_i^1 - Y_i^0 \mid T_i = 0) \tag{4-10}$$

从式（4-9）和式（4-10）可以看出，在计算低碳减排工程参与对农户低碳生产效率的影响时，必须首先估计出参与者如果未参与低碳减排工程时的效率和未参与者如果参与低碳减排工程的效率。但在实际情况中，一个农民要么参与低碳减排工程，要么没有参与，我们无法得知农户假设参与或未参与低碳减排工程有什么结果。因为在同一观测时点上每个决策单元只能呈现一种状态，卡利恩多和科派尼希（Caliendo and Kopeinig, 2008）将这种不能观测到的结果定义为反事实结果（counterfactual estimation）。对于单个农户而言，要么以参与者身份被观察到其参与低碳减排工程的效率值 Y_i^1，要么以非参与者身份被观察到其未参与低碳减排工程的效率值 Y_i^0，两者之差 ATD 可表示为：

$$ATD = E(Y_i^1 | T_i = 1) - E(Y_i^0 | T_i = 0) \qquad (4-11)$$

对式（4-11）进行变形，可分别获得 ATD 与 ATT、ATU 的关系：

$$
\begin{aligned}
ATD &= E(Y_i^1 | T_i = 1) - E(Y_i^0 | T_i = 0) \\
&= [E(Y_i^1 | T_i = 1) - E(Y_i^0 | T_i = 1)] \\
&\quad + E(Y_i^0 | T_i = 1) - E(Y_i^0 | T_i = 0) \\
&= ATT + E(Y_i^0 | T_i = 1) - E(Y_i^0 | T_i = 0) \qquad (4-12)
\end{aligned}
$$

$$
\begin{aligned}
ATD &= E(Y_i^1 | T_i = 1) - E(Y_i^0 | T_i = 0) \\
&= E(Y_i^1 | T_i = 1) - E(Y_i^1 | T_i = 0) \\
&\quad + [E(Y_i^1 | T_i = 0) - E(Y_i^0 | T_i = 0)] \\
&= E(Y_i^1 | T_i = 1) - E(Y_i^1 | T_i = 0) + ATU \qquad (4-13)
\end{aligned}
$$

从式（4-12）和式（4-13）可看出，ATT、ATU 与 ATD 不相等，传统最小二乘法方法（OLS）的处理方法假定它们相等，即低碳减排工程参与行为是随机的，然而现实中，农户参与低碳减排工程并不满足随机假设，参与行为是农户"自选择"（self selection）的结果。他们并非完全随机选择是否参与低碳减排工程，而是根据自身需求和禀赋条件做出选择，存在选择性偏差（selection bias）。因此，传统方法简单采用 ATD 替代 ATT 或 ATU 的研究结果必然会造成估计结果有偏（Imbens and Wooldridge, 2009）。为了避免低碳减排工程参与效应对农户"自选择"引致的因果干涉，本章将在反事实分析框架下，利用倾向得分匹配法（PSM）来模拟自然实验下的随机选择状态，进而得到农户参与低碳减排工程对低碳生产效率影响的一致估计结果。

如果参与低碳减排工程和未参与低碳减排工程的两组农户的差异能够被一组共同的影响因素解释，则可分层配对这些共同影响因素，使每一层都有参与低碳减排工程的农户和未参与低碳减排工程的农户（Rosenbaum and Rubin, 1885）。各层农户唯一的区别是"是否参与低碳减排工程"，这样我们就构造出了相同条件下低碳减排工程参与者的一个反事实状态（即不参与低碳减排工程）。再进一步观察各层中两种农户低碳生产效率的差异，根据各层所占比重，把各层的差异进行适当加权，能可靠估计低碳减排工程参与对低碳生产效率影响效应。在反事实分析框架下，低碳减排工程对低碳生产效率影响的参与者平均效应 ATT 和非参与者平均处理效应 ATU 可以表示为：

$$
\begin{aligned}
ATT &= E(Y_i^1 \mid T_i = 1) - E(Y_i^0 \mid T_i = 1) \\
&= E(Y_i^1 - Y_i^0 \mid T_i = 1) \\
&= E\{E[(Y_i^1 - Y_i^0 \mid T_i = 1), P(X)]\} \quad (4-14)
\end{aligned}
$$

$$
\begin{aligned}
ATU &= E(Y_i^1 \mid T_i = 0) - E(Y_i^0 \mid T_i = 0) \\
&= E(Y_i^1 - Y_i^0 \mid T_i = 0) \\
&= E\{E[(Y_i^1 - Y_i^0 \mid T_i = 0), P(X)]\} \quad (4-15)
\end{aligned}
$$

式（4-14）和式（4-15）中，X 是一组不受农户参与低碳减排工程影响的观测变量。$P(X)$ 为农户参与低碳减排工程的概率，其取值范围为 $0 \sim 1$，可通过二元 Logit 模型或 Probit 模型进行估计：

$$
P(X) = \Pr(T_i = 1 \mid X) = \frac{\exp(\beta X)}{1 + \exp(\beta X)} \quad (4-16)
$$

此概率值 $P(X)$ 即为单个决策单元的倾向得分值。根据该概率值，将样本农户分为处理组和对照组。但此时仍然无法估计出参与低碳减排工程对低碳生产效率影响的平均效果 ATT 和 ATU，因为 $P(X)$ 是一个连续变量，现实中很难找出两个决策单元具有完全相同的倾向得分值，因此无法匹配处理组和对照组，而近邻匹配法、半径匹配法和核匹配法等匹配方法的使用可以使得该问题得到解决。

2. 变量选择与数据说明

通过前文文献回顾发现，较多研究结论表明农户户主个人特征（何可，2015）、农户家庭禀赋（Devi et al.，2014）、生态环境的认知程度（邓正华，2013）以及政策环境因素（Abate et al.，2016）等方面均有可能对农户参与低碳减排等环保行动的行为产生影响。也有研究已经证实信息获取度及其传播度是影响农户参与低碳行为的重要因素（矫晓庆，2014），例如，到市场或村委等地的距离决定了农户获取相关低碳减排工程等信息的快捷程度，距离越近，农户了解到低碳减排工程等信息越多，从而更有可能考虑参与行动；有线电视、有线网络等设施是低碳减排工程等相关信息传播的重要途径，有助于宣传和推广国家低碳减排方面的相关信息和方针政策。除此之外，财政补贴等政策性支持因素对农户低碳行为的影响同样不可忽略（邓祥宏，2011）。

综上，本书以低碳减排工程中的农户参与秸秆禁烧与综合利用工程为例，拟从农户个人特征、家庭特征及其他方面分析影响农户参与低碳减排工程的关键因素，选取了户主性别、年龄、文化程度、兼业情况、社会身份；劳动力数量、耕地面积、家庭年收入、是否参加专业化组织；与市场的距离、有线电视、有线网络、政府推广和对低碳减排工程的认知共 14 个观测变量，具体含义及相关描述性统计如表 4 - 9 所示。

从被调查者个人特征可以看出，约占样本总体的 54.5% 为男性，平均年龄近 53 岁；文化程度普遍为小学及初中水平；约一半的样本有兼业现象，约 2.5% 的样本为党员或干部身份，大多为普通群众。从家庭禀赋特征来看，家庭劳动力规模平均约 3 人，占家庭总人口数的 67.9%，其中兼业人数约占一半比例；家庭实际耕地面积三地平均 15.09 亩，其中，荆州农户平均耕地面积为 27.52 亩，而新洲和随州分别为 6.22 亩和 8.05 亩；家庭平均年收入为 6.816 万元，其中农业收入平均约为 2.128 万元，家庭经济收入以外出务工等非农收入为主，约占家庭总收入的 68.8%；只有较少数农户参与了合作社、协会等农村专业化组织。此外，从调研数据来看，目前农村有线电视覆盖率已达76.2%，农村互联网近年来发展迅速，覆盖率达到 41.0%，如表 4 -9 所示。

表 4 - 9　　　　　　　　　　变量赋值及其描述性统计

	变量	含义及赋值	均值	标准差
因变量	秸秆禁烧与综合利用工程	参与 =1；未参与 =0	0.621	0.590
个人特征变量	性别（X_1）	男性 =1，女性 =0	0.545	0.497
	年龄（X_2）	实际周岁（岁）	52.748	9.918
	文化程度（X_3）	不识字或识字很少 =1；小学 =2；初中 =3；高中或中专 4；大专及以上 =5	2.679	0.890
	兼业情况（X_4）	是 =1；否 =0	0.509	0.500
	社会身份（X_5）	党员或干部身份 =1；群众 =0	0.025	0.157

续表

	变量	含义及赋值	均值	标准差
家庭特征变量	劳动力数量（X_6）	家庭劳动力人数（人）	3.150	1.306
	耕地面积（X_7）	家庭实际耕地面积（亩）	15.09	15.73
	家庭年收入（X_8）	家庭一年总收入（万元）	6.810	17.607
	专业化组织（X_9）	参加 = 1，未参加 = 0	0.117	0.322
其他变量	与市场的距离（X_{10}）	家到乡镇集市的距离（里）	5.411	3.691
	有线电视（X_{11}）	有 = 1；无 = 0	0.762	0.426
	有线网络（X_{12}）	有 = 1；无 = 0	0.410	0.492
	政府依赖（X_{13}）	由政府补贴总成本的百分比	3.427	3.390
	低碳减排内涵感知（X_{14}）	不了解 = 1；不太了解 = 2；一般 = 3；比较了解 = 4；非常了解 = 5	2.465	0.975

资料来源：笔者调研并整理。

初步考察参与秸秆禁烧与综合利用工程对农户低碳生产效率的影响，以参与秸秆禁烧与综合利用工程的农户为处理组，未参与秸秆禁烧与综合利用工程的农户为对照组，两组变量均值比较如表4-10所示。

通过处理组和对照组的低碳生产效率及农户特征比较，我们发现：处理组的效率均值为0.528，明显高于对照组的效率均值0.468；另外，被调查者性别、年龄、文化程度、兼业情况、社会身份、家庭劳动力数量、耕地面积、家庭年收入、参加专业化组织情况、与市场的距离、有线电视、有线网络、对政府的依赖及对低碳减排内涵的感知程度等指标均存在明显差异。处理组和对照组在低碳生产效率上的差异初步验证了参与低碳减排工程对农户低碳生产效率具有一定影响，但并未排除两组农户自身禀赋差异的影响，因此，接下来借助倾向得分匹配法分析农户参与秸秆禁烧与综合利用工程对其低碳生产效率的影响效应。

表4-10　　　　　　　　　　处理组和对照组变量均值比较

变量	处理组	对照组
低碳生产效率	0.528	0.468
性别（X_1）	0.546	0.506
年龄（X_2）	47.998	57.682
文化程度（X_3）	2.702	2.639

续表

变量	处理组	对照组
兼业（X_4）	0.481	0.555
社会身份（X_5）	0.031	0.009
劳动力数量（X_6）	3.168	3.134
耕地面积（X_7）	15.374	14.572
家庭年收入（X_8）	6.566	7.142
专业化组织（X_9）	0.147	0.081
与市场的距离（X_{10}）	5.359	5.640
有线电视（X_{11}）	0.883	0.550
有线网络（X_{12}）	0.424	0.385
政府依赖（X_{13}）	3.247	3.501
低碳减排内涵感知（X_{14}）	2.723	2.007
样本数	349	214

资料来源：笔者调研并整理。

4.4.2　低碳参与行为倾向得分 Logit 估计

参与低碳减排工程的倾向匹配得分是指在一组既定控制变量 x_i（反映农户个体特征）的情况下，样本农户成为处理组的条件概率。以农户参与秸秆禁烧与综合利用工程为例，首先利用 Logit 回归模型拟合农户参与低碳减排工程的概率，逐一引入控制变量，最终所选取的 14 个变量中有 9 个变量通过显著性检验（见表 4 - 11）。模型各检验指标中，Pseudo R^2 值为 0.1160，$Prob > chi^2 = 0.000$，表明模型选取的控制变量对因变量即农户生产效率具有显著影响作用。

表 4 - 11　　　　　　　　倾向得分 Logit 模型估计结果

变量	回归系数	T 统计量
年龄	- 0.0409 **	- 2.19
兼业	- 0.2681 ***	- 2.78
社会身份	0.0646 *	1.77
劳动力数量	0.0659 *	1.72
与市场的距离	- 0.0314 *	- 1.89

续表

变量	回归系数	T 统计量
专业化组织	0.0669 **	2.37
有线网络	0.2328 ***	−3.36
政府依赖	−0.0187 *	−1.92
低碳减排工程认知	0.2921 ***	3.36
常数项	0.2754 **	2.45
检验指标	Log likelihood = −192.3302	
	LR chi^2 (9) = 50.46	
	Prob > chi^2 = 0.0000	
	Pseudo R^2 = 0.1160	

注：***、**、*分别表示在1%、5%、10%的显著水平下通过检验。

Logit 回归结果（见表4 – 11）显示，被调查者年龄越小、兼业程度越低、家庭劳动力数越多、与市场距离越近、对政府的依赖程度越低以及对低碳减排内涵感知程度越高，参与秸秆禁烧与综合利用工程的可能性越大；同时，兼有党员或干部等社会身份的村民相比普通群众更倾向参与秸秆禁烧与综合利用工程；参加合作社、协会等农村专业化组织以及安装互联网等信息接收便利条件均会促进农户秸秆禁烧与综合利用工程。

4.4.3 低碳生产效率 PSM 实证结果与分析

通过 Logit 回归得到倾向指数得分后，采用 k 近邻匹配法进行倾向得分匹配（k = 4），匹配结果如表4 – 12所示。估计结果显示，在控制了样本选择性偏误之后，排除农户特征变量差异的影响，农户参与秸秆禁烧与综合利用工程对低碳生产效率的正向影响效应并不显著。

表4 – 12　　农户参与秸秆禁烧与综合利用工程的 PSM 估计结果

匹配状态	低碳生产效率		指标	系数	T 值
	处理组	对照组			
匹配前	0.5284	0.4680	ATT	0.0604 *	1.93
匹配后	0.5276	0.4745	ATT	0.0531	0.98
	0.5179	0.4729	ATU	0.0450	0.77

注：* 表示在10%的显著水平下通过检验。

估计结果显示，匹配前处理组和对照组的平均低碳生产效率分别为0.5284 和 0.4680，相比于未参与秸秆禁烧与综合利用工程的农户，参与秸秆禁烧与综合利用工程的农户其生产效率在 10% 的水平上显著提高 6.04%。考虑到选择性偏误问题，进行倾向得分匹配后，参与秸秆禁烧与综合利用工程农户的效率值仍然高于未参与秸秆禁烧与综合利用工程农户的效率值，但处理组与对照组的平均效率差距有所缩小，且二者之间差异不再显著。可见，传统 OLS 回归估计方法会高估秸秆禁烧与综合利用工程对低碳生产效率的影响效应，而在充分考虑样本选择性偏误及参与秸秆禁烧与综合利用工程与低碳生产效率之间相互影响等问题后，秸秆禁烧与综合利用工程对低碳生产效率的正向影响效应并不显著。

为了检验匹配结果的稳健性，本章进一步采用半径匹配法检验参与秸秆禁烧与综合利用工程对农户低碳生产效率的影响，同时检验农机节能升级工程、农业清洁生产工程对农户低碳生产效率的影响。表 4 – 13 的估计结果显示，采用半径配比法估算的结果与 k 近邻匹配法得出的结果基本一致，在控制了样本选择性偏误之后，秸秆禁烧与综合利用工程和农机节能升级工程对低碳生产效率的影响均不显著，而农业清洁生产工程对低碳生产效率有显著正向影响。

表 4 – 13　　　　农户参与低碳减排工程的 PSM 半径配比法估算

低碳减排工程	匹配状态	低碳生产效率		指标	系数	T 值
		处理组	对照组			
秸秆禁烧与综合利用工程	匹配前	0.5284	0.4680	ATT	0.0604 *	1.93
	匹配后	0.5268	0.4746	ATT	0.0522	1.01
		0.5189	0.4720	ATU	0.0469	0.80
农机节能升级工程	匹配前	0.5910	0.4574	ATT	0.1336 **	2.13
	匹配后	0.5763	0.4590	ATT	0.1173	1.32
		0.5711	0.4603	ATU	0.1108	1.17
农业清洁生产工程	匹配前	0.5613	0.4623	ATT	0.0990 ***	3.40
	匹配后	0.5497	0.4622	ATT	0.0875 *	1.75
		0.5395	0.4606	ATU	0.0789 *	1.89

注：***、**、* 分别表示在 1%、5%、10% 的显著水平下通过检验。

由此可见，在剔除样本选择性偏误及参与低碳减排工程与低碳生产效率之间相互影响等因素后，秸秆禁烧与综合利用工程、农机节能升级工程虽能正向影响低碳生产效率，但在统计上并不显著，而农业清洁生产工程对低碳生产效率的正向影响效应相对稳定。具体地，就农业清洁生产工程而言，匹配前处理组和对照组的平均低碳生产效率分别为 0.5613 和 0.4623，表明参与农业清洁生产工程的农户比未参与农业清洁生产工程的农户其低碳生产效率在 1% 的水平上显著提高 9.90%。而进行倾向得分匹配后，对于处理组样本而言，参与农业清洁生产工程使得其低碳生产效率提高了 8.75%；对于对照组样本而言，参与农业清洁生产工程使得其低碳生产效率提高约 7.89%，且均在 10% 的置信水平上通过统计检验。这表明倾向得分匹配的估计方法可以较好地解决简单分组统计和传统 OLS 回归所产生的参数高估问题。

4.4.4　讨论与启示

从秸秆禁烧与综合利用工程、农机节能升级工程来看，参与低碳减排工程对农户低碳生产效率具有显著正向影响效应，在控制了样本选择性偏误问题之后，参与秸秆禁烧与综合利用工程和农机节能升级工程的低碳生产效率仍然高于未参与秸秆禁烧与综合利用工程和农机节能升级工程农户的生产效率，但差距不再显著。可能的原因是：一方面，秸秆禁烧和综合利用工程能够减少因作物秸秆焚烧带来的农业碳排放，降低非期望产出，从而达到效率提升效应；另一方面，由于秸秆禁烧和综合利用工程主要在于强制禁烧，相应的收集、储运、交易和综合利用环节发展相对滞后，农户只能付出额外劳动力或资金对其进行处理，比如打捆收集或粉碎还田，参与该工程会相应增加劳动力投入而增大农户的生产成本（马骥，2009），在一定程度上将会降低效率，因此参与秸秆禁烧和综合利用工程对农户低碳生产效率的影响效应并不显著。同理，农机节能升级工程虽能提升生产效率，但参与该工程需要大量资金投入，故其对低碳生产效率的影响效应并不显著。

农业清洁生产工程是以测土配方施肥为基础，建立专家、网站、短信、公告等全方位信息服务网络和一条龙、配方卡、个性化、菜单式等技术服务模式，按照平衡施肥原则，推广配方肥、有机肥、绿肥、缓控释肥等新型肥料及先进科学施肥技术。从低碳减排工程本身出发，农业清洁生产工程通过测土配方施肥改善了土壤质量，减少了病虫害，本身具有节肥增收效应（罗小娟，2014），从而增进了该工程对低碳生产效率的影响；相比于秸秆禁烧与综合利用工程，参与农业清洁生产工程不需要投入大量额外劳动力；相比于农机节能升级工程，农业清洁生产工程的参与资金成本相对较低。因此，就现阶段而言，该低碳减排工程对低碳生产效率的提升效应明显优于秸秆禁烧与综合利用工程和农机节能升级工程。

4.5　本章小结

本章利用湖北省调研农户数据，运用 DEA 模型测算农户低碳生产效率，考察无效率决策单元的投入要素冗余率，并将低碳生产效率与传统生产效率测度结果进行比较分析；进一步基于倾向得分匹配方法，探究低碳参与行为对农户低碳生产效率的影响效应，得到以下主要结论。

（1）农户低碳生产效率较低，平均值为 0.4900，表明在现有技术和投入水平下，如果能够提高生产技术效率，农业产出仍有 51.00% 的提升空间；样本间差异性较大，约 58.63% 的样本农户低碳生产效率值在 0.5 以下，仅有 14.92% 的农户低碳生产效率值大于 0.7，大多数农户的效率值在 0.3 ~ 0.6 之间，说明农户农业生产率普遍偏低；同时，区域间存在显著差异，新洲、随州、荆州低碳生产效率均值分别为 0.4684、0.4899 和 0.5117，随州的低碳效率均值明显高于荆州和新洲，三地低碳生产效率得分值低于 0.5 的农户比例分别占各地区样本量的 67.48%、50.25% 和 59.61%。与最优决策单元相比较，资源过度消耗和农业碳排放产量高均是农户低碳生产效率低下的重要原因，其中，投入要素中资本投入冗余率最高，为 - 6.37%，其次为劳动力和土地投入。

（2）通过传统生产效率与低碳生产效率的对比分析发现，低碳生产效率得分均值（0.4900）小于传统生产效率得分均值（0.5078），表明以往忽视农业碳排放、碳吸收的环境约束因素会高估农户的生产效率。依据低碳生产效率与传统生产效率得分值的大小进行分类，结果显示，占总样本量的 69.65% 的农户均属于高碳型，仅有 25.37% 的样本属于低碳型农户，此外，少量农户的低碳生产效率等于传统生产效率，属于均衡型。分地区来看，新洲、随州和荆州三地传统生产效率得分均值分别为 0.4865、0.5124 和 0.5245，均在不同水平上高于低碳生产效率值，表明湖北省三个调研地区均为高碳型地区。

（3）为考察农户低碳参与行为对其低碳生产效率的影响，检验中国现行低碳减排政策的执行和实施效果，本书运用 k 近邻匹配法计算参与低碳减排工程对农户低碳生产效率的影响效应。结果显示，参与低碳减排工程对农户低碳生产效率具有显著正向影响效应，但在控制了样本选择性偏误等问题之后，秸秆禁烧与综合利用工程和农机节能升级工程对低碳生产效率的正向影响不再显著，而参与农业清洁生产工程对低碳生产效率的正向影响依然显著但提升效应明显缩小。具体而言，参与农业清洁生产工程的农户比未参与农业清洁生产工程的农户其低碳生产效率高出 9.90%；对于已经参与农业清洁生产工程的农户而言，该参与行为使其低碳生产效率提高了 8.75%；对于未参与农业清洁生产工程的农户而言，若参与农业清洁生产工程，将会使其低碳生产效率提高约 7.89%。

第5章 中国省域低碳农业效率评价：宏观视角

农业生产率是衡量农业经济效率的重要指标，决定着农业的发展能力，是近年来各界经济学家重点研究的问题之一（Johnson，1997）。美国农业经济学者盖尔·约翰逊曾指出，农业生产率增长是中国国民财富增长的核心。前一章从微观视角测度了农户生产过程中的低碳效率，是一个静态反映，基于此，本章内容仍然在传统农业生产率分析框架的基础上，基于低碳环境规制，综合考虑碳排放、碳吸收等因素，以1993～2015年中国31个省份的投入产出数据为基础，尝试测算并比较分析中国各地区在考虑低碳环境因素后的农业效率，合理评价自1993年以来中国各地区农业经济与低碳发展的协调关系，更加客观、准确地评估中国农业经济的增长效率，进而提出中国低碳农业效率的改进方向。

全章的结构安排如下：首先，详细介绍低碳农业效率GML指数的测算方法，界定低碳农业效率测算所需使用的投入产出变量；其次，与前一章相对应，从宏观层面对中国省域低碳农业效率进行测算和分解，分别对低碳农业效率指数及其分解指数的动态变化、区域差异进行分析；再次，通过空间Moran's I指数和空间LISA集聚对低碳农业效率的空间相关性进行检验，并建立空间面板SLM模型对低碳农业效率影响因素进行空间回归估计；最后给出本章的结论。

5.1 研究方法与变量界定

5.1.1 DEA-GML效率指数模型介绍

第4章所介绍环境生产技术思想下求解出的效率值为静态效率，记为

$E(x_i, y_i, c_i)$，在静态效率的基础上，进一步探究碳排放效率在时间序列上的动态变化趋势，引入动态 Malmquist 效率模型，用以分析每个决策单元距离生产前沿的相对位置（效率变化）和向生产前沿移动（技术进步）的情况。这种包含非期望产出的 Malmquist 模型求得的效率指数称为 Malmquist-Luenberger 指数（Chung，1995）。采用全局参比计算 ML 指数（Global Malmquist-Luenberger），以各期总和作为同一前沿参考集（Pastor and Lovell，2005），不存在模型无可行解问题，求解得出的各期效率值具有可比性，能够以图形表示以便更加直观地考察各时期效率变化情况。若以时期 t 为基期，则 $t+1$ 时期的低碳农业效率变化率可表示为式（5-1）：

$$GML_i(x_i^{t+1}, y_i^{t+1}, c_i^{t+1}, x_i^t, y_i^t, c_i^t) = \frac{E^g(x_i^{t+1}, y_i^{t+1}, c_i^{t+1})}{E^g(x_i^t, y_i^t, c_i^t)} \qquad (5-1)$$

虽然相邻两期在计算 Global Malmquist-Luenberger 效率指数时参考的为同一全局前沿，但是决策单元 i 距离生产前沿的相对位置，即效率变化 EC_i 的计算依旧以各期的前沿为参考，即：

$$EC_i = \frac{E^{t+1}(x_i^{t+1}, y_i^{t+1}, c_i^{t+1})}{E^t(x_i^t, y_i^t, c_i^t)} \qquad (5-2)$$

前沿 $t+1$ 与全局前沿接近的程度可以由 $\dfrac{E^g(x_i^{t+1}, y_i^{t+1}, c_i^{t+1})}{E^{t+1}(x_i^{t+1}, y_i^{t+1}, c_i^{t+1})}$ 来表示，比值越大说明前沿 $t+1$ 与全局前沿越接近；前沿 t 与全局前沿接近的程度可以由 $\dfrac{E^g(x_i^t, y_i^t, c_i^t)}{E^t(x_i^t, y_i^t, c_i^t)}$ 来表示，比值越大说明前沿 t 与全局前沿越接近；前沿 $t+1$ 与前沿 t 相比较，决策单元 i 向生产前沿接近的程度的变动情况，即技术进步 TC_i 可以由上述两个比值的关系来表示，即：

$$
\begin{aligned}
TC_i &= \frac{E^g(x_i^{t+1}, y_i^{t+1}, c_i^{t+1})/E^{t+1}(x_i^{t+1}, y_i^{t+1}, c_i^{t+1})}{E^g(x_i^t, y_i^t, c_i^t)/E^t(x_i^t, y_i^t, c_i^t)} \\
&= \frac{E^g(x_i^{t+1}, y_i^{t+1}, c_i^{t+1})}{E^{t+1}(x_i^{t+1}, y_i^{t+1}, c_i^{t+1})} \cdot \frac{E^t(x_i^t, y_i^t, c_i^t)}{E^g(x_i^t, y_i^t, c_i^t)}
\end{aligned}
\qquad (5-3)
$$

因此，费雷等（Färe et al.，1992）将 Global Malmquist-Luenberger 效率

指数分解为技术效率变化 EC_i 和技术变化 TC_i，具体分解如下：

$$GML_i(x_i^{t+1},y_i^{t+1},c_i^{t+1},x_i^t,y_i^t,c_i^t) = \frac{E^g(x_i^{t+1},y_i^{t+1},c_i^{t+1})}{E^g(x_i^t,y_i^t,c_i^t)}$$

$$= \frac{E^{t+1}(x_i^{t+1},y_i^{t+1},c_i^{t+1})}{E^t(x_i^t,y_i^t,c_i^t)} \cdot \left(\frac{E^g(x_i^{t+1},y_i^{t+1},c_i^{t+1})}{E^{t+1}(x_i^{t+1},y_i^{t+1},c_i^{t+1})} \cdot \frac{E^t(x_i^t,y_i^t,c_i^t)}{E^g(x_i^t,y_i^t,c_i^t)} \right)$$

$$= EC_i \times TC_i \tag{5-4}$$

在此基础上，费雷等（Färe et al.，1994）通过 VRS-Malmquist 和 CRS-Malmquist 得出不同的效率变化值，进一步将 EC_i 分解为纯技术效率变化 PEC_i 和规模效率变化 SEC_i，即：

$$GML_i(x_i^{t+1},y_i^{t+1},c_i^{t+1},x_i^t,y_i^t,c_i^t) = EC_i \times TC_i$$

$$= PEC_i \times SEC_i \times TC_i \tag{5-5}$$

学者们在费雷等提出的 Global Malmquist-Luenberger 效率指数分解方法的基础上，将 TC_i 进一步分解为纯技术变化 PTC_i 和规模技术变化 STC_i（Zofío and Prieto，2007），即：

$$GML_i(x_i^{t+1},y_i^{t+1},c_i^{t+1},x_i^t,y_i^t,c_i^t) = PEC_i \times SEC_i \times TC_i$$

$$= PEC_i \times SEC_i \times PTC_i \times STC_i$$

$$\tag{5-6}$$

式（5-6）中，$GML_i(x_i^{t+1},y_i^{t+1},c_i^{t+1},x_i^t,y_i^t,c_i^t)$ 表示从 t 期到 $t+1$ 期碳排放约束下农业生产效率的变化情况。在求解 GML 效率指数时，有比值法（multiplicative and geometric mean）和加减法（additive and arithmetic mean）两种计算方法，其中比值法的 GML 值大于 0 表示效率提升，小于 0 表示效率下降；比值法的 GML 值大于 1 表示效率提升，小于 1 表示效率下降。本书采用较为常用的比值法进行计算，因此，当计算结果中 $GML_i(x_i^{t+1},y_i^{t+1},c_i^{t+1},x_i^t,y_i^t,c_i^t) \geqslant 1$ 时，表示第 $t+1$ 时期的低碳农业生产效率较第 t 时期有所提升，反之则下降；当 $PEC_i \geqslant 1$ 时，表示纯技术效率得到一定程度改善，反之则不断恶化；当 $SEC_i \geqslant 1$ 时，表示规模效率得到一定程度改善，反之则不断恶化；当 $PTC_i \geqslant 1$ 时，表示纯技术取得一定进步，反之则退步；当 $STC_i \geqslant 1$ 时，表示规模技术取得一定进步，反之则退步。

5.1.2　变量界定与数据来源

1. 农业投入变量

结合已有关于农业生产效率的相关文献及本书研究目的，本书中农业生产要素投入变量主要包括以下八个方面：（1）劳动投入（*Labor*），为了保证与小农业投入产出口径的一致性，本书借鉴相关研究（杨林，2011；林毅夫，2004）做法，使用权重系数法将种植业劳动力投入从广义的农业投入中剥离出来，其中，权重系数用农业产值占农林牧渔总产值的比重来表示，因此，本书的劳动力投入变量是使用各省份第一产业年末从业人员数乘以权重系数得到的值作为替代指标，单位为万人；（2）土地投入（*Land*），选取耕地面积作为土地投入变量易使测算结果出现偏差，因此本书根据实际情况结合一般的处理方法，使用农作物播种面积而非耕地面积来替代土地投入量，具体单位为千公顷；（3）化肥投入（*Fertilizer*），化肥的投入一方面对农作物的生长至关重要，另一方面却产生一定量的碳排放，本书计算化肥投入是基于化肥施用的折纯量而得出，统计单位为万吨；（4）农药投入（*Pesticide*），对农作物病虫害的防治的手段之一是使用农药，也是目前最直接有效的防治方法之一，但使用农药的过程中会产生温室气体排放，农药投入量单位为万吨；（5）农膜投入（*Plastic*），农膜的使用对农业生产同样会产生增产与增排的双重效应，计算以实际投入量为准，单位换算成万吨；（6）灌溉投入（*Irrigation*），水资源对农业生产的重要性不言而喻，灌溉投入是较多地区农业生产所必须投入的，具体计算灌溉投入量使用各省每年的实际有效灌溉面积，其单位为千公顷；（7）机械动力投入（*Power*），农业生产使用机械化工具对提高生产效率意义显著，但随着机械化率的提高，农用柴油使用量不断增加，带来大量的温室气体排放，计算机械动力投入通常使用各年度各省份的农业机械总动力，其单位为万千瓦；（8）役畜投入（*Animal*），虽然役畜投入量在近年来不断下降，但在本书考察期内，部分地区水牛、马、骡、驴等役畜动物依然发挥着重要作用，其中水牛是直接用于种植业生产中土地翻耕的主要役畜，因此本书以各省年度拥有水牛数量修正值作为农业役畜投入的替代变量，计算单位为万头。

2. 农业产出变量

（1）农业经济产出。以各省（自治区、直辖市）经济产出作为一项期望产出指标，与上述投入变量统计口径保持一致，本书的农业经济产出变量采用狭义农业总产值，即种植业经济总产值，各年份的农业经济产出值以 2000 年的不变价为基准进行换算，单位为亿元。

（2）农业碳吸收。本书以农业碳吸收作为经济产出外另一生态期望产出的替代变量，单位为万吨标准碳。农作物生长全生命周期中的二氧化碳吸收总量计算同第 4 章的方法一致。全国 31 个省（自治区、直辖市）的农作物品种主要涉及有水稻、小麦、玉米等粮食作物以及各种经济作物（计算方式同第 4 章）。

（3）农业碳排放。选择全国 31 个省（自治区、直辖市）农业碳排放作为非期望产出的替代变量，单位为万吨标准碳。[①] 本书研究对象为狭义农业范畴，重点研究种植业碳排放，故根据种植业的碳源分布特征，拟考察三个方面的碳排放：一是生产要素投入所引发的碳排放，测算方法及排放系数同第 4 章；二是农作物生长过程所产生的温室气体排放，主要为稻田所产生的甲烷气体排放，由于中国幅员辽阔，不同省（自治区、直辖市）水稻生长过程中的甲烷气体排放系数也会存在差异，参考闵继胜（2012）、唐红侠（2009）研究结果中的带有地区性差异的甲烷气体排放系数等相关资料整理而得；三是农作物秸秆燃烧所引发的二氧化碳和一氧化碳等温室气体排放，由于不同地区农业生产环境差异较大，草谷比系数也会存在差异，本章采用国家发展和改革委员会公布资料及前人研究成果，整理得出主要农产区主要农作物草谷比参数，详见表 5 - 1。

表 5 - 1　　　　　　　　中国不同地区主要农作物草谷比参数

主要农区	省份简称	水稻	玉米	小麦
华北地区	京、津、晋、冀、蒙	0.93	1.73	1.34
东北地区	黑、吉、辽	0.97	1.86	0.93

①　为了方便处理和分析，根据依据 IPCC 第四次评估报告（2007）的温室效应强度，本章将所有测算得出的 CO_2、CO、CH_4 等气体排放统一换算成标准碳当量，以统一单位。

续表

主要农区	省份简称	水稻	玉米	小麦
华东地区	沪、苏、浙、皖、赣、鲁、闽	1.28	2.05	1.38
华中地区	豫、鄂、湘	1.16	1.94	1.37
华南地区	粤、桂、琼	1.06	1.32	1.38
西南地区	渝、川、黔、滇、藏	1.00	1.29	1.31
西北地区	陕、甘、青、宁、新	0.68	1.52	1.23

资料来源：草谷比参数系参考国家发展改革委公布资料及前人研究成果整理而得。

3. 数据来源

本章所需基础数据来自 1994 ~ 2016 年相关年鉴统计资料。需要说明的是，鉴于中国香港、澳门、台湾等地区数据难以获取，本章以中国内地 31 个省（自治区、直辖市）作为研究对象（其中，重庆 1997 年及以前的数据用 k 近邻法进行估计并填补）。遵循以上碳排放测算方法核算非期望产出指标，然后根据 DEA 模型中距离函数确定投入指标和期望产出指标，所有指标的描述性统计结果见表 5 - 2。

表 5 - 2　　　　　　　　　投入产出指标描述性统计

变量		单位	均值	标准差	最小值	最大值
投入要素 （x_i）	劳动力投入（x_1）	万人	646.72	504.70	2506.35	53.98
	土地投入（x_2）	千公顷	5044.93	3470.29	173.70	14425.00
	化肥投入（x_3）	万吨	150.17	126.45	1.50	708.52
	农药投入（x_4）	万吨	4.79	4.54	0.04	21.51
	农膜投入（x_5）	万吨	5.30	5.47	0.01	34.35
	灌溉投入（x_6）	千公顷	1794.97	1401.22	81.50	5342.10
	动力投入（x_7）	万千瓦	2173.10	2384.85	58.30	13101.40
	役畜投入（x_8）	万头	77.06	118.23	0.00	523.65
期望产出 （y）	经济总产值（y_1）	亿元	533.00	436.20	17.90	2433.80
	碳吸收总量（y_2）	万吨	1948.68	1566.58	67.39	7481.03
非期望产出 （c）	碳排放总量（c）	万吨	711.90	573.07	5.84	2187.45

资料来源：各年度《中国农村统计年鉴》《中国农业统计资料》等相关公开统计资料。

5.2　省域低碳农业效率测度结果与分析

运用前文介绍的方法及收集的数据，对中国 31 个省份 1993～2015 年低碳农业效率进行计算。同时，为了与不包含农业碳排放与农业碳吸收的传统农业效率相比较，我们也使用 DEA 模型测算了不包含农业碳排放与农业碳吸收的传统农业效率。本节内容给出这两种效率的具体分析。首先构建低碳约束下各省份各时期的最佳生产前沿，综合对比各省份的环境技术和最佳生产前沿，运用 MaxDEA Pro 6.9 软件（成刚，2016）对 Global Malmquist-Lu-enberger 效率指数进行规划求解，计算出各省份的全要素生产率及其分解，具体分析思路如下：（1）低碳农业效率的测算结果展示，效率指数及其分解指数的动态特征分析；（2）低碳农业效率的区域差异分析及其驱动因素分解探讨；（3）传统农业效率与低碳农业效率测度结果的比较分析，从而对1993～2015 年中国的低碳农业效率形成更加客观的认识。

5.2.1　中国低碳农业效率变动及驱动力

从中国低碳农业效率增长及驱动力来看（见表 5－3），受低碳约束条件的影响，1994 年以来中国低碳农业 GML 效率指数增长偏慢，年均增速仅为0.49%；增长主要依赖于前沿技术进步（纯技术进步 PTC × 规模技术进步 STC）和技术效率改善（纯技术效率 PEC × 规模效率 SEC）双重驱动，年均增速分别为 0.32% 和 0.17%；进一步分解发现，规模技术进步 STC 和纯技术效率 PEC 年均贡献率分别为 0.59% 和 0.37%，而规模效率 SEC 和纯技术进步指数 PTC 处于轻微恶化态势，年均递减分别为 0.20% 和0.27%，存在一定提升空间。因此，要全面实现低碳农业，提升低碳农业的生产效率，仅依赖技术效率提高远远不够，应更多借助于技术进步的推动。技术进步主要影响生产率的提高进而促进碳排放效率的提高，因此，要重点推进低碳农业技术的研发和推广，发挥技术进步对碳排放效率的直接作用。

表 5 - 3　　中国低碳农业效率增长及其驱动力变化（1994～2015 年）

年份	低碳农业效率指数及分解					传统农业效率指数及分解				
	GML 指数	PEC	SEC	PTC	STC	GML_0 指数	PEC_0	SEC_0	PTC_0	STC_0
1994	0.9507	0.9909	0.9856	0.8783	1.1083	1.0097	1.0307	1.0107	0.8796	1.1019
1995	1.0072	1.0313	1.0062	0.9749	0.9956	0.9227	0.9778	0.9999	0.9423	1.0015
1996	1.0153	0.9601	1.0005	1.0456	1.0109	1.0273	1.1841	0.8725	0.8730	1.1390
1997	1.0031	1.0213	0.9747	1.0092	0.9985	0.9816	0.8456	1.2093	1.1676	0.8221
1998	1.0017	1.0120	0.9928	0.9812	1.0161	1.0291	0.9649	0.9514	1.0608	1.0568
1999	0.9659	1.0015	1.0269	0.9663	0.9719	0.9898	1.0525	0.9158	0.9392	1.0934
2000	0.9544	0.9759	1.0393	0.9882	0.9522	0.9641	1.0327	1.0120	0.9358	0.9858
2001	1.0051	1.0090	0.9653	0.9942	1.0380	1.0118	1.0554	0.9160	0.9629	1.0869
2002	0.9965	1.0028	0.9974	0.9955	1.0008	0.9864	0.8682	1.1053	1.1314	0.9085
2003	0.9697	1.0010	1.0606	0.9704	0.9412	0.9880	1.0256	0.9690	0.9704	1.0245
2004	1.0442	1.0718	0.9585	0.9848	1.0321	1.0270	1.0441	0.9730	0.9869	1.0243
2005	0.9811	0.9439	1.0490	1.0262	0.9656	0.9822	0.9599	1.0160	1.0317	0.9762
2006	1.0275	0.9820	0.9893	1.0491	1.0082	1.0293	0.9121	1.0659	1.1134	0.9509
2007	1.0229	0.9452	1.0087	1.0727	1.0002	1.0150	0.9889	1.0299	1.0169	0.9800
2008	1.0101	1.0634	0.9486	0.9457	1.0588	1.0156	0.9957	1.0040	1.0113	1.0046
2009	0.9791	1.0139	1.0246	0.9653	0.9764	0.9919	1.0288	0.9973	0.9584	1.0087
2010	1.0013	1.0404	0.9392	0.9589	1.0686	1.0136	1.0017	0.9878	1.0069	1.0174
2011	1.0266	0.9461	1.0682	1.0939	0.9286	1.0222	0.9597	0.9703	1.0641	1.0316
2012	1.0100	1.0877	0.9458	0.9170	1.0706	1.0153	1.0466	1.0223	0.9691	0.9792
2013	1.0317	1.0199	0.9672	1.0005	1.0454	1.0432	1.1985	0.7768	0.8659	1.2941
2014	1.0518	0.9755	1.0115	1.1607	0.9184	1.0539	0.9817	1.0274	1.1118	0.9398
2015	1.0625	1.0019	1.0107	0.9999	1.0494	1.0631	1.0003	1.0287	0.9997	1.0334
几何平均值	1.0049	1.0037	0.9980	0.9973	1.0059	1.0078	1.0039	0.9903	0.9967	1.0171

注：表中各指数值为 31 个省份均值；由于 GML 模型测算的是动态指数，年份一列中的 1994 表示的是 1993～1994 年的指数变动情况，其他年份同理。下文同。

如表 5 - 3 所示，分别而言，1994 年、1999 年、2000 年、2002 年、2003年、2005 年和 2009 年 GML 效率指数得分值小于 1.0000，显示出上述年份期间，综合考虑碳排放、碳吸收后中国的农业效率在退化；在考察期内的其余年份，GML 效率指数得分值大于 1.0000，表明期间低碳农业效率得到提升。其中，2015 年的 GML 效率指数得分值最高，为 1.0625，表明 2014~2015 年中国低碳农业生产效率得到了大幅提升，相比 2013~2014 年增加了 1.02%；与之对应，1994 年低碳农业 GML 效率指数最低，仅为 0.9507，说明 1993~1994 年中国低碳农业效率恶化态势最明显。技术效率（纯技术效率 PEC×规模效率 SEC）方面，以 2003 年最高，为 1.0617，表明 2012~2013 年农业技术效率的改善表现突出，贡献率为 6.17%；2007 年效率值最低，为 0.9534。前沿技术（纯技术进步 PTC×规模技术进步 STC）变化层面，则是 2007 年增幅最大，为 1.0728，表明 2006~2007 年中国农业前沿技术进步对低碳农业效率的改善程度达到了 7.28%；而最低值出现在 1994 年，仅为 0.9507，表明 1993~1994 年农业技术变化未能促进中国 GML 效率指数的改善，却导致低碳农业效率处于恶化态势。

5.2.2　中国低碳农业效率的区域差异比较

测算 1994~2015 年中国 31 个省份及华北、东北、华东、华中、华南、西南、西北七大地区[①]的低碳农业发展 GML 效率指数增长及驱动力分解 PEC 指数、SEC 指数、PTC 指数、STC 指数的几何平均值及各省份分类情况如表 5-4 所示。

表 5-4　　　中国 31 个省份低碳农业效率指数平均值及类型划分

地区	低碳农业效率及分解					传统农业效率	地区类型划分
	GML 指数	PEC	SEC	PTC	STC	GML₀ 指数	
北京	1.0076	1.0000	1.0339	1.0291	0.9470	1.0133	"高碳-提升"型
天津	1.0030	1.0099	0.9999	0.9933	1.0000	0.9978	"低碳-提升"型
河北	1.0011	1.0000	1.0057	1.0000	0.9954	1.0043	"高碳-提升"型
山西	0.9972	0.9927	1.0030	1.0042	0.9973	0.9975	"高碳-下降"型
内蒙古	0.9997	1.0300	0.9925	0.9711	1.0070	0.9754	"低碳-下降"型
辽宁	1.0110	1.0230	0.9760	0.9903	1.0225	1.0089	"低碳-下降"型
吉林	1.0000	1.0000	1.0000	1.0000	1.0000	1.0024	"高碳-下降"型

---

① 七大地区具体划分情况参见表 5-1。

地区	低碳农业效率及分解					传统农业效率	地区类型划分
	GML 指数	PEC	SEC	PTC	STC	GML_0 指数	
黑龙江	1.0008	1.0000	0.9909	1.0007	1.0093	1.0029	"高碳－提升" 型
上海	1.0213	1.0000	1.0000	1.0162	1.0050	1.0329	"高碳－提升" 型
江苏	1.0101	1.0000	1.0000	1.0000	1.0101	1.0169	"高碳－提升" 型
浙江	1.0000	1.0000	1.0000	1.0000	1.0000	1.0114	"高碳－下降" 型
安徽	1.0031	0.9910	1.0047	1.0063	1.0012	1.0022	"低碳－提升" 型
福建	1.0082	0.9990	0.9959	1.0131	1.0003	1.0159	"高碳－提升" 型
江西	1.0000	1.0000	1.0000	1.0000	1.0000	1.0035	"高碳－下降" 型
山东	1.0033	1.0000	0.9987	1.0025	1.0021	1.0140	"高碳－提升" 型
河南	1.0045	0.9811	1.0252	1.0181	0.9809	1.0166	"高碳－提升" 型
湖北	0.9968	1.0000	0.9966	0.9893	1.0110	1.0077	"高碳－下降" 型
湖南	0.9903	1.0000	0.9958	1.0000	0.9945	1.0085	"高碳－下降" 型
广东	1.0077	1.0000	1.0437	1.0117	0.9543	1.0285	"高碳－提升" 型
广西	1.0042	1.0391	0.9976	0.9664	1.0024	1.0172	"高碳－提升" 型
海南	1.0294	1.0000	1.0000	1.1111	0.9265	1.0069	"低碳－提升" 型
重庆	1.0008	0.9993	0.9975	1.0007	1.0033	0.9964	"低碳－提升" 型
四川	0.9928	0.9802	1.0131	1.0106	0.9893	0.9952	"高碳－下降" 型
贵州	1.0003	0.9955	0.9992	1.0064	0.9992	0.9986	"低碳－提升" 型
云南	0.9942	0.9945	0.9951	1.0047	0.9999	0.9940	"低碳－下降" 型
西藏	0.9910	1.0000	0.9731	0.8970	1.1353	0.9952	"高碳－下降" 型
陕西	1.0053	0.9945	1.0001	1.0123	0.9985	1.0077	"高碳－提升" 型
甘肃	0.9825	0.9922	0.9892	1.0045	0.9966	0.9947	"高碳－下降" 型
青海	0.9965	1.1106	0.9017	0.9009	1.1045	0.9845	"低碳－下降" 型
宁夏	1.0042	1.0000	0.9983	0.9558	1.0524	1.0085	"高碳－提升" 型
新疆	1.0048	0.9926	1.0007	1.0173	0.9944	1.0066	"高碳－提升" 型
华北地区	1.0017	1.0064	1.0069	0.9994	0.9891	0.9976	"低碳－提升" 型
东北地区	1.0039	1.0076	0.9889	0.9970	1.0105	1.0047	"高碳－提升" 型
华东地区	1.0065	0.9986	0.9999	1.0054	1.0027	1.0138	"高碳－提升" 型
华中地区	0.9972	0.9937	1.0058	1.0024	0.9954	1.0109	"高碳－下降" 型
华南地区	1.0137	1.0129	1.0135	1.0280	0.9606	1.0175	"高碳－提升" 型
西南地区	0.9970	0.9923	1.0012	1.0056	0.9979	0.9960	"低碳－下降" 型
西北地区	0.9986	1.0170	0.9772	0.9771	1.0284	1.0004	"高碳－下降" 型

由表 5 - 4 可知，北京、天津、贵州、陕西、宁夏和新疆等共 19 个省份低碳农业 GML 效率指数 22 年的几何平均值大于 1.0，占省级行政区总数的61.29%；而内蒙古、云南、青海、山西、湖北、湖南、四川、西藏和甘肃共 9 个省份低碳农业 GML 效率指数的均值小于 1.0，占省级行政区总数的29.03%；吉林、浙江和江西 3 个省低碳农业 GML 效率指数的均值等于 1.0。按低碳农业 GML 效率指数 22 年几何平均值排序可知，海南和上海以绝对优势分别占据第一名和第二名，其低碳农业 GML 效率指数均值分别高达1.0294 和 1.0213，表明在 1994 ~ 2015 年的 22 年里，这两个地区的低碳农业效率分别以年均 2.94% 和 2.13% 的速度递增，增长主要驱动力来自纯技术进步 PTC 的推动（两地纯技术进步贡献率分别为 11.11% 和 1.62%）；辽宁低碳农业 GML 效率均值为 1.0110，位居第三名，与海南、上海两地差距明显，主要源于规模技术进步的驱动效应，为 2.25%。与之对应，甘肃省的低碳农业 GML 效率指数均值最低，仅为 0.9825，主要是纯技术效率 PEC 改善和规模效率 SEC 改善动力不足所致。

5.2.3　不同类型地区农业效率对比分析

在以上分析的基础上，令人感兴趣的问题是低碳约束因素是否会对中国农业生产效率的测度产生影响。为了回答这一问题，在考察低碳农业效率的同时，将传统农业效率纳入分析，进行对比研究（见表 5 - 3、图 5 - 1）。

不考虑碳排放、碳吸收因素，中国传统农业 GML 指数在 1993 ~ 2015 年的几何平均值为 1.0078，年均递增 0.23%，纯技术效率、规模效率、纯技术进步、规模技术进步四个指数平均值分别为 1.0039、0.9903、0.9967、1.0171，年均增长率分别为 - 0.14、0.08%、0.58%、- 0.29%。考虑低碳约束因素之后，低碳农业 GML 指数的 22 年平均值为 1.0049，年均增长率为0.51%，纯技术效率、规模效率、纯技术进步、规模技术进步四个指数的平均值分别为 1.0037、0.9980、0.9993、1.0059，年均增长率分别为 0.05%、0.11%、0.59%、- 0.25%。该研究结果表明，1993 ~ 2015 年，忽视农业碳排放、碳吸收的环境约束因素高估了中国农业生产效率（如图5 - 1所示），但低碳农业效率年均增长率大于传统农业生产效率指数，说明低碳约束因素对以往生产率高估的扭曲现象的矫正作用越来越明显。

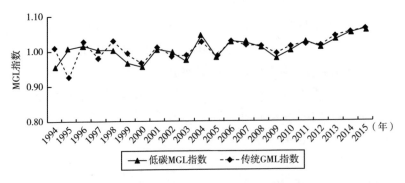

图 5 - 1　低碳农业与传统农业的 GML 指数变动趋势（1994 ~ 2015 年）

　　前文分析表明，中国低碳农业效率增长区域差异十分明显，为了更清晰地展示地区差异，根据低碳农业发展 GML 效率指数得分与前沿面不变的效率指数 1 的大小关系，将研究对象划分为效率"提升组"和效率"下降组"两类。需要说明的是，如果一个地区效率指数等于 1，说明该地区处于效率不变的状态，依据"不进则退"原理归为"下降组"；同时结合低碳农业效率指数 GML 与传统农业效率指数 GML$_0$ 的对比分析，以确定农业生产的"低碳型"和"高碳型"地区，综合两个维度，将 31 个省份划分为"低碳 - 提升"型地区、"低碳 - 下降"型地区、"高碳 - 提升"型地区和"高碳 - 下降"型地区四大类。

　　具体而言，如表 5 - 4、图 5 - 2 所示，"低碳 - 提升"型地区有 6 个，分别为天津、辽宁、安徽、海南、重庆和贵州，这些省份低碳农业效率指数高于传统农业效率指数，表明农业生产低碳约束实践表现较好，且低碳农业效率处于上升改善状态，低碳农业发展势头较好；"低碳 - 下降"型地区有 3 个省份，分别为内蒙古、云南和青海，这些省份农业生产低碳约束实践表现较好，但低碳农业效率处于下降态势；北京、河北、黑龙江等共 13 个省份均属于"高碳 - 提升"型地区，这些省份的低碳农业 GML 指数低于传统农业 GML 指数，农业生产低碳约束实践在全国范围横向比较而言相对较差，但低碳农业效率处于上升改善状态，长期来看低碳农业纵向比较发展势头较好；"高碳 - 下降"型地区有 9 个省份，分别为吉林、浙江、江西、山西、湖北、湖南、四川、西藏和甘肃，这些省份不但低碳农业 GML 指数偏低，而且在考察期内处于效率不变或恶化状态。

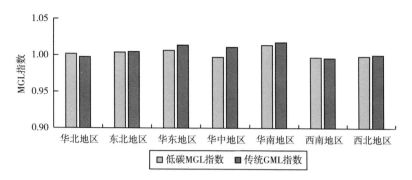

图 5 – 2　低碳农业与传统农业 GML 指数区域比较

　　从七大区域来看，除了华北地区和西南地区的农业生产相对低碳环保外，其他五大地区的低碳农业 GML 指数均比传统农业 GML 指数的值低，表明大部分省份的农业生产属于高碳模式，如图 5 – 2 所示。从四大类型划分来看，仅华北地区属于"低碳 – 提升"型地区，西南地区属于"低碳 – 下降"型地区，东北地区、华东地区和华南地区属于"高碳 – 提升"型地区，华中地区和西北地区均属于"高碳 – 下降"型地区，详见表 5 – 5。

5.2.4　讨　论

　　我们将本章与已有研究结果进行了对比（见表 5 – 5），本章估计结果中，考虑碳排放等环境因素后农业生产效率 GML 指数全国平均值为 1.0049，低于传统农业 GML_0 效率指数均值（1.0078），表明传统农业经济核算方法单纯考察经济产出而不考虑环境因素的约束会造成农业生产率指数的偏高估计，这与潘丹（2012）、李谷成（2014）和田云（2015）的研究结论基本一致。其次，本章考虑环境因素后的 ML 指数相比前面三位学者的曼奎斯特生产率指数计算结果值均偏低，潘丹和李谷成的 ML 指数值分别为 1.029 和 1.0294，他们的非期望产出指标均为农业污染物，与本章的农业碳排放存在一定差异。而田云的低碳农业生产效率指数为 1.0080，略高于本文结果值，除了二者考察时间段的细微差异外，导致结果值存在差距的主要原因在于投入产出指标选取口径的不同。具体而言，田云（2015）的研究考察的是大农业范畴，投入指标和期望产出指标均选取农林牧渔业口径，其非期望产出的农业碳排放测算包含了物资投入碳排放、稻田碳排放和畜牧业碳排放，但忽略了农作物秸秆产生碳排放和渔业等其他部门的碳排放，导致低碳生产率指数被高估；而本书考察的是小农业范畴，投入指标和期望产出指标均选取狭义农业口径，即种植业范畴，非期望产出的农业碳排放测算不但考察了物资投入碳排放、稻田碳排放，还包含了农作物秸秆燃烧所产生碳排放，比以往研究更全面。

表 5 - 5　　　　　　　　　中国农业生产效率指数值对比

研究出处	考察期限	研究视角	产出指标	指数均值
潘丹（2012）	1998～2009 年	不考虑环境因素	农林牧渔业总产值	1.051
		考虑环境因素	农业面源污染标量	1.029
李谷成（2011）	1978～2008 年	不考虑环境因素	农林牧渔业总产值	1.0574
		考虑环境因素	农业污染物排放量	1.0294
田云（2015）	1993～2012 年	不考虑环境因素	农林牧渔业总产值	1.0190
		考虑环境因素	农业碳排放，包含物资投入、稻田和畜牧业碳排放	1.0080
本书	1993～2015 年	不考虑环境因素	农业总产值	1.0078
		考虑环境因素	农业碳排放，包含物资投入、稻田和秸秆燃烧碳排放	1.0049

注：以上研究指数均为 ML 指数，即曼奎斯特生产率指数。

5.3　低碳农业效率的空间集聚效应

上一节研究结果表明，从时间和空间的角度来看，中国低碳农业效率在省域间的差距较为明显，因此，研究差距存在的原因和需求缩小差距的途径对推动中国低碳农业发展意义显著。假设农业生产存在空间溢出效应，相邻区域的低碳农业发展水平相互影响，本节在以往研究的基础上，采用空间计量经济模型，基于空间效应（spatial effects）探究影响中国低碳农业效率的主要因素。

结合已有研究，本节结构安排如下：第一部分简要介绍空间计量模型与数据处理；第二部分利用空间统计分析中的 Moran's I 指数对低碳农业效率的全局空间自相关性进行检验，采用 LISA 集聚对局部空间自相关进行检验；第三部分通过建立空间面板计量回归模型对低碳农业效率的影响因素进行空间估计并分析估计结果；最后是小结。

5.3.1　空间计量模型 SLM 与数据说明

1. 空间计量模型设定

借鉴前人研究（Anselin，1988；Anselin，2003；吴玉鸣，2007），本书选用空间滞后模型（spatial lag model，SLM）来检验中国各省域低碳农业效率的地理空间关联特征，其表达式为式（5-7）：

$$Y_{it} = \rho W Y_{it} + \beta X_{it} + \mu \tag{5-7}$$

其中，i 表示地区；t 表示时期；Y 表示因变量，即低碳农业效率；ρ、β 分别表示各回归系数；W 即为空间权重矩阵，取 0-1 邻接矩阵；WY 表示因变量的空间滞后项；X 是自变量，即影响低碳农业效率的决定因素，μ 是随机扰动项，包括空间效应和时期效应。

2. 变量选择与数据说明

根据农业产业特点，低碳农业效率同时受到多方面因素的作用，包括当地农村居民人均纯收入水平（Income）、城乡收入差距（Inequality）、农业财政支持政策（Finance）、农业产业结构（Structure）、农村基础教育水平（Education）、对外开放程度（Opening）和农业生产受灾程度（Disaster）等。其中，农村居民人均纯收入水平代表当地经济发展水平及对低碳环境的关注度、需求度和支付力，同时也反映了农业生产效率和碳排放水平；城乡收入差距是收入分配不均衡的表现之一，可能会导致地区间资源要素的流向改变或重新配置，从而影响低碳生产效率；农业财政支持政策即农业财政支出力度，表示政府对农业生产的重视程度；农业产业结构的差异造成低碳农业效率的不同；农村基础教育水平体现了从业人员的文化水平，在一定程度上反映了低碳农业接受程度和减排意识强度；此外，对外开放程度和农业生产受灾程度均会对低碳农业效率的提升产生影响。本书基于以往相关研究，

选取以上七个自变量构建空间模型，各指标的界定及描述性统计如表 5 - 6
所示。

表 5 - 6　　　　低碳农业效率影响因素的指标界定及描述性统计

变量	指标界定	均值	标准差	最小值	最大值
Income	各地区 2000 年不变价的农村居民人均纯收入（元）	2597.38	1402.19	1287.64	6724.92
Inequality	城镇居民人均可支配收入与农村居民人均纯收入之比	2.51	0.66	1.45	4.46
Finance	农业财政支出占公共财政总支出的百分比（%）	7.96	2.85	2.03	17.89
Structure	粮食作物播种面积与经济作物播种面积的比值	2.71	1.84	0.54	16.91
Education	农村劳动力中初中及以上学历人员的比重（%）	64.18	15.89	0.58	94.70
Opening	各地区进出口总额与当地农业生产总值之比	0.37	0.63	0.04	4.86
Disaster	农业受灾面积占农作物播种面积的百分比（%）	27.14	15.27	0.24	93.56

资料来源：《中国农村统计年鉴》《中国农业统计资料》等年鉴统计资料。

5.3.2　低碳农业效率的空间相关性检验

空间滞后回归模型建立的前提是因变量具有空间自相关性，因此，在进
行模型回归前，要先对低碳农业效率的空间相关性进行检验。检验结果显示
的确存在空间自相关属性，方可进行空间滞后回归分析，否则不可滥用空间
计量模型。接下来拟用全局空间自相关 Moran's Ⅰ指数和局部空间 LISA 集聚
两种方法进行检验。

1. 全局空间相关性检验

在空间相关性的实证分析中，通过空间自相关 Moran's Ⅰ指数值来进行
检验，其计算公式为式（5 - 8）：

$$\text{Moran's } I = \frac{\sum_{i=1}^{n} \sum_{j=1}^{n} w_{ij}(Y_i - \bar{Y})(Y_j - \bar{Y})}{S^2 \sum_{i=1}^{n} \sum_{j=1}^{n} w_{ij}} \quad (5-8)$$

其中，$S^2 = \frac{1}{n}\sum_{i=1}^{n}(Y_i - \bar{Y})^2$，$\bar{Y} = \frac{1}{n}\sum_{i=1}^{n} Y_i$；$Y_i$ 代表第 i 个区域的观测值，即各省份的低碳农业效率指数；n 为决策单元数量，这里为我国除港、澳、台以外的 31 个省份；W_{ij} 为 i 地与 j 地之间的空间 0 - 1 邻接矩阵标准化形式，为了避免出现海南四面不相邻的孤岛现象，这里默认海南与广东为相邻。莫兰指数（Moran's I）的取值范围通常为 [-1, 1]，当 Moran's I 指数值落在 [-1, 0) 区间时，表示考察值存在空间负相关特征；当 Moran's I 指数值处于 (0, 1] 区间时，表示考察值呈现空间正相关特征。

表 5 - 7　　　　1994 ~ 2015 年中国 31 个省份低碳农业效率空间的
全局自相关 Moran's I 指数

年份	Moran's I 值	P 值	年份	Moran's I 值	P 值
1994	- 0. 0297	0. 472	2005	0. 1681 *	0. 097
1995	0. 1943 **	0. 027	2006	0. 1045 *	0. 082
1996	0. 2699 **	0. 010	2007	0. 2045 **	0. 026
1997	0. 1511 **	0. 040	2008	0. 2130 ***	0. 004
1998	0. 3329 ***	0. 003	2009	0. 1763 **	0. 018
1999	0. 1324 *	0. 073	2010	0. 2076 **	0. 026
2000	0. 0124	0. 341	2011	- 0. 0322	0. 350
2001	- 0. 0156	0. 425	2012	0. 1308 *	0. 076
2002	0. 0998 *	0. 068	2013	0. 2004 **	0. 021
2003	0. 1234 **	0. 029	2014	0. 0391	0. 164
2004	0. 0985 *	0. 071	2015	0. 1215 *	0. 082

注：*** 、** 、* 分别表示在 1% 、5% 、10% 的置信水平上显著。

表 5 - 7 列示了 1994 ~ 2015 年中国各省份的低碳农业效率指数的空间全局自相关 Moran's I 指数检验结果。结果显示，除少数年份外（1994 年、2000 年、2001 年、2011 年、2014 年），其余年份 Moran's I 指数均为正数，且在不同置信水平上均通过显著性检验，说明从空间全局自相关来看，在考察期内大多数年份，中国低碳农业效率在省域间存在一定空间关联特征，低

碳农业效率呈现显著的空间正相关关系。地处相邻省份的低碳农业效率表现出高效率地区和低效率地区相对集聚的现象。

2. 局部空间相关性检验

全局 Moran's I 指数可以从整体上反映中国 31 个省份低碳农业效率的邻近空间集聚关系，进一步，为考察区域内部的空间分布模式，我们绘制 1994～2015 年中国低碳农业效率的 LISA 集聚图，来检测由局部空间相关性所造成的空间差异性。检验结果显示，中国各省的低碳农业效率分布呈现出明显的空间分块结构，限于篇幅，这里仅列出结果，图略。

由 LISA 集聚图可知，1995 年、1998 年、2006 年和 2015 年中国 31 个省份中，低碳农业效率集聚情况通过显著性检验（置信水平为 5%）的省份分别有 6 个、8 个、7 个、5 个。1995 年属于"低 – 低"集聚类型的省份有 5 个，分别为吉林、内蒙古、甘肃、宁夏和陕西，这些区域在空间上形成明显的连片分布格局，表现为本省的效率指数较低，同时被周围的低效率地区所包围；浙江属于"低 – 高"集聚类型的区域，即该省低碳农业效率较低，但其周边省份的效率相对较高。相比 1995 年，1998 年中国低碳农业效率区域的集聚模式发生了变化。其中，吉林、甘肃、宁夏和陕西 4 个省份并未通过显著性检验，退出"低 – 低"集聚地区，而"高 – 高"集聚地区出现在华北地区，分别为内蒙古、河北和北京 3 地，表现为本省的效率指数较高，同时被周围的高效率地区所包围；"低 – 低"集聚类型地区有 5 个，主要分布在华中地区，分别为重庆、湖北、湖南、安徽和江西。2006 年通过显著性检验的"低 – 低"集聚地区有 6 个，主要集中在西部地区及西南地区，分别为西藏、青海、甘肃、四川、重庆市和贵州省；陕西属于"高 – 低"集聚地区，即该省低碳农业效率较高，但其周边省份的效率相对较低。2015 年的"低 – 低"集聚地区有 3 个，分别为青海、四川和贵州；而"高 – 低"集聚地区有 2 个，主要分布在西部地区，分别为新疆和陕西。

通过以上对低碳农业效率的全局和局部空间自相关性的检验和分析，发现中国低碳农业效率存在显著的空间自相关特征。省际低碳农业效率在地理空间上表现出相互关联或相互影响，忽略地理空间效应来评价各省份的低碳农业效率是不科学的。基于此，本书拟采用空间面板计量模型对中国低碳农业效率进行探究，以考察低碳农业效率发展水平的空间效应。

5.3.3　低碳农业效率的空间效应

以上分析结果表明中国各省域低碳农业效率存在一定空间关联特征，接下来采用空间滞后模板模型进行模拟。在对各面板数据序列进行计量分析之前，先采用单位根检验方法对变量进行平稳性检验，结果显示低碳农业效率的各影响因素变量均为一阶单整序列，可以进行下一步的回归分析。进一步的 Hausman 检验结果建议为固定效应模型。此外，我们分别进行了低碳农业效率的空间面板滞后模型、空间面板误差模型残差的 LM 检验及 Robust LM 检验，检验结果显示，空间滞后模型相对于空间面板误差模型更优，因此，本书借助空间面板滞后模型对考察期内中国低碳农业效率的影响因素进行模拟，结果如表 5-8 所示。

表 5-8 中，模型 I 代表无固定效应（no fixed effects）模型，模型 II 代表空间固定效应（spatial fixed effects）模型，模型 III 代表时间固定效应（time fixed effects）模型，而模型 IV 则代表空间时间共同固定效应（spatial and time fixed effects）模型。从调整后的 R^2 和似然比统计值来看，四个模型均有较好的拟合度，而模型 II 明显优于模型 I、模型 III 和模型 IV，说明空间固定效应模型能够更加准确地模拟中国省级低碳农业效率的影响因素。因此，本章后续的回归结果分析主要基于模型 II 进行。

表 5-8　　　　低碳农业效率影响因素空间滞后模型回归结果

变量 （Variable）	模型 I		模型 II		模型 III		模型 IV	
	系数	T 值	系数	T 值	系数	T 值	系数	T 值
ρ	1.0012**	2.56	1.0023***	3.28	1.0019**	2.07	1.0021***	3.15
Income	-0.1823**	-2.10	-0.3264**	-2.60	-0.781*	-1.17	-0.2995*	-1.52
Inequality	-0.0013	-0.78	-0.0012*	-1.86	-0.0022*	-1.18	-0.0013**	-2.24
Finance	-0.0065	-0.17	-0.0021*	-1.79	-0.0034*	-1.21	-0.0026*	-1.95
Structure	0.0156	0.07	0.0103	0.53	0.0421	0.46	0.0248	0.30
Education	-0.4147	-0.59	-0.5067	-0.85	-0.6178	-0.63	-0.7015	-0.66
Opening	0.0043**	2.26	0.0028*	1.59	0.0065*	1.13	0.0019	0.79
Disaster	-0.1132***	-4.21	-0.1016***	-5.76	-0.0946**	-2.14	-0.1202***	-0.479
Adj-R-squared	0.3152		0.6575		0.4276		0.5045	
Log-likelihood	35.47		96.37		84.72		65.24	

注：***、**、* 分别表示在 1%、5%、10% 的置信水平上显著。

　　已有学者的研究结果证明，空间地理因素是影响中国农业传统生产效率的重要因素（吴玉鸣，2010；王珏，2010），而本书实证验证了空间地理因素与低碳农业效率同样呈现出明显的相关关系。代表地理因素的空间参数 ρ 回归结果为正并通过了 1% 水平上的显著性检验，表明低碳农业效率具有空间依赖性，一个省份的低碳农业效率不仅与自身的经济发展水平和对外贸易状况等因素有关，同时还与之邻近省份的低碳农业效率相互关联。

　　估计结果显示，第一，农村居民人均收入变量与低碳农业效率呈显著的负相关关系，表明低碳农业效率将会随着农村居民收入水平的提高而继续呈现下降趋势。第二，城乡收入差距与低碳农业效率呈显著负相关关系，城乡差距的不断扩大将会带来低碳农业效率的降低。农民通过使用化肥、农药等高碳要素投入来提高单位面积产量以获取短平快的高收益，势必会加剧农业碳排放总量的增长。第三，农业财政支持变量对低碳农业效率的影响显著为负，说明农业财政支出占公共财政总支出的百分比越高，低碳农业效率反而越低。事实上，农业财政支持政策改变了农业生产行为及技术选择行为等，从而对低碳环境发展造成不利影响。第四，对外开放程度与低碳农业效率有显著的正相关关系，进一步提倡对外贸易将有利于提升中国低碳农业效率，实现农业经济和低碳发展的双赢。发展进出口贸易会引起一国或地区的对外贸易隐含碳排放发生转移，是碳排放国别转移的重要形式，将在很大程度上影响国内低碳经济效率。第五，农业生产受灾程度对低碳农业效率有负向影响，并在 1% 的置信水平上通过了显著性检验，即在其他条件保持不变的前提下，农作物受灾程度越高，低碳农业效率越低。不难理解，当农作物遭受自然灾害，其期望产出必然受到影响，但农业物资投入和生产规模既定，碳排放这一非期望产出并不会降低，因此，在遭受自然灾害的影响下，低碳农业效率必然会下降。

　　此外，种植业结构与农村基础教育这两个变量对低碳农业效率的影响并不显著，本书并不能证明中国现阶段的低碳农业发展过程中存在 Peneder（2003）的"结构红利假说"，且低碳农业效率与目前的农村基础教育水平关系有待进一步验证。

5.3.4　讨论与启示

　　（1）农村居民人均收入变量与低碳农业效率呈现显著的负相关关系。理论上，农村居民的人均收入能够较为客观地反映出该地的经济发展水平，经济水平的提高使得能用于提高低碳技术的资源相对丰富，促进低碳农业发展。但有研究表明，农村居民收入水平与农业生产效率之间存在"U"型关系（潘丹，2014），本书的结果进一步验证了，目前中国仍然处于低碳农业效率和农村居民收入水平"U"型关系的左半段，该观点认为其是中国低碳农业发展必经的一个阶段，故要重点防止随着农村居民收入大幅增长低碳农业效率却大幅降低，尽可能减少农业碳排放和资源消耗。

（2）城乡收入差距与低碳农业效率呈现显著负相关关系，这与托利斯（Torras，1998）对收入分配与环境质量之间关系的观点类似，即不均衡的收入分配对环境质量的恶化影响显著，不利于经济与环境协同发展。因此，进一步缩小城乡收入差距，促进收入分配的相对公平性有利于中国低碳农业发展。

（3）农业财政支持变量对低碳农业效率的影响显著为负，这与以往研究结论保持观点统一。如从政策和实际结合的角度，认为财政政策支持农业发展与环境退化之间存在密切的关系（Bonnieux，1988）；莱万德洛夫斯基（Lewandrowski，1997）也证明了农业财政支持政策会加大化肥等高碳要素的投入。因此，在加大对农业生产的政策支持力度的同时，应重点推动节能减排型资源的推广和使用，不断优化产业结构。

（4）对外开放程度与低碳农业效率有显著的正相关关系，本章结论表明，对外贸易有利于促进经济与环境的共赢发展。但目前学术界关于对外开放对资源环境产生的影响并没有取得一致结论。一些观点认为国际贸易的增加会造成水、土地、生产物资投入等过量消耗，而对本国尤其是欠发达国家的农业环境造成负面影响（Bandara，1999）；一些观点坚持对外贸易会促进更加严格的环境管制政策的制定，从而带来环境与经济效益的双赢（Beghin，1997；杜江，2010）。相关争论值得后续继续关注。

（5）农业生产受灾程度对低碳农业效率有负向影响，这与以往文献中传统农业生产率的研究结论（钱丽，2013；李谷成，2014）一致。然而在重大自然灾害面前，农户通常表现得无能为力，故对灾害的预防措施尤为重要，重点做好灾前的防范工作，充分发挥不同职能部门联动作用，提高整个产业的应对能力。

5.4　本章小结

　　总结前面的分析结果，本章在对农用物资投入、水稻生长过程、农作物秸秆等方面产生的碳排放总量和各类农作物全生命周期碳吸收总量进行全面清查核算的基础上，通过低碳农业效率 GML 指数及其分解指数，从宏观视角对中国低碳农业效率进行了评价，并建立空间面板计量模型对低碳农业效率影响因素进行空间回归估计，主要结论如下。

　　（1）中国低碳农业效率增长整体偏慢，年均增速仅为 0.49%，年均增长率为 0.51%，主要依赖于前沿技术进步和技术效率改善的双重驱动效应，进一步分解指数发现，规模技术进步 STC 和纯技术效率 PEC 的改善年均贡献率较高，分别为 0.59% 和 0.37%；规模效率 SEC 和纯技术进步指数 PTC 处于轻微恶化态势，年均递减分别为 0.20% 和 0.27%，存在一定提升空间；从区域差异来看，中国低碳农业效率指数均值较高的省份主要分布于华北地区（1.0017）、东北地区（1.0039）、华东地区（1.0065）和华南地区（1.0137），而低碳农业效率指数均值较低的省份则集中在华中地区（0.9972）、西南地区（0.9970）和西北地区（0.9986）；通过传统农业生产效率与低碳农业生产效率的对比分析发现，以往忽视农业碳排放、碳吸收的环境约束因素会高估中国农业生产效率，但低碳农业效率年均增长率大于传统农业生产效率指数，分组来看，华北地区属于"低碳 - 提升"型地区，而西南地区属于"低碳 - 下降"型地区，东北地区、华东地区和华南地区属于"高碳 - 提升"型地区，华中地区和西北地区均属于"高碳 - 下降"型地区。

　　（2）从空间计量结果来看，中国低碳农业效率在各省域之间存在着一定关联特征，各省低碳农业效率表现出显著的空间自相关关系；各省份低碳农业效率分布呈现显著规律的空间分块集聚特征，具体而言，中部、西部地区大部分省份低碳农业效率分布在空间上表现出为"低 - 低"集聚现象，而华北地区则更多地表现为"高 - 高"类型，有少数省份属于"低 - 高"或"高 - 低"集聚类型；地理因素对中国低碳农业效率具有显著的正向影响，邻近地区间的低碳农业效率存在着空间依赖性，一个省份的低碳农业效率不仅与自身的经济发展水平和对外贸易状况等因素有关，还与之邻近省份的低碳农业效率相互关联，地区间低碳农业效率存在着相互间的正向影响关系。

（3）影响因素估计结果显示：第一，对外开放程度与低碳农业效率有显著的正相关关系，进一步提倡对外贸易将有利于提升中国低碳农业效率，实现农业经济和低碳发展的双赢。第二，农村居民人均收入水平、城乡收入差距、农业财政支持政策及农业生产受灾程度均与低碳农业效率呈现显著的负相关关系。目前中国仍然处于低碳农业效率和农村居民收入水平"U"型关系的左半段，低碳农业效率将会随着农村居民收入水平的提高而继续呈现下降趋势；进一步缓解城乡收入差距的扩大有利于提升低碳农业效率；农业财政支持力度越大，低碳农业效率反而越低，因此有必要对现有农业财政支持政策进行结构、形式等方面的改革；在其他条件保持不变的前提下，农作物受灾风险越高，低碳农业效率越低。

第6章 低碳约束与低碳激励对低碳农业效率的影响

人类追求经济利益的活动对环境造成的负外部性往往是温室气体排放的根源。由于环境资源是典型的公共物品，经济主体未付出成本便消费了环境资源属于"搭便车"行为。随着公众对全球变暖危害共识的加深，为克服这种"搭便车"行为，各国政府纷纷出台政策要求经济主体排放温室气体必须承担相应的经济成本，迫使经济主体不得不开始控制其生产过程中温室气体排放对环境施加的外在成本。"庇古税"是最早用于环境领域的约束负外部性行为和激励正外部性行为的政策，包括征税和补贴。低碳约束与低碳激励政策是低碳环境规制的不同手段形式，有研究认为对环境的约束制度会提高行业或者企业的成本，限制其创新能力和竞争力（Jaffe et al.，1995），也有研究表明对环境的规制能够迫使企业不断创新能力，反而提高效率表现（Berman et al.，2001），还有一些研究认为对环境规制或者激励对行业或者企业的效率影响不明显（何枫等，2015）。

本章重点分析低碳约束与低碳激励对低碳农业效率的影响，全章的结构安排如下：首先，从理论基础出发，分别从低碳约束手段和低碳激励政策两个不同角度阐述低碳规制手段对低碳农业效率的影响作用机理，并提出研究假说；其次，基于上述理论分析与研究假说构建实证模型，依次对门槛面板模型的设定和门槛值的确定与检验方法进行介绍；再次，利用上述门槛面板模型分别模拟低碳约束与低碳激励对低碳农业效率的影响效应，然后根据门槛区间标准进行省级分组讨论，并据此给出各组政策启示；最后是本章小结。

6.1　引　　言

虽然目前鲜有文献直接研究低碳激励与低碳约束对农业效率的影响，但多数学者已开展众多环境规制对产业效率影响的研究，为本章的研究指明了方向。按照环境约束条件对产业生产率的正负影响，影响可分为正向影响（创新补偿说）、负向影响（成本说）和影响不确定三种，而就激励政策而言，一般认为其对生产率起到正向影响作用。许多学者的研究表明，政府实施适当的环境约束对提高产业的生产率有积极的推动作用，因为环境约束能够倒逼产业提升自身资源配置和相应的技术能力，激发产业的创新补偿效率（Gollop et al.，1983；Doma-zlicky and Weber，2004；张平等，2016），有利于产业经济增长（涂正革等，2009）；也有较多学者认为环境约束对产业生产率起着负向的作用，因为在环境约束下，产业发展的成本提高了，制约产业的创新能力和效率得到发展（Levinson and Taylor，2008；傅京燕等，2010）；还有学者认为二者之间的关系不确定（杜威剑、李梦洁，2016）。

从对环境规制与产业发展的已有研究来看，按照研究数据的特征可分为三类：一是从静态的角度研究环境规制对提高或者降低生产率的影响，利用横截面数据分析环境规制对具体的微观企业或宏观行业生产率的影响的相关研究均论证了这一观点（Hamamoto，2006；Murty et al.，2003；张三峰等，2011）；二是从动态的角度分析环境规制对生产率的影响，例如学者利用企业或某一特点产业发展的面板数据形成的相关研究和分析（Lanoie et al.，2008；戴越，2013）；三是从环境规制与产业生产率相互间影响机理角度进行研究，王杰等（2014）研究发现环境规制与产生生产率之间的关系不是简单的线性关系，而是呈"倒 N"型的关系。李斌等（2013）通过对中国工业的面板数据探究绿色环境规制对工业经济的增长率具有的影响作用，研究得出环境规制会促进中国工业发展方式的转变，存在环境规制强度的"门槛效应"。

上述文献对探究环境规制对产业效率的影响奠定了理论基础，也为该领域的研究开展提供了方法借鉴。但从研究对象来看，多限于工业领域或企业层面；从研究视角来看，各研究对环境规制的边界界定不一，鲜有从低碳约束与激励政策的不同角度来研究产业效率增长。低碳约束手段与政策激励手段对低碳农业效率究竟会产生怎样的影响，哪种手段更有效？这些问题的解答对于如何制定差异化的低碳规制政策来有效推动低碳农业发展进程具有重要意义。基于此，我们利用第 5 章测算得到的低碳农业效率指数，从宏观层面分析低碳约束与低碳激励对中国低碳农业效率的影响，并检验低碳环境规制是否存在门槛效应特征。

6.2　影响机理与假说

不同低碳规制方式对低碳农业效率的影响效应也不一样，根据实施手段和作用效应传导机制的不同，低碳规制方式可相应分为低碳约束手段和低碳激励工具。在考虑政策制定者与生产者之间存在信息不对称的基础上，低碳规制方式的选择和强度的把握必须要考虑约束手段和激励政策对低碳农业发展带来的不同影响。如何制定和组合相关政策手段，以使低碳规制的约束效应和激励效应更有效地发挥，是我们关心的议题。低碳规制对提升低碳农业效率的影响传导机制如图 6 - 1 所示。

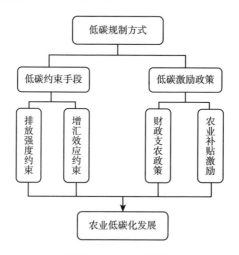

图 6 - 1　不同低碳规制方式的影响传导机制

6.2.1　低碳约束机理

低碳约束是"庇古税"在控制碳排放领域应用的衍生形式，主要通过实施相应的政策法规、评价制度等手段，使外部成本实现内部化。如通过上文环境规制对经济和环境协调发展的相关文献梳理发现，大部分学者较为认同环境规制会影响经济的发展，即环境规制在一定程度促进经济发展，张成（2011）基于环境规制强度和地区差异的角度展开研究，得出东部、中部地区环境规制强度与生产技术进步之间存在"U"型关系，而西部地区则不是"U"型关系，当企业生产必须面临环境规制时不得不投入相应成本对生产技术进行创新以符合环境规制要求，技术创新的成本若大于收益则技术创新会不断减少，但若技术创新的收益大于成本则技术创新会持续发展，亦即形成"创新补偿"。低碳约束的规制手段多指以行政法规和制度要求的形式，对高碳生产行为实施直接规制，以期降低农业碳排放强度、增加农业碳吸收能力，进而分配环境资源的一种指令机制。因而，本书认为无论采取哪种低碳约束手段对于提升低碳农业效率均有积极效应。从实际情况看，低碳规制效用产生作用需要组合使用多种低碳约束的手段，其中，一种约束手段强度的变化可能对另一种约束手段低碳促进效应的发挥产生影响，这种影响称为"门槛效应"。基于此，本书设定第一个假说。

假说 H1：不同低碳约束机制对低碳农业效率的提升会产生不同的作用，一种低碳约束手段对低碳农业效率提升的倒逼效应存在基于自身以及另一种低碳约束手段的门槛效应。

6.2.2　低碳激励机理

与低碳约束相对，低碳激励则是"庇古税"在碳排放领域鼓励低碳行为应用的衍生形式，通过奖赏、补贴等形式激励低碳行为。政府对有利于农业低碳化发展的生产方式或行为给予一定补贴或奖赏，是促进低碳农业发展的一项重要经济手段。就农业部门而言，目前实行的补贴政策包括粮食直补、良种补贴、农机购置补贴和农资综合补贴四大补贴形式，并没有专门针对低碳生产的补贴政策，但现有补贴政策中的良种补贴旨在支持农民积极使用单产高、投入少、植株小（意味着秸秆量少）等优良作物种子，以提高粮食产量、改善农产品品质，在一定程度上间接促进了农业的低碳化发展进程。同样，财政政策也能在一定程度上体现国家对低碳农业的激励程度。一般情形下，政府对农业公共投资的增加对促进农业生产的基础设施条件改善和促进农业生产技术水平提高具有积极意义，进而促使农业的生产效率得以保障。因此，本书设定以下假说。

假说 **H2**：不同低碳激励政策对低碳农业效率的提升会产生不同的作用，一种低碳激励政策对低碳农业效率提升的影响效应存在基于自身以及另一种低碳激励政策的门槛效应。

假说 **H3**：低碳约束手段对低碳农业效率提升的倒逼效应存在基于低碳激励政策的门槛效应，低碳激励政策对低碳农业效率提升的影响效应存在基于低碳约束手段的门槛效应。

6.3　模型与变量

6.3.1　门槛面板模型简介

1. 门槛面板模型的设定

低碳规制对经济发展产生效用需要发挥多种政策的组合效应。基于"门槛效应"的普遍存在性，本书尝试从低碳约束政策和低碳激励政策两个角度的不同手段对该种假设进行实证检验。

门槛面板回归模型最早是由汉森（Hansen，1999）提出的，他依照所选样本数据所固有的特点对门槛区间和相应的门槛值进行划分及确定，不但可以对划分区间的门槛值进行参数估计，还能对其显著性进行统计检验，从而可以有效克服传统的分段回归函数因人为划分样本区间或二次项模型产生的偏误问题。具有固定效应的门槛面板回归模型的基本方程形式可以表述为：

$$y_{it} = \beta_0 + \beta_1 \cdot x_{it} \cdot I(q_{it} \leq \gamma) + \beta_2 \cdot x_{it} \cdot I(q_{it} > \gamma) + \beta_i X_{it} + \mu_i + \varepsilon_{it}$$

$$(6-1)$$

其中，i 表示地区；t 表示时期；β_1 和 β_2 为待估弹性系数；X_{it} 表述其他控制变量；q_{it} 为门槛变量（门槛变量可以是解释变量 x_{it} 的一部分，也可以是其他变量），γ 为待估计的门槛值，$I(\bullet)$ 为指标函数。μ_i 为个体效应，ε_{it} 为随机扰动项。

根据本章研究目的，参考汉森（Hansen，1999）的研究，我们分别将具有单一门槛的面板模型设定为：

$$GML_{it} = \beta_0 + \beta_{11} \cdot Cons_{it} \cdot I(q_{it} \leq \gamma_1)$$
$$+ \beta_{12} \cdot Cons_{it} \cdot I(q_{it} > \gamma_1) + \beta_i X_{it} + \mu_i + \varepsilon_{it} \quad (6-2)$$
$$GML_{it} = \beta_0 + \beta_{11} \cdot Incen_{it} \cdot I(q_{it} \leq \gamma_1)$$
$$+ \beta_{12} \cdot Incen_{it} \cdot I(q_{it} > \gamma_1) + \beta_i X_{it} + \mu_i + \varepsilon_{it} \quad (6-3)$$

其中，GML_{it} 表示低碳农业效率；$Cons_{it}$ 表示低碳约束变量，分别为增汇效应 $Constraints^1$ 和排放强度 $Constraints^2$；$Incen_{it}$ 表示低碳激励政策的财政支农政策 $Incentives^1$ 和补贴政策 $Incentives^2$；X_{it} 表示一组控制变量；q_{it} 为门槛变量，根据前文假说情况，门槛变量分别为 $Constraints^1$、$Constraints^2$、$Incentives^1$ 和 $Incentives^2$；γ_1 为特定的门槛值；β_{11} 和 β_{12} 为待估弹性系数。

上述模型只是假设门槛面板模型仅存在一个门槛值，但是在实际的计量分析中，出现两个门槛甚至多个门槛是有存在的可能性的。双重门槛模型的设定形式如式（6-4）和式（6-5），多重门槛模型以此类推，此处不再赘述。

$$GML_{it} = \beta_0 + \beta_{21} \cdot Cons_{it} \cdot I(q_{it} \leq \gamma_1) + \beta_{22} \cdot Cons_{it} \cdot I(\gamma_1 < q_{it} \leq \gamma_2)$$
$$+ \beta_{23} \cdot Cons_{it} \cdot I(q_{it} > \gamma_2) + \beta_i X_{it} + \mu_i + \varepsilon_{it} \quad (6-4)$$
$$GML_{it} = \beta_0 + \beta_{21} \cdot Incen_{it} \cdot I(q_{it} \leq \gamma_1) + \beta_{22} \cdot Incen_{it} \cdot I(\gamma_1 < q_{it} \leq \gamma_2)$$
$$+ \beta_{23} \cdot Incen_{it} \cdot I(q_{it} > \gamma_2) + \beta_i X_{it} + \mu_i + \varepsilon_{it} \quad (6-5)$$

其中，γ_1 和 γ_2 为特定的门槛值；β_{21}、β_{22} 和 β_{23} 为待估参数。

2. 门槛值的确定和检验方法

为了得到参数的估计量，最主要是要从将每个观察值中的组内估计量去掉以消除个体效应 μ_i，转化形式为：

$$GML_{it}^* = GML_{it}^* - \frac{1}{T}\sum_{t=1}^{T} GML_{it}^* \qquad (6-6)$$

其余变量也需要进行类似的转化处理。给定 γ 的取值，用普通最小二乘法（OLS）可以对处理后的模型进行一致估计，得到估计系数 $\hat{\beta}(\gamma)$ 以及残差平方和 $SSR(\gamma)$。根据陈公适（Chan，1993）的研究，γ 的取值越接近真实的门槛水平，则回归模型中的残差平方和就越小。因此，真实门槛值的得出是通过连续给出模型的候选门槛值，再比较模型残差值的大小，其中残差值最小时对应的候选门槛值即为真实的门槛值。模型参数估计后还需对门槛值进行显著性和真实性进行检验。

门槛效应的显著性即是检验 β_1 和 β_2 是否存在显著性的差异，其检验的原假设为：$H_0：\beta_1 = \beta_2$，备择假设为：$H_1：\beta_1 \neq \beta_2$。如果不拒绝原假设，表明原模型不存在明显的门槛效应。检验的统计量为：

$$F = \frac{S_0 - S(\hat{\gamma})}{\hat{\sigma}^2}, \hat{\sigma}^2 = \frac{1}{T}\hat{e}(\gamma)'\hat{e}(\gamma) = \frac{1}{T}S(\gamma) \qquad (6-7)$$

其中，S 是残差平方和，采用"自抽样法"（Bootstrap）进行模拟从而构造相应 P 值以检验其显著性。

当门槛效应得以确定即假设：$H_0：\hat{\gamma} = \gamma$，为避免多余参数的影响，汉森（Hansen，1996）采用极大似然法（likelihood ratio）来获得检验统计量：

$$LR(\gamma) = \frac{S(\gamma) - S(\hat{\gamma})}{\hat{\sigma}^2} \qquad (6-8)$$

其中，$S(\gamma)$ 表示原假设下的残差平方和，$\hat{\sigma}^2$ 表示原假设下的残差方差。当统计量 LR 满足 $LR(\gamma) > -2\log[1-(1-\alpha)^{1/2}]$ 时，拒绝原假设 $H_0：\hat{\gamma} = \gamma$（其中，$\alpha$ 为显著水平），从而确定门槛置信区间（Hansen，1996）。

6.3.2　变量界定与说明

1. 被解释变量

本章的被解释变量为低碳农业效率，第 5 章内容所测算的中国低碳农业效率 GML 指数能较好地反映考察期内中国大陆 31 个省份的低碳农业发展水平，因此在计量分析时用该 GML 效率指数表示低碳农业效率。

2. 核心解释变量

我们主要关注的核心解释变量为低碳约束手段（constraints）与低碳激励政策（Incentives）。低碳约束是指政府制定的低碳效率评价制度、碳减排目标或政策规定等，就目前来说，中国碳减排政策主要针对工业部门及能源行业，而针对农业部门的减排规制主要体现在减少化肥和农药等高碳投入要素、促进农作物秸秆还田固碳等方面的鼓励减碳增汇形式，且难以定量表达。鉴于此，结合研究对象的特点及数据的可获得性，本书分别从低碳增汇效应和排放强度两个角度对低碳约束手段的规制强度进行衡量，具体的衡量指标分别为增汇效应 $Constraints^1$（农业碳吸收量/农业碳排放量）和排放强度 $Constraints^2$（农业碳排放量/农业总产值）两个变量。

低碳激励政策是指通过奖赏、补贴等财政支持或精神褒奖的形式激励低碳生产行为，其中精神褒奖范畴的激励政策难以转化为定量指标，因此经济学中一般采取补贴或财政支持等指标。根据前文影响机理分析及理论假说，本书中低碳激励政策的指示指标分别选取财政支农政策 $Incentives^1$（农林水利财政支出/财政总支出）和补贴政策 $Incentives^2$（良种补贴/农业补贴合计）两个变量来表示替代。

3. 其他控制变量

此外，根据第 5 章结论我们发现，低碳农业效率同时受到来自多方面因素的作用，因此，在考察低碳约束手段和低碳激励政策对低碳农业效率的影响效应的同时，我们还将居民收入水平（Income）、城乡收入差距（Inequality）、农业产业结构（Structure）、农村基础教育水平（Education）、对外开放程度（Opening）、农业生产受灾程度（Disaster）以及地区虚拟变量等指标作为控制变量纳入回归模型。指标说明及数据来源参见第 5 章内容，需要说明的是，由于中国农业补贴相关指标年鉴上只能查到 2004～2014 年的数据资料，因此，本章的回归模型中，所有数据均以 2004～2014 年为准。

6.4　结果与分析

6.4.1　门槛值的确定与检验

1. 面板单位根检验

为了避免面板数据由于时间序列非平稳而产生伪回归，我们将采用 LLC 检验（Levin-Lin-Chu unit-root test）、HT 检验（Harris-Tzavalis unit-root test）和 Fisher-PP 检验（Fisher-Phillips-Perron unit-root test）三种方法分别对模型所需因变量和各自变量面板数据进行单位根检验。检验结果显示，当对各变量取一阶差分后，绝大多数指标变量通过了显著性检验，因此，可认为本书所选取的变量均为一阶单整序列，可以进行计量回归分析。各变量取一阶差分后的单位根检验结果如表 6 – 1 所示。

表 6 – 1　　　　　　　　　　面板数据单位根检验

变量	LLC 检验		HT 检验		Fisher-PP 检验	
	统计值	P 值	统计值	P 值	统计值	P 值
GML	− 9. 0911 ***	0	0. 2991 ***	0	58. 8109 ***	0
$Constraints^1$	− 3. 7307 ***	0. 0001	0. 6947	0. 4616	1. 7849 **	0. 0371
$Constraints^2$	− 4. 7646 ***	0	0. 8210	0. 9860	1. 5345 *	0. 0625
$Incentives^1$	− 4. 7833 ***	0	0. 7210	0. 6482	5. 1797 ***	0
$Incentives^2$	− 19. 5653 ***	0	0. 5323 ***	0. 0012	9. 1789 ***	0
Income	− 15. 0236 ***	0	0. 5698 ***	0. 0021	12. 3528 ***	0
Inequality	− 5. 3221 ***	0. 0006	0. 9027 ***	0. 0070	9. 6523 ***	0
Finance	− 3. 2515 ***	0	0. 9632 ***	0. 0005	14. 362 ***	0
Structure	− 2. 4744 ***	0. 0067	0. 3272 ***	0	15. 0171 ***	0
Education	− 3. 7325 ***	0. 0001	0. 4081 ***	0	10. 5448 ***	0
Opening	0. 2102	0. 5832	0. 3571 ***	0	8. 5387 ***	0
Disaster	− 5. 5713 ***	0	− 0. 1850 ***	0	23. 0372 ***	0

注：*** 、** 和 * 分别表示在 1% 、5% 和 10% 的置信水平下显著。

2. 门槛显著性检验

根据本章研究目的，我们需考虑当低碳约束手段和低碳激励手段分别作为门槛变量时的不同情形。检验结果（如表 6 – 2 所示）表明，若分别以两种低碳激励手段（支农政策 $Incentives^1$ 和补贴政策 $Incentives^2$）为门槛变量时，无论哪种政策手段作为门槛依赖变量，所设想的"门槛效应"均不存在；同样，以第一种低碳约束手段即增汇约束 $Constraints^1$ 作为门槛变量时，也不存在上述"门槛效应"；但第二种低碳约束手段即强度约束 $Constraints^2$ 作为门槛变量时，两种低碳激励手段和第一种低碳约束手段分别作为门槛依赖变量，所设想的"门槛效应"显著存在。

接下来，就强度约束作为门槛变量而两种低碳激励手段和增汇约束分别作为门槛依赖变量时的三种情形作进一步分析。要确定模型的形式首先需要确定门槛的个数，表 6 – 2 中分别报告了依据原假设分别进行单一门槛、双重门槛和三重门槛检验的 F 值和自抽样 P 值结果，其中，P 值为采用自抽样法（Bootstrap）抽样 300 次后得到的结果。

结果表明，当强度约束作为门槛变量、支农政策作为门槛依赖变量时，单一门槛效应在 1% 的置信水平上通过了显著检验，其 P 值在自抽样 300 次的条件下得到结果为 0.0033，而此时的双重门槛效应并不存在，自抽样 P 值为 0.3300，拒绝原假设，故接下来将对该情形下的单一门槛效益进行分析；当强度约束作为门槛变量而补贴政策作为门槛依赖变量时，单一门槛效应在 10% 的置信水平下通过了显著检验，自抽样 P 值为 0.0800，而双重门槛效应在 5% 的置信水平下通过了显著检验，自抽样 P 值为 0.0367，但此时三重门槛效应并不存在，自抽样 P 值为 0.4400，拒绝了原假设，因此，后边将对该情形下的双重门槛效应进行分析；当强度约束作为门槛变量而增汇约束作为门槛依赖变量时，单一门槛效应在 10% 的置信水平下通过了显著检验，其自抽样 P 值为 0.0633，F 值为 12.38，但此时双重门槛效应并不存在，自抽样 P 值为 0.2100，F 值为 7.65，拒绝了原假设，后文将对该情形下的单一门槛效应进行进一步分析。综上所述，无论是低碳约束还是低碳激励政策，对中国低碳农业效率均表现出明显的非线性影响效应。

表 6 - 2　　　　　　　　　　　　　门槛显著性检验结果

依赖变量	门槛变量	门槛数	RSS	MSE	F 值	P 值	10% 置信水平	5% 置信水平	1% 置信水平
$Incentives^1$	$Incentives^1$	单一门槛	0.9151	0.0035	3.35	0.7500	9.1303	11.4338	17.1450
$Incentives^2$	$Incentives^1$	单一门槛	0.8976	0.0034	4.07	0.5733	8.9263	12.8250	18.1103
$Constraints^1$	$Incentives^1$	单一门槛	0.9148	0.0035	3.56	0.5800	9.1523	11.8161	15.2353
$Constraints^2$	$Incentives^1$	单一门槛	0.8943	0.0034	9.40	0.1600	10.6729	12.5738	16.0108
$Incentives^1$	$Incentives^2$	单一门槛	0.9090	0.0035	5.13	0.4633	8.8779	10.6530	13.4414
$Incentives^2$	$Incentives^2$	单一门槛	0.8945	0.0034	4.98	0.4900	8.9490	10.1752	15.7697
$Constraints^1$	$Incentives^2$	单一门槛	0.9155	0.0035	3.36	0.7800	10.9108	12.2974	19.1558
$Constraints^2$	$Incentives^2$	单一门槛	0.8619	0.0033	3.57	0.6967	16.5917	25.0722	38.6999
$Incentives^1$	$Constraints^1$	单一门槛	0.9049	0.0035	6.34	0.2933	9.2079	10.6454	13.0018
$Incentives^2$	$Constraints^1$	单一门槛	0.8790	0.0034	9.67	0.1400	10.6932	13.6269	18.9831
$Constraints^1$	$Constraints^1$	单一门槛	0.8995	0.0034	8.05	0.2633	11.6988	14.4486	18.1714
$Constraints^2$	$Constraints^1$	单一门槛	0.8917	0.0034	10.17	0.1700	12.0197	14.6813	22.2173
$Incentives^1$	$Constraints^2$	单一门槛	0.8835	0.0034	12.81 ***	0.0033	7.6117	8.7368	11.5347
		双重门槛	0.8645	0.0033	2.74	0.3300	9.0981	11.4804	14.1221
$Incentives^2$	$Constraints^2$	单一门槛	0.8766	0.3400	10.42 *	0.0800	9.9676	11.8909	15.7698
		双重门槛	0.8420	0.0032	10.72 **	0.0367	8.4348	9.8155	12.3746
		三重门槛	0.8189	0.0031	7.38	0.4400	12.8648	14.7266	20.9562
$Constraints^1$	$Constraints^2$	单一门槛	0.8853	0.0034	12.38 *	0.0633	10.5323	12.7911	19.0311
		双重门槛	0.8601	0.0033	7.65	0.2100	9.6337	11.5861	16.0289
$Constraints^2$	$Constraints^2$	单一门槛	0.8999	0.0034	7.72	0.1967	9.6129	11.2575	17.7422

注：表中各检验结果为自抽样（Bootstrap）300 次模拟而得；***、**、* 分别表示在 1%、5%、10% 的置信水平下通过了显著性检验。

3. 门槛值的估计与检验

在确定门槛的个数后，需要估计和检验各模型的门槛值，表 6 - 3 列示了上述三个门槛面板模型中各自门槛值的回归结果，同时显示了各自对应的95% 置信区间上下临界值情况。

表 6 - 3　　　　　　　　　　　　门槛估计值和置信区间

模型	依赖变量	门槛变量	门槛数	门槛估计值	95% 置信区间
模型 I	$Constraints^1$	$Constraints^2$	单一门槛	0.4970	[0.4554, 0.5965]
模型 II	$Incentives^1$	$Constraints^2$	单一门槛	1.7344	[1.6124, 1.7579]
模型 III	$Incentives^2$	$Constraints^2$	单一门槛	0.4554	[0.3824, 0.4607]
			双重门槛	1.7344	[1.6124, 1.7579]

注：表中各置信区间上下临界值为自抽样（Bootstrap）300 次模拟而得的结果。

图 6 - 2、图 6 - 3 和图 6 - 4 分别为上述三个门槛回归模型的似然比函数图示，三个图形显示了各个门槛估计值的回归及其置信区间的分布结果。

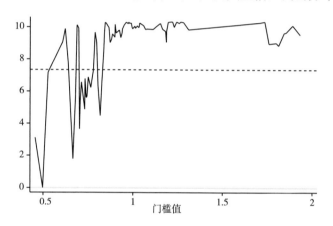

图 6 - 2　模型 I 的单一门槛值 LR 检验

图 6 - 2 为模型 I 即强度约束为门槛变量而增汇约束作为门槛依赖变量时的单一门槛值 LR 检验，此时的似然比 LR 值为零时 γ 的得分值即为该情形下的单一门槛估计值，回归模型 I 中为 0.4970。图中虚线是似然比检验统计量的临界值，一般地，在 95% 的置信水平下，LR 统计量的临界值为 7.35，当门槛处于 [0.4554, 0.5965] 区间上时，LR 检验值小于 5% 显著水平上的临界值，不能拒绝原假设，因此，该情形下回归得到的门槛估计值与实际值可视为相等；图 6 - 3 为模型 II 即支农政策作为门槛依赖变量时的单一门槛值 LR 检验结果，此时门槛估计值为 1.7344，当门槛位于 [1.6124, 1.7579] 区间上时，通过显著性检验；图 6 - 4 为模型 III 即补贴政策作为门槛依赖变量时的两个门槛值 LR 检验，第一个门槛和第二个门槛的估计值分别为 0.4554 和 1.7344，当第一个门槛值落于 [0.3824, 0.4607] 而第二

个门槛值落于［1.6124，1.7579］区间时，对应的 LR 检验值全都小于5% 显著水平上的临界值，因此，该情形下回归得到的两个门槛估计值均可视为同实际门槛值相等或相近。接下来，将对各门槛面板模型进行系数回归估计。

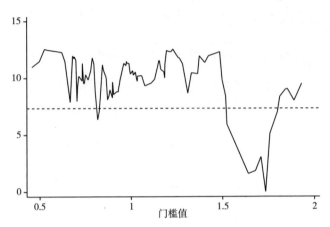

图 6-3　模型Ⅱ的单一门槛值 LR 检验

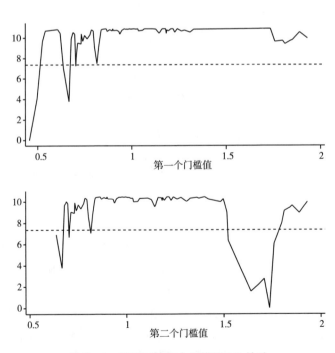

图 6-4　模型Ⅲ的两个门槛值 LR 检验

6.4.2　门槛效应模型估计结果

利用 Stata 13.1 软件对模型上述三个，模型进行门槛回归估计，结果见表 6-4，限于篇幅，仅报告核心变量估计结果。可以看到，排放强度约束总体上对中国低碳农业效率的提升表现出负向影响，且在 5% 的水平上通过显著性检验。强度约束指标为农业碳排放强度，即单位农业总产值的农业碳排放总量，该指标数值越小表明约束力度越大，负向影响表明通过农业碳排放强度这一低碳约束手段可以有效促进低碳农业效率的提升。近年来，中国越来越重视发展低碳经济，国家领导人先后两次在联合国气候大会上向全世界发出减排承诺，该承诺即用到碳排放强度这一反映低碳约束的指标。因此，在全国碳排放强度到 2030 年相比 2005 年降低 60% ~65% 的减排目标下，农业部门在保障粮食安全的前提下，也应该作出贡献，这也有利于低碳农业效率的提升，符合农业部门本身的低碳化发展要求。

政府环境政策效用的发挥毕竟是各种约束手段及激励政策等多种规制工具共同作用的结果，在排放强度约束的配合下，其他规制手段，如增汇约束手段和支农政策即补贴政策等手段对于低碳农业效率究竟具有怎样的影响效应？排放强度约束力度是不是越大就越有利于低碳农业效率的提升？接下来以排放强度约束为门槛变量，以其他三类低碳环境规制手段为门槛依赖变量，分别检验多种政策的不同作用效应。

表 6-3 中模型 I 结果表明，增汇约束的低碳促进效应显著存在基于排放强度约束的"单一门槛效应"，门槛值为 0.4970，从表 6-4 的模型估计结果中得知，当一个地区的农业碳排放强度低于 0.4970 时，若采取增汇约束将对该地区的低碳农业效率提升产生负面影响，但在统计上不显著。当农业碳排放强度跨越了 0.4970 的门槛值后，增汇约束对低碳农业效率提升的影响效应由负变正，且在 5% 的水平上通过了显著性检验，表明此时若再采取增汇约束将会显著促进低碳农业效率的提升。由此不难看出，农业增汇约束对低碳农业效率提升的影响效应在一定程度上还会受到农业碳排放强度的影响。低碳环境政策的制定不能在排放强度约束和增汇效应约束两种规制手段间作排除单选，应充分兼顾实施效率性和可行性以及资源公平分配等多元目标，将排放强度约束和增汇效应约束两种手段进行组合搭配实行，实现两种

手段之间的相互补充和促进。如果排放强度约束力度较弱，结合目前中国经济发展及高碳排放的现实情况，尤其考虑到西北非粮食主产区所表现出的农业碳吸收效应普遍不佳的现实情形，各种低碳规制工具对低碳农业效率提升效应的合力在现阶段很难得到有效发挥。

表 6 - 4　　　　　　　　　　　　门槛面板模型估计结果

模型	变量	系数估计值	标准差	T 值	P 值
模型 Ⅰ	$Constraints^2$	-0.0004 **	0.0433	-2.27	0.023
	$Constraints^1$（$Constraints^2 \leqslant 0.4970$）	-0.0095	0.0097	-0.97	0.331
	$Constraints^1$（$Constraints^2 > 0.4970$）	0.0245 **	0.0119	2.06	0.040
	控制变量	Yes			
	$R^2 - within$	0.1628			
模型 Ⅱ	$Incentive^1$（$Constraints^2 \leqslant 1.7344$）	-00002	0.0020	-0.09	0.928
	$Incentive^1$（$Constraints^2 > 1.7344$）	-0.0075 ***	0.0028	-2.69	0.008
	控制变量	Yes			
	$R^2 - within$	0.1645			
模型 Ⅲ	$Incentive^2$（$Constraints^2 \leqslant 0.4554$）	0.2485 *	0.1496	1.66	0.098
	$Incentive^2$（$0.4554 < Constraints^2 \leqslant 1.7344$）	0.4614 ***	0.1498	3.08	0.002
	$Incentive^2$（$Constraints^2 > 1.7344$）	0.3463 **	0.1503	2.30	0.022
	控制变量	Yes			
	$R^2 - within$	0.2037			

注：***、** 和 * 分别表示在 1%、5% 和 10% 的水平下显著。

同理，表 6 - 4 中模型 Ⅱ 结果表明，支农政策的低碳促进效应显著存在基于排放强度约束的"单一门槛效应"，门槛值为 1.7344，当一个地区的农业碳排放强度高于 1.7344 时，财政支农政策对低碳农业效率提升将产生显著负面影响，在 1% 的水平上通过了显著性检验，表明在排放强度较高的地方，财政支农政策反而不利于低碳农业效率的提升。该结论与第 5 章的空间回归估计结果相一致，农业财政支持变量对低碳农业效率的影响作用为负，无论是从农业财政支出占公共财政总支出的百分比来看，还是从农林水利财政支出占农业财政支出的比重来看，政府想要依靠财政支农政策来促进低碳农业效率的提升不可能实现。可能的解释是，农业财政支持政策会加大化肥等高碳要素的投入（Lewandrowski，1997），改变农业生产行为及技术选择行为，加剧农业生产中的环境恶化（Bonnieux，1988），反而不利于低碳环境发展。因此，要想通过农业财政支持政策来实现农业经济和低碳产生的协调发展，有必要对现有农业财政支持政策进行相应改革，例如参考农业碳排放强度等指标，进行支持结构的优化和调整。

表 6-4 中模型Ⅲ的结果表明，一个地区农业补贴政策的激励作用将对该地区的低碳农业效率提升产生显著正向影响，即补贴力度越强，对低碳农业效率的正向效应越大。但两者之间并不是简单的线性关系，农业碳排放强度约束手段处于不同门槛区间内，补贴政策对低碳农业效率的平均边际影响也有所差异。具体而言，补贴政策的低碳促进效应显著存在基于排放强度约束的"双门槛效应"，两个门槛的估计值分别为 0.4554 和 1.7344。当农业碳排放强度小于 0.4554 时，每增加一个单位的补贴政策，将会带来 0.2485 个单位的低碳农业效率提升效应；当农业碳排放强度介于 0.4554 与 1.7344 之间时，补贴政策增加对低碳农业效率提升的平均边际效应增长为 0.4614；当农业碳排放强度大于 1.7344 时，补贴政策增加对低碳农业效率提升的平均边际效应回落至 0.3463。表明一个地区农业补贴政策的激励作用与排放强度约束手段合理搭配使用，才能充分发挥各类低碳农业规制手段的作用，从而增强该规制手段对低碳农业效率提升的正向促进效应。从实证结果来看，保持农业碳排放强度约束手段的适当力度对补贴政策的低碳激励作用的充分发挥更有利。

6.4.3　基于门槛区间的省份分组情况

依据上述三个模型的各个门槛值可将中国 31 个省份划分成四个区域，即低强度约束（$Constraints^2 \leqslant 0.4554$）、中低强度约束（$0.4554 < Constraints^2 \leqslant 0.4970$）、中高强度约束（$0.4970 < Constraints^2 \leqslant 1.7344$）和高强度约束（$Constraints^2 > 1.7344$），限于篇幅，这里分别选取 2004 年和 2014 年为例说明。

从划分结果可以看到，中国大部分省份在相应考察期均位于中高强度约束区域，表明农业碳排放强度约束实现了低碳农业效率的显著提升，这些省份在低碳约束和低碳激励政策等各类低碳环境规制手段的组合配套使用下，实现了各类低碳规制手段优势的最大限度发挥。2004 年位于低强度约束区域或中低强度约束区域内的是西藏和北京，而 2014 年该区域增加了天津市，该区域增汇约束和支农政策显得效果不佳，但补贴政策与排放强度约束两种低碳手段相互促进；2004 年位于高强度约束区域内的有吉林、安徽、江西、湖北、湖南、广西 6 个省份，在 2014 年减少为黑龙江和江西两个省份，该区域增汇约束和补贴政策均能与排放强度约束配合促进低碳农业效率的提升，但支农政策没能对低碳农业效率的提升产生正向推动作用，反而在一定程度上抑制了低碳农业效率的提升。因此，在低碳规制中，不建议单独使用一项约束或激励手段，而应以排放强度约束为主同时避免过度依赖排放强度约束，适当放弃财政支农的政策激励方式，积极采用增汇效应约束和农业补贴等激励方式的组合。如何协调好各类低碳规制手段的配套使用以充分激发排放强度约束的低碳促进效应是各地区今后亟须解决的问题。

6.4.4 讨论与启示

1. 根据门槛效应分析结果得到的政策启示

第一，制定低碳规制政策时不能将各类低碳约束手段或低碳激励手段单独使用。要想实现低碳政策的最初目标，应重视排放强度约束手段、增汇效应约束手段和农业补贴等激励方式的组合使用，使各自政策自身的优点能够得到充分发挥，进而构建一个有明确目标导向的低碳农业发展促进机制；同时，协调好各类低碳规制手段的组合方式以更充分地激发排放强度约束的低碳促进效应。

第二，排放强度约束和农业补贴激励对低碳农业效率的提升能够起到相互促进作用。就中国目前实际情况而言，近年来，农业补贴政策的相关管理条例及制度虽然发展较快，但整体来说仍不完善，补贴体系也不够健全，尤其缺乏专门针对低碳生产的相关补贴。这在一定程度上制约了低碳激励政策和低碳约束手段的组合使用效果。因此，应从健全相关管理制度及法律体系着手，逐步完善农业补贴政策，进行农业补贴制度改革与创新时考虑低碳因素。

第三，在低碳约束手段或激励政策及强度的选择上应充分考虑地区间的差异性，河北、江苏、浙江、安徽等 20 多个省份的农业排放强度位于合理区间内,增汇约束手段和农业补贴政策相互配合下能够有效促进低碳农业效率的提升,应继续保持这种状态;北京、天津和西藏三地增汇效应和支农政策对低碳农业效率的提升效果均不佳,但补贴政策与排放强度约束两种低碳手段能够相互促进;黑龙江和江西两地增汇约束和补贴政策均能与排放强度约束配合促进低碳农业效率的提升,但支农政策没能对低碳农业效率产生正向促进作用,反而在一定程度上抑制了低碳农业效率的提升,应放弃通过财政支农的激励手段来促进低碳农业发展的政策思路。

2. 结合门槛效应与低碳效率指数的综合讨论与启示

我们将本章得到的门槛效应结果与第 5 章中计算得到的低碳农业效率结果进行对比分析,依据门槛值和效率指数将中国 31 个省份划分为“高强度 – 高效率”型地区、“低强度 – 高效率”型地区、“低强度 – 低效率”型地区、“高强度 – 低效率”型地区四大不同类型(以 2014 年为例)。具体划分标准中,将门槛值 1.7344 作为一个维度的划分值,低碳农业效率值以 1.000 为另一个维度的划分值,特别地,如果一个地区效率指数等于 1,说明该地区处于效率不变的状态,依据“不进则退”原理,这里依然将其归为“下降型”。

划分结果:“低强度 – 低效率”地区包括内蒙古、辽宁、吉林、上海、浙江、云南和新疆 7 个省份;“低强度 – 高效率”型地区包括北京、天津、青海和宁夏等 22 个省份;江西属“高强度 – 低效率”型地区;黑龙江属“高强度 – 高效率”型地区。在促进中国低碳农业发展进程中,应结合各地的现实特征,努力减少农业碳排放而提升低碳农业效率。具体而言,有如下几种可行的低碳发展路径(如图 6 – 5 所示)。一是“A→D”和“C→D”的单边突破式低碳发展路径。位于 A 区域和 C 区域的省份,前者低碳农业效率偏低,后者农业碳排放强度偏高,因此,位于这两个区域的省份均可采取单边突破式的发展路径,前者应努力提高低碳农业效率,而后者应努力减排增汇以改善农业碳排放强度偏高的现状。二是“B→A→D”和“B→C→D”的扬优补劣渐进式低碳发展路径。如前所述,在“高强度 – 低效率”的 B 区域,可先集中降低农业碳排放强度,到达 A 区域,再重点提升低碳农业效率,最终到达 D 区域;也可以先着手提升低碳农业效率到达 C 区域,再关注排放强度指标,最终到达 D 区域。三是“B→D”的短期积蓄的跨越式低碳发展路径。位于"高强度-低效率"的 B 区域除了上述两种发展路径外，还可以采取两条路径同时进行，通过短期高强度积蓄达到跨越式发展，迅速到达 D 区域。

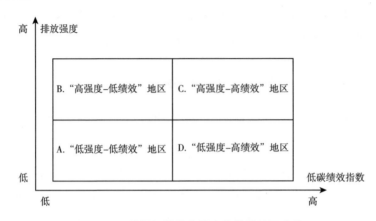

图 6 - 5   依据门槛值和效率指数的地区分类

6.5   本章小结

总结前文分析结果，本章分别从低碳约束手段和低碳激励政策两个不同角度阐述低碳规制手段对低碳农业效率的影响作用机理，构建门槛面板模型，分别模拟低碳约束与低碳激励对低碳农业效率的影响效应，并根据门槛区间标准进行省份分组讨论，可得出以下主要结论。

（1）排放强度总体上与中国低碳农业效率呈现明显的负向关系，表明农业碳排放强度越小，约束力度越大，因此该低碳约束手段能够有效促进低碳农业效率的提升。但并不意味着排放强度约束力度越大越好，因为增汇约束的低碳促进效应显著存在基于排放强度约束的"单一门槛效应"，即当农业碳排放强度低于门槛值 0.4970 时，增汇约束对低碳农业效率提升表现出负向影响，但在统计上并不显著；当农业碳排放强度大于门槛值 0.4970 时，增汇约束对低碳农业效率提升的影响效应显著为正，此时若同时采取增汇约束将会显著促进低碳农业效率的提升。

（2）财政支农和农业补贴两种低碳激励政策对低碳农业效率提升的影响效应均在一定程度上受到农业碳排放强度的影响。其中，财政支农政策的低碳促进效应显著存在基于排放强度约束的"单一门槛效应"，当农业碳排放强度高于门槛值 1.7344 时，财政支农政策对低碳农业效率提升产生显著负面影响，表明在农业碳排放强度越高的地方，财政支农政策越不利于低碳农业效率的提升；农业补贴政策的激励作用对低碳农业效率提升产生显著正向影响，即补贴力度越强，对低碳农业效率的正向促进效应越大，但二者之间并非简单的线性关系，补贴政策的低碳促进效应显著存在基于排放强度约束的"双门槛效应"，当农业碳排放强度介于 0.4554 与 1.7344 之间时，补贴政策的激励强度增加对低碳农业效率提升的平均边际效应最大。

（3）从农业碳排放强度的省级划分来看，中国大部分省份均位于中高强度约束区域，这些省份在低碳约束和低碳激励政策等各类低碳环境规制手段的组合配套使用下，实现了各类低碳规制手段优势的最大限度发挥。北京、天津和西藏三地农业碳排放强度较低，增汇约束和支农政策显得效果不佳，但补贴政策与排放强度约束两种低碳手段相互促进；黑龙江和江西两个省份农业碳排放强度较高，增汇约束和补贴政策均能与排放强度约束配合促进低碳农业效率的提升，但支农政策没能对低碳农业效率产生正向促进作用，反而在一定程度上抑制了低碳农业效率的提升。总之，不建议单独使用单项约束或激励手段，而应"因区施策"，以排放强度约束为主的同时避免过度依赖排放强度约束，适当放弃财政支农的政策激励方式，积极配套使用增汇效应约束和农业补贴等激励方式；根据不同地区发展特征分别选择单边突破式、扬优补劣渐进式和短期积蓄的跨越式等不同低碳发展路径。

第7章 中国农业碳排放边际减排成本测度与时空分析

农业碳减排主要通过使用绿色低碳生产技术和先进的环境治理技术实现。但是，中国碳交易市场才刚刚起步，污染物及碳排放等环境因素的市场价格并不明确，也不稳定，因此难以衡量其治理成本。经济学中影子价格概念的提出和广泛应用为估计环境治理带来的经济损失提供了可能，碳排放影子价格反映的是碳排放削减的边际减排成本（Criqui et al.，1999）。通过对行业间或区域间的影子价格进行比较研究，可以在一定程度上评估各地区低碳环境规制政策实施的有效性（Kuik et al.，2009）。如果同一行业的边际减排成本存在较大差异，则说明低碳环境监管造成该行业的资源配置存在一定的效率损失，低碳环境管制所付出的经济成本存在一定意义上的浪费。反之，如果碳排放影子价格相同，则说明实现了资源的相对有效配置，此时的低碳环境管制成本就成为一种有效付出。此外，理论上，当存在可交易碳排放权时，所有参与单元或个体均可以通过碳排放权交易使其最后一单位的减排成本等于碳排放权价格（Coggins and Swinton，1996）。因此，计算碳排放影子价格还能对碳排放权价格的制定起到参考作用。

全章的结构安排如下：首先，通过文献梳理找出影子价格思想在测算非期望产出边际减排成本中的运用，并基于该思想对影子价格的理论模型及参数法求解的实证模型进行详细介绍；其次，利用上述模型对各省份农业碳排放边际减排成本进行估算，分析减排成本的时序特征及地区差异；再次，利用 Kernel 密度函数对农业碳减排成本的分布动态趋势进行模拟，并探究各省份的农业种植结构对其边际减排成本的影响；最后进行讨论和总结。

7.1　引　　言

目前，已有学者尝试借用影子价格的思想测算非期望产出的减排成本，关注较多的是工业二氧化碳及二氧化硫的减排成本估计。如对利用效率模型估计非期望产出的影子价格相关研究进行了系统梳理和回顾，发现大多研究主要集中在能源利用行业，非期望产出的影子价格可以解释为每减少一单位的非期望产出所要损失的期望产出的边际变动量，它可以看作一种机会成本（Zhou et al.，2010）。普遍的做法是通过参数或非参数效率模型并利用方向距离函数（DDF）来求解出非期望产出的影子价格（Färe et al.，2012；Lozano et al.，2008；Picazo-Tadeo et al.，2005）。非期望产出的影子价格估计常用方法包括参数法和非参数化两种。非参数法是基于数据包络模型 DEA 的一种估计方法，早期主要用于估计距离函数，后被推广为利用方向距离函数 DDF 来计算非期望产出的影子价格值（Lee et al.，2002；涂正革，2009；Kaneko et al.，2010；刘明磊等，2011；盛鹏飞等，2014；Zhou et al.，2013）。参数法是由早期的生产函数和成本函数的联立运算发展演变而来的（Aigner et al.，1968；Pollak et al.，1984），皮特曼（Pittman，1983）首次提出根据 Shephard 距离函数和方向性距离函数来估算影子价格，此后便被广泛应用于环境治理成本核算领域。有学者采用 Shephard 投入距离函数对非期望产出的影子价格进行估计（Hailu et al.，2000；Lee，2005；Murty et al.，2006；Lee et al.，2012），也有学者利用 Shephard 产出距离函数估计非期望产出的影子价格（Coggins et al.，1996；Park et al.，2009；Zhang et al.，2014）。为更好地界定环境污染的负外部性效应，满足增加期望产出与减少非期望产出的同时实现，学者们构建了方向性距离函数（Chung et al.，1997），用于解决环境管制下企业进行减排的经济成本核算问题，具有较强的现实意义，从而被越来越多地应用于环境经济研究领域的治理成本等问题研究。

学者们以美国 209 家发电厂为研究对象，采用二次型方向性距离函数估算了发电过程中产生的二氧化硫的影子价格，并对二氧化硫与发电量之间的产出替代弹性关系进行了实证探讨（Färe et al.，2005）；印度和中国学者分别运用方向性产出距离函数估算了印度和中国火力发电企业产生的二氧化硫与二氧化碳排放的影子价格，并探讨了其内在的决定因素，发现影子价格与企业规模、年龄和能源消耗结构中的煤炭份额等因素呈负相关关系，却是企业生产技术水平的正相关函数（Musty et al.，2007；Wei et al.，2013）；有学者基于 1997~2010 年和 2001~2010 年的省级面板数据，利用影子价格理论对中国整体二氧化碳总排放问题进行分析，发现中国碳减排的边际成本呈现上升趋势且环境规制有利于提高生产效率（Wang et al.，2014；Du et al.，2015）；还有学者使用参数法和非参数法对中国和上海市的工业部门二氧化碳的影子价格进行了估计和分析（陈诗一，2010；Zhou et al.，2014）。

综上所述不难发现，大多数学者在采用影子价格方法分析减排成本时关注的是宏观经济层面或者工业视角，部分学者也采用重工业等企业层面的数据进行分析，但较少关注农业部门的减排问题。影子价格的估计结果不仅与估计方法有关，同时也与关注视角、研究对象及样本数据的差异息息相关（涂正革，2009；袁鹏等，2011）。基于此，我们拟采用参数法来估计农业生产方向距离函数下的碳排放影子价格，在构建农业经济核算体系时，同时考虑期望产出与碳排放等环境因素的非期望产出，利用方向距离函数构建农业碳排放影子价格模型，估算 1993~2015 年中国 31 个省份的农业碳排放边际减排成本，并对各省份的农业碳减排成本的区域差异动态趋势进行探究。

7.2　研究方法与模型构建

7.2.1　理论模型

根据第 4 章环境生产技术思想和方向距离函数方法（Färe et al.，2001），用 P(x) 来表示经济 - 环境生产可能性集合，

$$P(x) = \{(y,c):x\,can\,produce\,(y,c)\} \tag{7-1}$$

其中，农业生产投入要素为 x，有 N 种；期望产出为 y，有 M 种；非期望产

出为 c，有 J 种。既定方向向量 $\vec{g} = (g_y, -g_c)$ 下，方向距离函数表示为式（7-2）：

$$\vec{D}_c(x,y,c;g_y,-g_c) = \max\{\lambda:(y+\lambda g_y, c-\lambda g_c) \in P(x)\} \qquad (7-2)$$

考虑到农业生产过程中的环境因素，不可避免地将对农业生产造成负面影响。根据环境生产技术思想，期望产出与非期望产出的零结合性（null Jointness）即 $(y,c) \in P(x)$ and $b=0$ imply $y=0$，非期望产出的弱可处置性（weak disposability）即 $(y,c) \in P(x)$ and $c' \leq c$ imply $(y,c') \notin P(x)$，表明在追求期望产出的同时，必定会伴随非期望产出，且在既定投入下若要削减非期望产出，必须以牺牲一定量的期望产出为代价，因此减少农业碳排放量的代价就是减少一定量的农业生产所期望的经济总产值。这是环境调节对农业生产的边际效应（Färe et al., 2005）。影子价格被表述为在某一特定投入前提下，单位农业碳排放变动量所带来的农业总产值变动量，可用于衡量碳排放对期望产出影响的大小，这被称为边际减排成本（Criqui et al., 1999; Kuik et al., 2009）。

假定期望产出的市场决定价格为 $p_y = (p_{y_1}, p_{y_2}, \cdots, p_{y_M})$，各投入要素市场价格为 $w_y = (w_{x_1}, w_{x_2}, \cdots, w_{x_N})$，非期望输出的相对影子价格为 $p_c = (p_{c_1}, p_{c_2}, \cdots, p_{c_J})$，则收益函数可表示为式（7-3）：

$$R(w, p_y, p_c) = \max_{y,c}\{p_y y - p_c c:(y,c) \in P(x)\} \qquad (7-3)$$

我们知道，非期望产出的存在将会不可避免地带来一部分生产收益损失，损失部分刚好等于 $p_c c$，在追求收益最大化的前提下，由于 $(y,c) \in P(x)$，意味着 $\vec{D}(x,y,c;g_y,-g_c) \geq 0$，因此，收益函数也可以等价表示为：

$$R(w, p_y, p_c) = \max_{y,c}\{p_y y - p_c c:\vec{D}(x,y,c;g_y,-g_c) \geq 0\} \qquad (7-4)$$

根据图 6-1，包含于 $P(x)$ 生产范围内部的观测点 (y, c) 可以朝着生产前沿面的方向沿着方向向量 $\vec{g}$ 移动到最佳生产点 $(c-\lambda g_c, y+\lambda g_y)$，而达到生产前沿面 $P(x)$，此时 $(y,c) \in P(x)$，且存在：

$$(y+\lambda g_y, c-\lambda g_c) = \{y + \vec{D}_c(x,y,c;g_y,-g_c)g_y,$$
$$c - \vec{D}_c(x,y,c;g_y,-g_c)g_c \in P(x)\} \qquad (7-5)$$

为求解上述方程，收益函数可进一步写成如下形式：

$$R(w,p_y,p_c) \geqslant (p_y,-p_c)\{y+\overrightarrow{D}(x,y,c;g)\cdot g_y,c-\overrightarrow{D}(x,y,c;g)\cdot g_c\}-wx$$

$$= (p_y y-p_c c-wx)+p_y\cdot\overrightarrow{D}(x,y,c;g)\cdot g_y+p_c\cdot\overrightarrow{D}(x,y,c;g)\cdot g_c \quad (7-6)$$

由式（7-6）可以看出，收益函数包含两个部分，其中一部分为固定的实际生产收益部分（$p_y y-p_c c-wx$）；另一部分则是关于方向距离函数的函数，可以通过观测点向生产前沿面移动来实现，当恰好移动至生产前沿面上时，有如下表述：

$$\overrightarrow{D}_c(x,y,c;g_y,-g_c) \leqslant \frac{R(w,p_y,p_c)-(p_y y-p_c c-wx)}{p_y g_y+p_c g_c} \quad (7-7)$$

所以，考虑收益最大化前提下的方向距离函数可以改写为：

$$\overrightarrow{D}_c(x,y,c;g_y,-g_c) = \min\frac{R(w,p_y,p_c)-(p_y y-p_c c-wx)}{p_y g_y+p_c g_c} \quad (7-8)$$

假设方向距离函数和收益函数都是可微的，那么，期望产出和非期望产出的一阶微分条件可以分别表示为：

$$\frac{\partial\overrightarrow{D}_c(x,y,c;g_y,-g_c)}{\partial y} = \frac{-p_y}{p_y g_y+p_c g_c} \leqslant 0 \quad (7-9)$$

$$\frac{\partial\overrightarrow{D}_c(x,y,c;g_y,-g_c)}{\partial c} = \frac{p_c}{p_y g_y+p_c g_c} \geqslant 0 \quad (7-10)$$

因此，根据期望产出的价格 p_y，在生产全过程的收益最大化条件下可以计算出非期望产出的影子价格 p_c，如式（7-11）：

$$p_c = -p_y\cdot\frac{\partial\overrightarrow{D}_c(x,y,c;g_y,-g_c)/\partial c}{\partial\overrightarrow{D}_c(x,y,c;g_y,-g_c)/\partial y} \quad (7-11)$$

通过式（7-11）计算得出的非期望产出影子价格 p_c 即为农业碳排放边际减排成本（Färe et al.，1993）。

7.2.2　实证模型

在实证过程当中，参数方法中的二次型函数能更好地满足方向距离函数

的转移特征（Fukuyamaa et al.，2008），因此，我们采用二次型参数函数形
式来求解非期望产出的影子价格值。

　　由于涉及参数繁多，为最大可能地减少参数数目，方便计算，最有效的
办法是简化方向向量的形式，故这里设定方向向量为 $\vec{g} = (1, -1)$，即在既
定投入要素条件下，追求单位增加期望产出并单位减少非期望产出，则二次
型方向距离函数可以表示为：

$$
\begin{aligned}
\vec{D}_c(x_i^t, y_i^t, c_i^t; 1, -1) = {} & \alpha_0 + \sum_{n=1}^N \alpha_n x_{i,n}^t + \sum_{m=1}^M \beta_M y_{i,m}^t + \sum_{j=1}^J \gamma_j c_{i,j}^t \\
& + \frac{1}{2} \sum_{n=1}^N \sum_{n'=1}^N \alpha_{nn'} x_{i,n}^t x_{i,n'}^t + \frac{1}{2} \sum_{m=1}^M \sum_{m'=1}^M \beta_{mm'} y_{i,m}^t y_{i,m'}^t \\
& + \frac{1}{2} \sum_{j=1}^J \sum_{j'=1}^J \gamma_{jj'} c_{i,j}^t c_{i,j'}^t + \sum_{n=1}^N \sum_{m=1}^M \delta_{nm} x_{i,n}^t y_{i,m}^t \\
& + \sum_{n=1}^N \sum_{j=1}^J \eta_{nj} x_{i,n}^t c_{i,j}^t + \sum_{m=1}^M \sum_{j=1}^J \mu_{mj} y_{i,m}^t c_{i,j}^t \quad (7-12)
\end{aligned}
$$

　　结合本章研究目的，沿用第 5 章数据，生产投入要素分别为土地投入、
劳动力投入、化肥、农药、农膜、灌溉、机械和役畜投入共 8 种，期望产出
为农业生产值，非期望产出为农业碳排放。因此，式（7-11）中 $N=8$，
$M=1$，$J=1$，式（7-12）可简写为式（7-13）：

$$
\begin{aligned}
\vec{D}_c(x_i^t, y_i^t, c_i^t; 1, -1) = {} & \alpha_0 + \sum_{n=1}^8 \alpha_n x_{i,n}^t + \beta_1 y_i^t + \gamma_1 c_i^t \\
& + \frac{1}{2} \sum_{n=1}^8 \sum_{n'=1}^8 \alpha_{nn'} x_{i,n}^t x_{i,n'}^t + \frac{1}{2} \beta_2 (y_i^t)^2 \\
& + \frac{1}{2} \gamma_2 (c_i^t)^2 + \sum_{n=1}^8 \delta_n x_{i,n}^t y_i^t + \sum_{n=1}^8 \eta_n x_{i,n}^t c_i^t + \mu y_i^t c_i^t
\end{aligned}
$$

$$(7-13)$$

　　可采用如下参数线性规划条件进行求解上述函数：

$$
\min \sum_{t=1}^T \sum_{i=1}^I \left[\vec{D}_c^t(x_i^t, y_i^t, c_i^t; 1, -1) - 0 \right]
$$

$$s.t. \begin{cases} (1)\ \overrightarrow{D}_c^t(x_i^t,y_i^t,c_i^t;1,-1) \geqslant 0; \\[2mm] (2)\ \partial\ \overrightarrow{D}_c^t(x_i^t,y_i^t,c_i^t;1,-1)/\partial y_i^t \leqslant 0; \\[2mm] (3)\ \partial\ \overrightarrow{D}_c^t(x_i^t,y_i^t,c_i^t;1,-1)/\partial c_i^t \geqslant 0; \\[2mm] (4)\ \beta_1 - \gamma_1 = -1; \\[2mm] (5)\ \beta_2 = \gamma_2 = \mu; \\[2mm] (6)\ \delta_n - \eta_n = 0; \\[2mm] (7)\ \alpha_{nn'} = \alpha_{n'n}, n \neq n'. \end{cases} \qquad (7-14)$$

式（7-14）中，条件（1）是确保各决策单元处于生产前沿面上或前沿面内的约束项；条件（2）和条件（3）确保了期望产出价格非负属性，同时非期望产出影子价格的非正属性；条件（4）、条件（5）、条件（6）赋予二次型函数对称性；条件（7）则为方向性距离函数的转移特性。

7.3　边际减排成本估计结果与分析

7.3.1　参数估计结果

根据前面方法及数据进行线性规划求解，并对所有投入产出变量的均值进行了标准化处理（Färe et al.，2005），从而得到式（7-12）中的所有待估参数的估计结果值，详见表7-1。进一步，将表7-1中的各参数估计值代入前面计算公式，得到农业碳排放的影子价格值（本章所有数据来源及处理方法参见第5章内容）。

表7-1　　　　　　　　　　方向距离函数的参数估计结果

待估参数	变量	估计值	待估参数	变量	估计值
α_0	常数项	-0.216	α_2	x_2	0.307
α_1	x_1	0.130	α_3	x_3	-0.068

续表

待估参数	变量	估计值	待估参数	变量	估计值
α_4	x_4	-0.268	α_{33}	$\frac{1}{2}x_3 x_3$	-0.121
α_5	x_5	0.315	$\alpha_{34} = \alpha_{43}$	$\frac{1}{2}x_3 x_4$	0.027
α_6	x_6	0.206	$\alpha_{35} = \alpha_{53}$	$\frac{1}{2}x_3 x_5$	0.117
β_1	y	-0.247	$\alpha_{36} = \alpha_{63}$	$\frac{1}{2}x_3 x_6$	0.323
γ_1	c	0.753	$\alpha_{37} = \alpha_{73}$	$\frac{1}{2}x_3 x_7$	0.314
α_{11}	$\frac{1}{2}x_1 x_1$	-0.081	$\alpha_{38} = \alpha_{83}$	$\frac{1}{2}x_3 x_8$	0.297
$\alpha_{12} = \alpha_{21}$	$\frac{1}{2}x_1 x_2$	0.042	α_{44}	$\frac{1}{2}x_4 x_4$	-0.052
$\alpha_{13} = \alpha_{31}$	$\frac{1}{2}x_1 x_3$	0.098	$\alpha_{45} = \alpha_{54}$	$\frac{1}{2}x_4 x_5$	-0.049
$\alpha_{14} = \alpha_{41}$	$\frac{1}{2}x_1 x_4$	0.116	$\alpha_{46} = \alpha_{64}$	$\frac{1}{2}x_4 x_6$	0.285
$\alpha_{15} = \alpha_{51}$	$\frac{1}{2}x_1 x_5$	0.208	$\alpha_{47} = \alpha_{74}$	$\frac{1}{2}x_4 x_7$	0.617
$\alpha_{16} = \alpha_{61}$	$\frac{1}{2}x_1 x_6$	0.243	$\alpha_{48} = \alpha_{84}$	$\frac{1}{2}x_4 x_8$	0.423
$\alpha_{17} = \alpha_{71}$	$\frac{1}{2}x_1 x_7$	-0.072	α_{55}	$\frac{1}{2}x_5 x_5$	0.312
$\alpha_{18} = \alpha_{81}$	$\frac{1}{2}x_1 x_8$	0.216	$\alpha_{56} = \alpha_{65}$	$\frac{1}{2}x_5 x_6$	0.511
α_{22}	$\frac{1}{2}x_2 x_2$	-0.155	$\alpha_{57} = \alpha_{75}$	$\frac{1}{2}x_5 x_7$	-0.566
$\alpha_{23} = \alpha_{32}$	$\frac{1}{2}x_2 x_3$	0.061	$\alpha_{58} = \alpha_{85}$	$\frac{1}{2}x_5 x_8$	0.029
$\alpha_{24} = \alpha_{42}$	$\frac{1}{2}x_2 x_4$	-0.141	α_{66}	$\frac{1}{2}x_6 x_6$	0.607
$\alpha_{25} = \alpha_{52}$	$\frac{1}{2}x_2 x_5$	0.130	$\alpha_{67} = \alpha_{76}$	$\frac{1}{2}x_6 x_7$	0.225
$\alpha_{26} = \alpha_{62}$	$\frac{1}{2}x_2 x_6$	0.352	$\alpha_{68} = \alpha_{86}$	$\frac{1}{2}x_6 x_8$	0.364
$\alpha_{27} = \alpha_{72}$	$\frac{1}{2}x_2 x_7$	0.004	α_{77}	$\frac{1}{2}x_7 x_7$	-0.007
$\alpha_{28} = \alpha_{82}$	$\frac{1}{2}x_2 x_8$	-0.068	$\alpha_{78} = \alpha_{87}$	$\frac{1}{2}x_7 x_8$	-0.841

待估参数	变量	估计值	待估参数	变量	估计值
α_{88}	$\frac{1}{2}x_8 x_8$	0.343	$\delta_3 = \eta_3$	$x_3 y,\ x_3 c$	0.064
β_2	$\frac{1}{2}y^2$	-0.195	$\delta_4 = \eta_4$	$x_4 y,\ x_4 c$	-0.061
γ_2	$\frac{1}{2}c^2$	-0.195	$\delta_5 = \eta_5$	$x_5 y,\ x_5 c$	0.723
μ	yc	-0.195	$\delta_6 = \eta_6$	$x_6 y,\ x_6 c$	0.054
$\delta_1 = \eta_1$	$x_1 y,\ x_1 c$	0.328	$\delta_7 = \eta_7$	$x_7 y,\ x_7 c$	-0.085
$\delta_2 = \eta_2$	$x_2 y,\ x_2 c$	0.269	$\delta_8 = \eta_8$	$x_8 y,\ x_8 c$	0.141

7.3.2　农业碳减排成本估计结果

　　碳排放影子价格反映的是进行碳减排所要付出的经济代价，也就是在投入要素不变和生产技术恒定情况下，各地区进行碳减排的等价市场成本。农业碳排放的等价影子价格值越大，表明其减排的经济成本就越高；反之则相反。由表7-2可知，中国各省份农业碳排放影子价格呈现出明显的区域不均衡性。青海、北京、西藏、天津、宁夏、上海、海南等省份的边际减排成本较高，其农业碳排放影子价格分别为551.05元/吨、287.58元/吨、224.63元/吨、176.59元/吨、136.78元/吨、127.25元/吨、81.46元/吨。表明这些省份进行碳减排的经济成本相对较高，农业碳减排难度更大。其中，北京、天津和上海等经济发达地区，农业科技水平领先，农业产业结构中以观光休闲农业为代表高端产业发展程度高，产业融合度高，因此农业经济产出水平高，碳排放量少，使得其边际碳排放量的经济产出大，如果实施碳减排政策，则要付出较高经济代价。此外，比较突出的是青海省，碳排放影子价格为全国最高，可能的解释是，由于气候环境因素，青海农业生产水平较为落后，且多为单季生产，要素投放量相对较小，农业生产过程产生的碳排放量没有产粮大省高，而影子价格比粮食主产区高出不少，减排所需付出的经济成本高。相反，江苏、安徽、江西、山东、河南、湖北和湖南等地区的边际减排成本相对较低，农业碳排放影子价格分别为7.15元/吨、7.26

元/吨、7.79 元/吨、8.02 元/吨、9.77 元/吨、7.32 元/吨、6.62 元/吨。这些省份大多为水稻种植大省，气候条件适宜，作物多为两季大面积播种，要素投入强度高，碳排放量大，而粮食作物单位经济价值不高，导致碳排放影子价格偏低，因此，边际减排成本比较小，减排难度低。总之，农业碳排放边际减排成本在各省份间存在较大差异，实行农业碳减排管制所付出的经济成本存在一定意义上的浪费。

表 7 – 2　　　　　1993～2015 年中国 31 个省份农业碳减排成本　　　（单位：元/吨）

省份	均值	标准差	1995 年	2000 年	2005 年	2010 年	2015 年	年均增长率（%）
北京	287.58	154.19	100.05	154.07	270.88	453.71	588.56	8.60
天津	176.59	39.93	135.41	165.94	179.53	196.91	270.14	2.84
河北	11.30	2.16	14.42	13.13	10.19	10.08	9.45	−2.74
山西	34.61	10.46	44.85	46.98	31.70	27.29	21.59	−4.01
内蒙古	37.07	6.47	46.88	38.08	35.98	38.27	26.14	−2.62
辽宁	22.99	4.35	28.65	30.92	22.23	20.10	21.78	−1.65
吉林	15.99	5.85	24.45	23.67	12.85	13.11	9.76	−4.77
黑龙江	12.07	5.58	20.92	16.24	13.08	6.86	5.36	−6.81
上海	127.25	40.23	92.39	81.63	133.66	165.23	190.29	3.46
江苏	7.15	0.50	7.34	6.81	7.10	7.57	7.29	−0.18
浙江	14.89	1.77	13.11	13.64	16.25	16.21	15.80	0.71
安徽	7.26	1.34	9.83	8.09	6.77	6.23	5.90	−2.57
福建	26.74	0.82	26.31	26.30	26.54	27.61	27.23	0.03
江西	7.79	1.17	9.30	9.04	7.35	6.62	6.51	−1.99
山东	8.02	0.95	9.34	8.70	7.56	7.25	7.33	−1.39
河南	9.77	2.45	13.85	11.12	9.47	7.70	7.29	−3.24
湖北	7.32	0.83	7.91	8.49	7.27	6.39	6.12	−1.39
湖南	6.62	1.01	7.66	7.17	6.45	5.87	5.64	−1.95
广东	12.28	0.91	11.03	11.60	13.16	12.66	12.09	0.38
广西	14.78	0.58	15.44	15.60	14.36	14.55	13.79	−0.65
海南	81.46	10.57	94.52	89.52	87.47	69.50	65.98	−1.86
重庆	34.72	5.04	40.20	34.83	32.36	33.11	34.28	−1.85
四川	12.84	0.96	14.43	13.29	13.33	11.85	12.31	−0.69
贵州	44.62	4.00	51.70	46.10	43.08	41.65	39.11	−1.42
云南	34.58	9.07	49.40	38.92	31.53	29.12	23.01	−3.91

续表

省份	均值	标准差	1995 年	2000 年	2005 年	2010 年	2015 年	年均增长率（%）
西藏	224. 63	70. 32	320. 92	272. 84	229. 96	173. 28	135. 65	-5. 19
陕西	38. 81	7. 40	52. 16	41. 92	38. 46	32. 71	29. 65	-2. 34
甘肃	58. 05	17. 94	93. 03	69. 99	64. 18	45. 29	29. 01	-4. 97
青海	551. 05	74. 85	623. 27	498. 12	633. 65	479. 39	526. 60	-1. 05
宁夏	136. 78	54. 23	210. 27	140. 45	165. 34	93. 46	85. 51	-5. 68
新疆	33. 27	9. 68	47. 04	39. 99	35. 73	24. 75	16. 86	-4. 86
均值	67. 71	17. 60	72. 13	63. 97	71. 21	67. 24	72. 78	-0. 62

在考察期内，影子价格正增长的省份仅有北京、上海、天津、浙江、广东和福建，北京年均增长率最高达 8.6%，其次为上海 3.46%、天津 2.84%，最小为福建 0.03%，表示其运行效率在不断提高，减排所需要付出的经济代价在加快增大，即减排的难度不断加大，减排空间逐渐缩小。这些省份的共同特点是位于东部沿海地区，经济发展水平高，农业生产技术水平，处于生产前沿面。其余所有省份影子价格均呈现出负增长趋势，表明中国农业碳减排成本呈现普遍下降的态势。湖南、湖北、江西、安徽、河南、河北等粮食主产省份的农业碳排放影子价格变化趋势非常一致，随着时间推移几乎全面下跌，而且个别省份下跌速度比较快，黑龙江以年均 6.81% 的速率快速递减，为全国降速最快，吉林年均降速 4.77%，山西和河南分别为 4.01% 和 3.24%；不仅粮食主产省份在下降，宁夏、西藏、甘肃、新疆、内蒙古、青海等几个牧业或农牧省份影子价格也在以较快的速度下降，年均下降速度依次 5.68%、5.19%、4.97%、4.86%、2.62% 和 1.05%，边际减排成本的快速降低，意味着这些省份边际农业碳排放所产生的产值在逐年下降，减排成本变得越来越小，减排空间随时间而递增。

从全国来看，农业碳减排成本随时间推移呈现微弱的下降趋势（如图 7 - 1、图 7 - 2 所示）。1993 ~ 1998 年持续下降，1998 年以后呈波动上升趋势。分区域来看，将全国 31 个省份划分为华北、东北、华东、华中、华南、西南和西北七大区域，可以看到，各地区碳排放影子价格时序变化呈现降多增少的特征。具体而言，华北地区和东部地区农业碳减排成本在考察期内呈现波动上升态势，表示随着其经济不断发展，减排所需要付出的经济代价在加快增大，即减排的难度不断加大，减排空间逐渐缩小。相对应地，东

北地区、中部地区、华南地区、西南地区和西北地区的农业碳减排成本均显
示下降，意味着这些省份边际碳排放变动所产生的经济产值变化量在逐年下
降，减排成本变得越来越小，减排空间随时间而递增。其中，西南地区和华
北地区的农业碳减排成本波动幅度最大。总体而言，尽管近年来中国农业科
技有所进步，但农业生产方式集约化程度还很低，效率损失依然存在，粮食
增产主要依靠增加有形要素投入，尤其对化肥、农药等碳源要素投入的依赖
性较大的问题还未从根本上解决，中国农业实现绿色生产任重而道远。

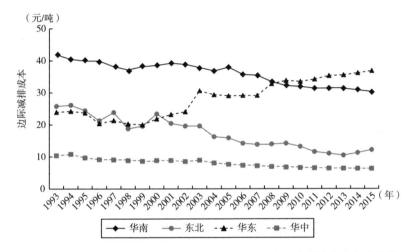

图 7 - 1　1993～2015 年华南、华东、东北和华中地区碳减排成本变动趋势

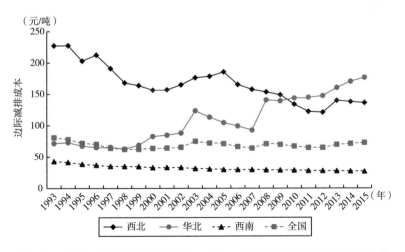

图 7 - 2　1993～2015 年全国及西北、华北、西南地区碳减排成本变动趋势

7.3.3　农业碳减排成本动态演变趋势

为了衡量农业碳减排的经济成本是否存在损失和浪费现象，我们对影子价格的区域分布动态进行模拟。区域间的影子价格的比较研究能反映出各区域实施低碳环境政策的真实效果。例如，在同一环境规制政策下的同一行业，若两个不同主体边际减排成本差异显著，则说明该行业低碳环境管制所付出的经济成本存在一定意义上的浪费；反之，如果碳排放影子价格相同，说明在该行业低碳环境管制成本就成为一种有效付出，实现资源较为优化的配置。

本书采用 Kernel 密度函数方法对中国农业碳排放影子价格的分布动态趋势进行估计。随机变量 X 的密度函数 $f(x)$ 可表示为：

$$f(x) = \frac{1}{Nh} \sum_{i=1}^{N} K\left(\frac{X_i - x}{h}\right) \tag{7-15}$$

式（7-15）中，N 表示考察值的数量；h 表示带宽；$K(\bullet)$ 表示核函数；X_i 为各自独立且同分布的各个观测值；x 是均值。

在 Kernel 密度估计中，由于 Kernel 密度函数对带宽 h 差异的伴随变化非常敏感，带宽 h 决定了核密度估计的精准程度和 Kernel 密度曲线的平滑程度，因此选择适当的带宽 h 是得到最优拟合结果的关键环节。不少学者一直认为，带宽 h 的确定对 Kernel 密度估计的重要性远大于核函数本身（刘华军等，2013）。在实际操作中，样本数量越大，对带宽的要求相应会降低，但需要满足以下条件：

$$\lim_{N \to \infty} h(N) = 0; \lim_{N \to \infty} Nh(N) = N \to \infty \tag{7-16}$$

其中，h 是 N 的函数。核函数实际上可以看作一种加权函数或者平滑函数形式，常见的核函数中高斯核函数运用最为广泛。因此，本书拟选择高斯 Kernel 函数对中国农业碳减排成本的分布动态演进趋势进行估计，其函数表达式为：

$$K(\text{MAC}) = \frac{1}{2\pi} \exp\left(-\frac{\text{MAC}^2}{2}\right) \tag{7-17}$$

由于非参数估计方法不需要对函数具体表达式进行确定，而可以用图像呈现出对比结果，以考察随机变量的分布变化。实际运用中，根据 Kernel 密度函数估计结果刻画出密度曲线图，通过图像观察，便可以分析考察变量分布的位置、形态和延展性三个方面的信息特征。

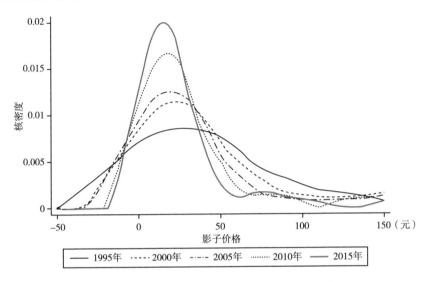

图 7 – 3　中国农业碳排放影子价格核密度曲线

图 7 – 3 整体上描述了全国 31 个省份碳减排成本在样本考察期内的演变，为方便观测，这里选取了五个代表性年份。从整体来看，密度函数曲线中心自左向右小幅偏移，波峰更为陡峭，峰值明显增大，变化区间也呈现出逐步缩小趋势；而波峰数量无明显变化，均为一个。由此表明：不同年份碳减排成本值的聚拢程度不同，随着时间推移，农业碳排放影子价格的核密度曲线峰值明显增大，在图形中表现为曲线聚拢程度越来越高，表明农业碳减排成本的区域分布随时间变得越来越高度集中，碳减排成本地区差异在样本考察期内缩小趋势较为明显，由低碳约束造成的农业部门资源配置所存在的效率损失部分越来越小。具体而言，农业碳排放影子价格 1995 年的核密度分布相对分散，在 25.26 元处达到峰值，此时的减排经济成本浪费成分较多，每减少一吨农业碳排放平均损失市场价值约为 25.26 元的期望产出。随着时间的推移，农业碳排放影子价格的分布变得更加集中，表明实行农业碳减排所需要付出的经济成本浪费部分在减少，所有低效的省份垂直移动到边界以获得最大的期望产出，到 2015 年峰值移动至 18.94 元处，此时每减少

一吨农业碳排放所需损失的市场价值成本平均值降至 18.94 元。

7.3.4　种植结构对农业碳减排成本的影响分析

进一步，探讨种植结构与农业碳减排成本的关系。本章中，种植结构取水稻播种面积占粮食作物播种总面积的比例。如图 7 – 4 所示，水稻播种占比较高的省份包括江西、湖南、广东、浙江、广西和福建，其水稻播种面积占粮食播种总面积的比重分别为 88.65%、80.35%、77.89%、70.52%、68.65% 和 68.25%，但这些省份的农业碳排放边际减排成本值相对较低，依次为 7.79 元/吨、6.62 元/吨、12.28 元/吨、14.89 元/吨、14.78 元/吨和 26.74 元/吨。相反，青海、西藏、北京、天津、宁夏和甘肃的种植结构大为不同，其中，青海省几乎不种植水稻，年鉴上统计数值为零，其余几个省份水稻占比依次为 0.58%、1.98%、7.16%、9.18% 和 0.22%，而农业碳排放边际减排成本值相对较高，分别为 551.05 元/吨、287.58 元/吨、224.63 元/吨、176.59 元/吨、136.78 元/吨和 58.05 元/吨。种植模式的差异意味着生产投入要素的组合不同，建议在制定相应的碳减排政策之前，需要根据各地区的实际生产条件出发，重点结合当地种植结构特征，制定一系列适当的减排责任分配机制。

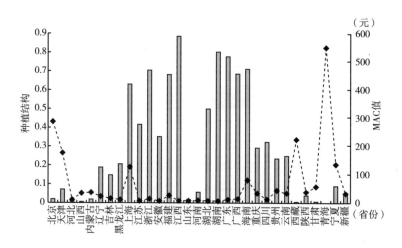

图 7 – 4　1993 ~ 2015 年中国农业种植结构省际差异

采用以下回归模型进行估计：

$$\ln MAC_{it} = f(Croppingpattern_{it} + X_{it}) + \mu \qquad (7-18)$$

式（7-17）中，MAC_{it} 为 i 地区第 t 时期的农业碳减排成本；$Croppingpattern_{it}$ 为 i 地区第 t 时期农业种植结构；μ 为误差项；X_{it} 为其他控制变量，包括经济收入水平（Income）、城乡收入差距（Inequality）、农业财政支持政策（Finance）、农村基础教育水平（Education）、对外开放程度（Opening）和农业生产受灾程度（Disaster）等（数据同第 5 章）。

通过随机效应 GLS（generalized least squares）回归运算，结果显示回归拟合程度较好。回归结果表明，种植结构是导致农业碳减排成本区域差异的重要影响因素之一。从表 7-3 可以看出，回归系数为 -0.3103，且在 1% 的置信水平上通过了显著性检验，表明农作物种植结构变量对中国农业碳减排成本有显著的负向影响。具体而言，当种植结构变量每下降 1 个单位，将导致农业碳减排成本值增加约 0.31 个单位，也就是说，水稻播种面积在粮食播种总面积中所占的比重越高，减少农业碳排放的经济成本就越低。这意味着水稻主产区的减排难度相对较小，可以通过调整和优化农作物种植结构来实现有效降低农业碳减排成本。

表 7-3　　　　　　　　　种植结构与碳减排成本的线性回归结果

变量	回归系数	标准差	T 统计量
Ln（Cropping pattern）	-0.3103 ***	0.0448	-6.93
Constant	2.7026 ***	0.2359	11.45
R-sq：within	0.0761		
R-sq：between	0.1630		
R-sq：overall	0.1469		

注：*** 表示在 1% 的置信水平上通过显著性检验。

此外，为了以克服上述参数估计方法的"设定误差"（specification errors）缺陷，我们还对种植结构和农业碳减排成本进行了非参数回归。借助 Stata 软件得到了种植结构与农业碳减排成本核密度回归曲线图（如图 7-5 所示）。从图 7-5 可以看出，作为非参数估计核密度回归曲线在坐标轴上波动幅度逐渐减小并最终趋于平稳，从而验证了上述线性回归结果中种植结构对农业碳减排成本的负向影响作用。

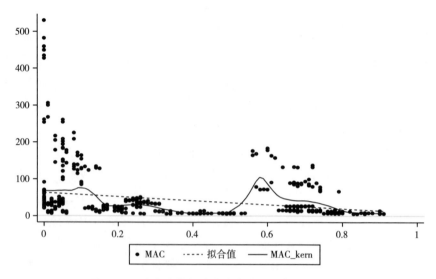

图 7 – 5　种植结构与碳减排成本的核密度回归曲线

7.3.5　讨论

我们将本书与已有研究结果进行了比较（见表 7 – 4）。由于样本数据、估计方法、计量模型以及关注视角的不同，各学者的研究结果之间存在一定差异。可以看到，本书估计得到的减排成本值低于使用澳大利亚和美国数据的估计值，但高于使用韩国数据的估计值。另外两项同样来自中国的实证结果与本书相比显示明显偏离，结果偏差的原因主要是模型选择和数据结构的差异。例如，同类研究（Hou，2016）将农作物秸秆燃烧产生的二氧化碳作为非期望产出，数据使用的是来自东北和华北平原的 7 个省份所收集的微观调研数据，而本书中非期望产出的核算不仅涵盖了农作物秸秆燃烧产生的二氧化碳，还包括肥料，农药、薄膜、柴油等农业投入要素所产生的碳排放，以及水稻生长过程中产生的甲烷等温室气体排放。与本书结果最为接近的是魏等（Wei et al.，2012）的研究，两项研究均采用中国大陆各省份的面板数据，两者的区别在于研究的视角不同，魏等关注的是包括工业在内的宏观经济视角，而本书关注的是农业领域。

表 7 - 4　　　　　　　　不同研究碳排放边际减排成本估计值对比

研究出处	考察时期	研究样本	研究方法	估算均值
Kwon et al.（2005）	1991～1999 年	韩国 10 种作物	DF	4.9
Flugge et al.（2006）	模拟数据	澳大利亚 2 个地区	MIDAS	15
Rezek et al.（2007）	1998 年	美国 26 种作物	DF	19.5
Wei et al.（2012）	1995～2007 年	中国 30 个省份	DDF	13.9
Thamo et al.（2013）	模拟数据	澳大利亚农场	MIDAS	23
Tang et al.（2016）	1998～2005 年	澳大利亚 29 个农场	DDF + LP	29.3
Hou（2016）	1996～2013 年	中国 7 个省份	DDF + LP	76
本书	1993～2015 年	中国 31 个省份	DDF + LP	10.19

注：表中减排成本单位以 2016 年招商银行外汇挂牌中间价 6.6460 元/美元为准统一换算成美元/吨；研究方法中 DF、DDF、LP、MIDAS 分别表示 distance function，directional distance function，linear programming，model of an integrated dryland agricultural system。

7.4　本章小结

本章在构建含有期望产出与非期望产出农业经济核算框架的基础上，总结前文分析结果，利用方向距离函数估算了 1993～2015 年中国 31 个省份的农业碳排放边际减排成本，并讨论减排成本分布动态趋势，探究农业种植结构对边际减排成本的影响，可得出以下主要结论。

（1）农业碳排放的影子价格估计值在 6.62～551.05 元/吨之间，平均值为 67.71 元/吨（约合 10.19 美元/吨），且农业碳排放边际减排成本值在不同省份的差异较大，表明实行农业碳减排管制所付出的经济成本存在一定意义上的浪费。其中，青海、北京、西藏、天津、宁夏、上海、海南等省份的边际减排成本较高，分别为 551.05 元/吨、224.63 元/吨、287.58 元/吨、176.59 元/吨、136.78 元/吨、127.25 元/吨、81.46 元/吨，表明这些省份农业碳减排的经济成本相对较高，减排难度大，而江苏、安徽、江西、山东、河南、湖北和湖南等地区的边际减排成本相对较低；各地区碳排放影子价格时序变化呈现降多增少的特征，其中华北地区和东部地区农业碳减排成本在考察期内呈现波动上升态势，减排的难度不断加大，减排空间逐渐缩小，而其他大多数地区碳减排成本均显示为下降。

（2）从农业碳排放影子价格的核密度曲线来看，随着时间推移，影子价格核密度曲线的峰值明显增大，在图形中表现为曲线聚拢程度越来越高，表明农业碳减排成本的区域分布随时间变得越来越高度集中，碳减排成本地区差异在样本考察期内呈现缩小趋势较为明显，说明由于低碳约束造成的农业部门资源配置所存在的效率损失部分越来越小。具体而言，农业碳排放影子价格1995年的核密度分布相对分散，在25.26元处达到峰值，此时的减排经济成本浪费成分较多，每减少一吨农业碳排放须平均损失市场价值约为25.26元的期望产出。随着时间的推移，边际减排成本的分布变得更加集中，表明实行农业碳减排所需要付出的经济成本浪费部分在减少，到2015年每减少一吨农业碳排放所需损失的市场价值成本平均值降至18.94元。

（3）种植结构是导致农业碳减排成本区域差异的重要影响因素之一。种植结构变量对农业碳减排成本影响的参数估计结果显示，农作物种植结构变量对中国农业碳减排成本呈现显著的负向影响，具体而言，水稻所占比例每下降1个百分点，将导致农业碳减排成本值增加约0.31个百分点；同时，为克服"设定误差"，采用非参数方法对种植结构与农业碳减排成本进行回归，估计结果进一步验证了种植结构对农业碳减排成本的负向影响作用。这表明，水稻播种面积在粮食播种总面积中所占比重越高，实现农业碳减排目标所要付出的经济成本将越低，由于水稻主产区的减排难度相对较小，可以通过调整和优化农作物种植结构来实现有效降低农业碳减排成本。

第8章　推进中国低碳农业发展的
减排政策设计

无论是从微观视角农户低碳生产效率来看，还是从宏观层面中国低碳农业效率动态特征来看，加快构建适合国情的系统的、有效的农业碳减排政策体系，成为当前十分迫切和重要的问题。本章在梳理和总结国外有关低碳农业先进发展经验的基础上，从行政措施、财政手段、市场调节等多方面系统构建推进中国低碳农业发展的政策体系。本章内容分为四节：第一节从国外发达国家和发展中国家两方面简述低碳农业发展经验；第二节在第一节介绍国外低碳农业发展经验的基础上，总结出对中国的启示；第三节为推进中国低碳农业发展的减排政策体系构建基本思路；第四节着重阐述和分析推进中国低碳农业发展进程的农业碳减排政策与保障措施；第五节为本章小结部分。

8.1　国外低碳农业发展经验

发达国家对低碳农业发展的探索起步较早，为其他国家提供了可以学习和借鉴的成功发展模式，同时，部分发展中国家在积极探索低碳农业发展进程中，形成了一系列特有的障碍规避经验和问题处理方法，值得中国在发展低碳农业的进程中进行合理采纳和理性学习。基于此，本小节重点梳理和归纳发达国家低碳农业发展的成功模式以及一些发展中国家的发展亮点，以便从中获取经验。

8.1.1　发达国家低碳农业发展经验

国外发达国家早年在经济起步期过分注重经济增长的速度和规模，在很大程度上牺牲了环境和资源，属于粗放的经济增长方式，即经济增长依靠大规模的资源消耗和对环境的破坏，虽然取得较快的增长速度和较大的成果，但却造成了大量的温室气体排放，促进全球变暖，给全球生态环境造成了一系列不可逆的危害。环境问题的集中暴露让发达国家逐渐认识到低碳经济的重要性，故而提出经济增长要走低碳之路，从而减少温室气体排放。低碳经济最早源于英国对能源低碳经济的重视。为了减少农业资源消耗和农业经济活动产生的温室气体排放，发达国家较早开始探索低碳农业的发展模式，总结出了一系列的发展经验。

1. 美国发展低碳农业的经验

在应对全球气候变暖的挑战下，美国作为世界上经济实力最强的发达国家，在 1980～2010 年的 30 年间，仅二氧化碳的排放量由 49.94 亿吨增长到 60.06 亿吨，但其出于经济和政治等利益的考虑，未能在具有法律意义的《京都议定书》上签字，给全球合作减排造成较大的阻力。美国针对碳排放制定了"10 年内减少 20% 的汽油用量"的发展减排目标，说明美国较为关注国内的减排行动。就目前而言，美国国内低碳经济发展模式已较为成熟，人们的低碳意识较强，从农业领域的具体表现来看，农产品从投入到产出再到消费全过程注重农业物资的低投入、低消耗、低排放，积极走低碳农业之路。

（1）实施保护性耕作制度，全面加强对耕地的管理。美国由于其地广人稀的优势，农业生产中较早实现了大规模的机械化，机械化率位居世界第一（黄祖辉，2011），但长期依靠机械化也带来一些问题，例如不利于土壤保持稳定性，造成水土流失等环境问题，造成农作物减产等危害，引起土壤碳库的减少从而增加温室气体的排放。基于此，美国于 2003 年开始推广保护性耕作制度，一方面对于已腐蚀地和长期耕作的土地实行免耕等保护性措施以恢复被破坏的土壤碳库，另一方面增加植被对土壤的覆盖率，提高土壤的有机碳含量。美国的各级政府均较为重视保护性耕作制度的推广，纷纷成立了保护性耕作的示范中心，并邀请农业专家指导农民在实际的气候环境条件下开展的农业生产活动，减少农业碳排放。

（2）加大对新能源和可再生能源的开发和利用。美国的农业机械化生产率高，其对能源的依赖性也较强。在石油经济时代，农业机械化生产需要耗费大量的石化燃料，由此产生大量温室气体的排放和污染物。2006年，美国公布了关于减排的规划《气候变化技术战略计划》，充分重视减少温室气体排放的重要性，明确规定了减排的具体途径和政策等。在农业生产方面，鼓励大力开发以太阳能、风能等新能源和可再生能源对传统能源的替代作用。美国的太阳能利用水平位于世界前列，其关键在于核心技术的先进性，并且充分利用高校和科研机构的研发优势，构建起完整的太阳能开发利用体系；美国风能发电每年以25%~30%的速度增长（舒畅，2014），据中国风力发电网2016年统计：到2015年，美国风能发电量超过了1.9亿兆瓦时，贡献了相当于美国当年发电量4.7%的电力。通过大力开发和利用新能源和可再生资源，有效地缓解了美国的农业温室气体排放压力。

（3）推动碳交易制度的不断完善。全球碳交易市场年均交易额在2014年已超过300亿美元，并进一步增加。[①] 美国碳交易制度是低碳发展战略中的一大特色，所谓碳交易制度，用经济学来解释就是用更低的成本来完成碳减排的指标和任务。2003年，芝加哥成立了世界上第一个碳交易所，后成为世界最大的两个碳交易中心之一。碳交易所推出的保护性耕作等农业碳汇项目，鼓励农户自愿参与碳交易，依据一定的标准配发碳抵消额，农户与企业合作进行碳交易，通过免耕等保护性耕作措施获得可出售的碳贮存指标，而碳贮存指标可被量化为货币，交易涵盖了全部六种温室气体，有助于促进成交量的提升，因此农户可以通过碳交易获得收益，此种交易制度活跃了农户减碳行为。

2. 欧盟发展低碳农业的经验

欧盟国家之间虽然存在相互竞争的情况，但在对抗温室气体排放上表现出高度的利益一致性，在欧盟国家范围内推行节能减排的政策，同时积极地推动碳减排的国际合作。欧盟在针对农产品的生产、加工和流通等领域逐渐

---

① 数据来源：世界银行《2014年碳定价机制现状及趋势》报告。

形成了共同农业政策，要求农业发展走低碳之路。

（1）推行农产品生命周期低碳化。2009 年，国际气候大会在哥本哈根召开后，欧盟制定出详细的减排政策。众多减排政策中涉及低碳农业的政策核心要求是节约能源，降低农产品"生产－加工－销售"全过程的碳排放量，将低碳标签推广至每一个环节。欧盟推行的良好农业规范（GAP）较好地实现对农产品全生命周期的低碳化管理，在生产环节，选用高质量、低排量的生产资料，保证减排从农业生产的源头开始；在加工运输环节，推行"在地化"的配销政策，减少在中间环节的直接或间接碳排放；在消费环节，鼓励消费者选用低碳生产方式生产的农产品，通过农产品的消费环节倒逼农产品生产者在生产过程中实现减排的目的。事实证明 GPA 评价体系对欧盟低碳农业发展具有重要意义。

（2）推行积极有效的低碳农业补贴激励政策。在减少农业碳排放的政策中，补贴制度被认为具有良好效果。为了保证农民践行低碳农业的积极性，《欧盟 2000 年议程》将财政支持计划用于激励农村走低碳发展之路。欧盟积极改革农业补贴制度，对农民的货币化补贴与环境质量和对生物多样性贡献挂钩，而非仅仅与产量相关，激励农民在农业生产中更加关注生态环境的保护，减少碳排放；2011 年 GAP 改革后，欧盟要求成员国的农户进行多元化的轮作制度，并且规定成员国直接补贴农户的比例不得低于计划的 30%，此举对农户发展低碳农业具有较强的吸引力。

（3）积极探索农业碳税政策。税收是国家运用强制性手段按照一定比例向纳税人征收的货币，被认为是当代最有效的宏观调控手段之一。而碳税被认为是目前解决高碳排困境的有效途径，在欧美取得良好的效果。20 世纪 90 年代，欧盟进行碳税改革，目的是通过征收碳税等环境税来减少对劳动征收的税，客观上增加了碳排放主体的税负，从而达到降低碳排放的结果。碳税首先在北欧的芬兰开始推行，逐步推广到整个欧盟，一个共同点就是碳税的提出是基于已有的环境税，通过对燃煤、石油等能源以及其下游产业按比例征税，对提高相关能源的利用效率具有重要意义。碳税的实施一方面可以通过提高碳排成本限制高碳排企业的碳排放，另一方面可将征收的碳税对低碳排的农业、林业等行业进行补贴，鼓励低碳排行业的发展。

3. 日本发展低碳农业的经验

日本作为一个典型的地少人多的资源匮乏性岛国，面临各种生产资源缺乏尤其是耕地资源紧缺，在发展过程中受到外部制约，同时气候变暖导致海平面的上升对日本的影响不容忽视，因此日本主动坚持走低碳农业之路，20世纪 60 年代，日本颁布了《农业基本法》，并配套了相关的法律法规，帮助其在农业生物技术、农业生产管理水平达到世界先进，而农业生物技术的迅速发展有助于培育新的低排放的农业物种，促进农业的精细化、低碳化的发展。

（1）以技术为支撑发展低碳农业。日本高度重视农业技术尤其是农业生物技术在低碳农业发展中的位置，体现在日本对农业生物技术的投入和研发上，一是在国内设立了数量庞大的农业研发机构，专门从事农业生物技术的研发，凭借其在尖端农业技术研发以及资金等方面的大力投入，农业生物技术的研发水平和应用能力在短期内得以迅速提高，整体水平逐步赶上欧美等发达国家，其中一些单项技术获得世界领先的成就；二是日本充分重视农业技术的示范和推广效应，将一些具有较强低碳应用价值的农业技术在全国推广，实现较好引领作用。日本对低碳技术的重视使其快速在减排工作上取得成效。

（2）发展低碳农业以法律为保障。日本在低碳农业发展过程中颁布了一系列的法律法规来保障农业朝着节能减排的方向发展。在《农业基本法》的基础上，日本于 1999 年颁布了《食品、农业、农村基本法》，要求实现对资源的合理利用，促进生态农业的发展，关注农产品的健康生产；农药的使用在日本具有相当严格的规定，在《农药管理法》中严格限制了农业的供给者的资质，只有符合低毒性、低残留的农药才有市场准入的资格，此举在源头上遏制了不合格农药的流通带来的风险；另外，日本大力支持观光农业、休闲农业等生态农业的发展，制定了《观光立国推进基本法》《粮食、农业、农村基本法》等农业观光相关的法律法规，科学合理地推动生态农业的发展，法律为低碳农业的推进奠定了制度保障。

8.1.2　发展中国家低碳农业发展进程

发展中国家的经济起步较晚，对经济增长具有刚性需求。一些贫困国家或者发展中国家在某些特定发展阶段为了尽快摆脱经济贫困的状态，不惜以牺牲环境来换取经济增长，不仅消耗大量资源，更排放大量二氧化碳等温室气体。在农业领域,粗放式发展则体现为农药、化肥、农膜等的高投入,农业耕作方式不合理,农业废弃物处理不环保等。近年来,一些发展中国家逐步认识到,高投入、高排放、高污染的农业经济增长方式是不可持续的,为此根据自身的实际情况,开始探索低碳的农业之路,本节以较为典型的发展中国家巴西和印度为例,分析其低碳农业发展举措,为中国发展低碳农业提供经验借鉴。

1. 巴西发展低碳农业的进程

巴西是世界上热带雨林资源最丰富的国家,农业生产最大的优势是其充沛的雨热资源,同时地形平坦,耕地面积广阔,适合进行农业生产,巴西的咖啡、甘蔗等农作物产量和出口量长期排名世界第一,农业是巴西的支柱产业,但是,巴西农业发展也存在较多的问题。一是农业生产率较低,农业发展方式粗放,与发达国家存在一定差距;二是农业的基础设施建设滞后,与其较大的农业经济体量不匹配。但巴西发展农业过程中不乏一些农业低碳化的发展亮点。其中最主要的便是巴西于 2010 年制定的"低碳排放农业计划",该计划最大的特色是利用种植甘蔗来生产乙醇燃料,用于替代汽油。

巴西是全球唯一在全国范围内不供应纯汽油的国家,究其原因,巴西生产的生物乙醇已替代了国内 50% 汽油,乙醇燃料对汽油燃料的替代对于减排具有实质性的意义。[①] 巴西乙醇燃料的发展主要经历了四个阶段。第一阶段,1975 ~ 1979 年,为起步阶段,1975 年巴西开始发展乙醇工业,利用其甘蔗成本低且产量大的优势,鼓励开展甘蔗生产乙醇替代汽油的"国家乙醇计划"。第二阶段,1979 ~ 1987 年,为高速发展阶段,这一阶段在政府的大力宣传和推广下,市场上制造出一批以乙醇为燃料的车辆,燃料乙醇产业蓬勃发展。第三阶段,1987 ~ 1997 年,为震荡阶段,这一时期国际原油价格和蔗糖价格的波动较大,加之政府无力大范围对燃料乙醇产业进行补贴,乙醇燃料产业步入一个低谷期。第四阶段,1997 年至今,为稳定发展阶段。2002 年巴西政府完全放开对燃料乙醇价格的管制,实现完全自由化,使得燃料乙醇进入大规模的商业化阶段。与汽油燃料相比,甘蔗乙醇燃料可降低约 61% 的温室气体排放。据统计,自 1975 年以来,甘蔗乙醇燃料的普及使用使巴

---

① 数据来源:2014 年《世界主要国家生物液体燃料产业政策》研究报告。

西减少 6 亿吨二氧化碳的排放量，相当于其整个国家能源消费所造成二氧化碳排放总量的 7%，减排效益显著（马欣，2015）。

2. 印度发展低碳农业进程

印度作为世界人口最多、国土面积第六的发展中国家，在发展农业方面既有其天然的优势，例如人口结构年轻、耕地面积广阔等；又存在一些限制其发展的因素，包括人口增速过快、农村环境恶化速度加快等。印度独立后，为了解决粮食安全问题，于 20 世纪 60 年代紧抓第一次"绿色革命"的浪潮，大力发展高产农业，提高产量，为此，其引进先进国家的新品种并积极培育和推广，提高化肥和农药等农业生产物资的使用量，改进灌溉技术，大力推广机械化生产。在第一次"绿色革命"的推动下，印度的粮食产量大幅度提高。但是，印度在这一阶段过度强调加大对化肥、农药等农业物资的投入，使得农业温室气体排放骤升，且对土壤和水源的污染加重，造成土地退化严重，从而影响了粮食增产的潜力。由于农业生产遭遇边际产出递减规律的制约，即继续加大农药、化肥等投入对农业增产并无实际作用，反而造成一系列的环境问题，从 2004 年开始，印度进行了以改善农业生态环境，促进农业可持续发展为主旨，进行第二次"绿色革命"，具体的措施为利用生物技术的进步改良农作物品种，减少化肥的使用量，增加有机肥的投入，同时大力推广高效低毒性、低排放农药的使用，科学合理地进行灌溉，注重加强信息技术在农业生产管理中的运用等。印度在第二次"绿色革命"的推动下，在低投入的情况下实现农业产量的提高，同时还在一定程度上改善了农业生态环境。

8.2　国外低碳农业发展经验对中国的启示

中国作为传统的农业大国，农业生产的方式处于由传统方式向现代化的方式发展和进步的阶段，但是一些传统生产方式的弊端仍旧较为明显：一是农药、化肥等农业物资投入过度，造成资源浪费和温室气体间接排放量居高不下；二是农业生产方式和废弃物利用方式不合理造成温室气体直接排放量增加，如土地耕作制度不合理和对秸秆的焚烧处理等；三是对森林、植被等绿色碳汇工程投入力度较小。结合国外发达国家低碳农业发展的经验和发展中国家低碳农业的发展进程，可以得到对中国发展低碳农业的启示。

8.2.1   发达国家低碳农业发展对中国的启示

中国 GDP 总量世界排名第二，但人均 GDP 与发达国家存在较大差距，且前期经济高速发展过程中不注重对资源和环境的保护积累了较多的历史遗留问题，在农业领域体现同样较为明显，发达国家对农业温室气体排放问题关注得较早也采取了一系列值得中国学习借鉴的措施。

一是要注重对政策制度的设计，例如美国的保护性耕作制度，不仅在现阶段起到保护耕地的作用，从长远来看，对增加土壤的固碳能力都大有裨益，而目前中国对优质耕地的利用率过高，应适当地进行轮休、免耕或少耕等保护性举措，提高土地的生产力和固碳能力；又如欧盟碳交易市场的活跃为发展低碳农业提供较大助力，中国目前碳交易仍在试点和推广阶段，对减排的作用有限，未来要加速碳交易市场的完善。

二是注重对低碳农业技术的投入力度，发达国家对低碳农业工程技术的研发和推广非常值得中国学习和借鉴。中国发展低碳农业技术应重点从低碳农业技术研发、推广和应用三个阶段着手。首先，加强政府与农业高校、农业技术研发机构等合作，研发出适合推广的新型低碳农业技术；其次，推广阶段注重供给与需求相匹配的原则，将合适的农业技术推广给真正有需求的农户，并做好相应技术服务，提高低碳技术采用效率；最后，对低碳农业技术的应用后形成反馈机制，一种新技术通常在不断的应用和反馈中得到提升，因此将技术的应用效果反馈给研发人员对技术的再次创新和升级至关重要。

三是提升公众的低碳意识，从发达国家取得的低碳农业发展成就来看，与公众日益增长的低碳意识密切相关。随着低碳农业经济取得新的发展，公众更加关注低碳经济因而低碳意识不断增强，而公众低碳意识增强对促进低碳农业的进一步发展有重要作用。中国中西部地区农民的低碳意识仍旧淡薄，加强对低碳农业知识的宣传，引导其树立低碳农业发展理念，进而掌握低碳农业技术，使低碳农业在中国逐渐形成广泛的群众基础。

8.2.2　发展中国家低碳农业发展对中国的启示

其他发展中国家与中国在农业发展过程中有着较多相似的问题，故存在一些较为适宜的低碳农业经验值得中国学习和借鉴。

一是发展低碳农业要综合考虑经济发展水平，例如印度的第二次"绿色革命"综合考虑了农业产量需求与环境因素，中国农业整体发展水平还有待提高，且东、中、西部地区农业经济发展水平不一，因此发展低碳农业要在确保粮食安全的前提下，减少农业温室气体的排放，发展低碳农业应着眼长远，与农业经济发展水平相协调。

二是发展低碳农业要因地制宜，根据产业发展特色的不同制定相应的发展战略，例如巴西根据自身甘蔗产量高的优势大力发展乙醇燃料产业替代化石燃料，获得经济成果和低碳效益的双重收获。推进低碳农业的发展应根据地方优势和特色获取经济、社会、生态等多重收益，例如中国每年产生大量的作物秸秆，除了一小部分用于还田、基质化等资源化利用外，大部分被随意丢弃或者焚烧，造成大量直接碳排放。因此针对中国秸秆资源丰富且随意处置造成一系列环境问题的现状，应当加强秸秆的资源化利用，如利用秸秆发电、秸秆作基质等方式来提高秸秆的经济价值，变废为宝，减少资源浪费。

8.3　推进中国低碳农业发展的减排政策体系构建思路

推进中国低碳农业发展的减排政策体系是以实现农业经济发展与农业碳减排"双赢效应"为目标，依靠区域责任分摊、财政补贴制度、碳交易市场和政策保障措施等途径转变农业生产方式，实行资源消耗小、农业碳排放少的低碳农业生产方式，促进农业经济、社会、资源、环境及文化相互协调发展，满足粮食安全和农产品供给，形成将农业低碳化发展作为优化农业经济发展中各个行业领域发展的基础和手段的减排政策体系。

　　根据推进中国低碳农业发展的科学内涵与本质特征，农业减排政策体系的基本内容应包括五个方面，即："一个目标，两大考虑因素，四个重点，三大支撑系统，四大保障措施"（如图 8-1 所示）。"一个目标"即指实现农业经济发展与农业碳减排"双赢效应"是推进中国低碳农业发展的根本目标；"两大考虑因素"即农业碳减排政策制定应考虑产业差异及地理因素；"四个重点"即农业经济发展好、农业投入要素少、农业碳排放少、农业碳吸收多；"三大支撑体系"即指区域责任分摊机制、财政补贴制度和交易市场调节三大减排政策支撑体系；"四大保障措施"即推进立法进程、创新科技推广服务、优化农业产业结构、引导全民参与。

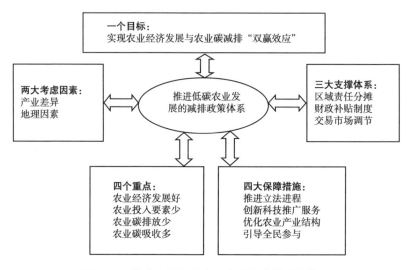

图 8-1　推进中国低碳农业发展的减排政策体系

8.4　推进中国低碳农业发展的减排
政策与保障措施

　　中国一向主张积极应对气候变化，履行负责任大国的义务，减少人为碳排放。中国到 2020 年的减排目标是碳排放强度在 2005 年的水平上降低 40% ~ 45%，到 2030 年比 2005 年降低 60% ~ 65%。碳减排单从技术上来看存在极大的难度，为了降低减排成本，《京都议定书》专门设定了"联合履行机制""清洁发展机制"和"国际排放交易"三种政策机制实现碳减排。中国是农业大国，研究数据显示农业碳排放占中国碳排放的 17%（董红敏，2008），且根据前文的研究结论，中国农业碳排放区域之间差异较大，减排的经济成本不一。因此，农业碳减排的政策设计不仅要着眼于整体碳排放的减少，也要关注区域间碳减排的合理性。农业碳减排是一项复杂的系统工程，不仅涉及经济发展方式、资源利用方式等方面，也涉及减排政策内部的设计、组织及构建等，具有较高的要求。国际通用的减排政策工具有碳税、低碳补贴以及碳交易等，由于碳税的实施主要是针对能源领域，且碳税的实施在短期内对经济具有一定的抑制作用，因此本文的农业碳减排政策设计主要从低碳农业补贴制度、碳交易等方面展开，而在此之前，需对农业碳减排进行区域责任分摊。

8.4.1　农业碳减排区域责任分摊机制的构建

中国幅员辽阔，无论从地形、土壤结构、水热条件等自然因素来看，还是从经济发展水平、人口数量、市场发育等社会经济条件来看，区域差异都较大。田云等（2014）对中国省域农业碳排放进行测算，得出 2012 年不同地区农业碳排放总量差异巨大，总体而言，传统农业大省是中国农业碳排放的主要来源，碳排放强度总体呈现西高东低的特征（田云等，2014）。吴贤荣等（2014）对中国农业碳排放效率的动态变化进行分析，指出东部地区农业碳排放效率处于持续改善的阶段，中部地区农业碳排放效率提升空间巨大，而西部地区长期处于恶化状态，且东、中、西部地区影响农业碳排放效率的因素相同。结合前文对农业碳排放影子价格的研究结论，区域之间农业减排的成本差异较大。基于中国地区间的巨大差异，落实中国农业碳减排的政策不应是一成不变的，而应该遵循"共同而有区别"的原则，兼顾碳减排的公平性和效率性，优先考虑区域发展特征，加强区域合作，最终建立起较为完善的省际农业碳减排责任分摊机制。

1. 华东、华南地区农业碳减排方向

中国华东地区及华南地区农业经济发展程度高，农业生产物资如化肥、

农药等投入相对合理，农业废弃物循环利用程度高等，且低碳农业技术应用相对较成熟，造成碳减排的成本相对较高。因此东部地区在农业碳减排中，应更多地承担资金和技术集约型农业碳减排项目，做好中国农业碳减排的"排头兵"，例如利用资金和技术优势对生物质能源的开发利用，大力推广新型秸秆发电等低碳化项目；华东、华南地区应主动向中西部地区输出减排技术和减排资本，激发中西部地区巨大的减排潜力；华东、华南地区应与国际先进地区进行更多低碳农业发展的交流，引进和学习其先进的低碳农业技术和管理方式，并向中西部地区扩散。

2. 东北、华中地区农业碳减排方向

东北地区及华中地区农业大省分布较多，承担粮食生产的重任，但同时也属于农业碳排放较多的地区，例如黑龙江、河南、湖南、湖北等地属于农业碳排放较多的省份，但减排成本相对西北、华北等地区较低。故东北、华中地区在农业碳减排中，应承担更多的实际的农业减排责任，兼顾保证粮食产量和促进低碳农业发展。首先，立足于实际农业生产活动中进行碳减排，例如农业物资投入选择低碳含量的农药和化肥，日常管理中更加注重对具有节能减排属性的资源的利用，不断提高具有碳排属性资源的利用率；其次，充分利用秸秆等生物质资源丰富的条件，重点发展清洁能源产业，提高农业废弃物的循环利用率；最后，做好农业产业结构的升级，发展生态农业、绿色农业等新型农业模式。

3. 华北、西南及西北地区农业碳减排方向

中国华北、西南及西北等地区由于自然条件相对较差，交通相对落后，市场发育不完善等，农业发展也相对落后，农业碳排放的总量相对全国来说不多，但碳排放强度却较高，减排成本处于较高水平，即属于"高强度－高成本"地区。因此，这些地区应承担发展农业经济与碳减排的双重任务。具体而言，一是要加大对华北、西南及西北地区发展农业经济的政策支持，从技术、资金和人才等方面加大对扶持，改变华北、西南及西北地区农业积贫积弱的现状；二是转变华北、西南及西北地区目前粗放式的农业发展方式，向集约化的农业发展模式转变；三是重点保护脆弱的生态环境，做好华北、西南及西北等地区的乡村振兴工作，提高农业可持续发展能力，将减排与增

收有机结合。

8.4.2　考虑低碳因素进行农业补贴制度改革

补贴制度通常是政府对市场上处于弱势地位但未来发展对国家具有重要意义且需要大力推广的产业或主体进行直接或间接的资金补助，例如种粮补贴。低碳农业补贴制度是国家依靠财政对从事低碳农业行为的农户或者企业实施的直接补贴和间接补贴。实施低碳农业补贴的目的主要有两个：一是通过直接增加从事低碳农业的企业和个人的收益来引导和鼓励其低碳行为，例如对低碳农产品的补贴；二是通过减少从事低碳农业的企业和个人的成本来提升低碳农业的竞争力，例如对低碳农业技术的补贴。

1. 建立健全农业生产环节的低碳补贴制度

农业生产环节包括农产品从投入到产出的全过程，该过程包含农业物资的投入、日常生产管理和产出。从农业物资投入的角度看，低碳补贴主要以对物资的补贴，即对于低碳含量的优良作物品种、农药、化肥、节能型农机具等物资进行价格补贴销售，使其售价不高于高碳含量的农业物资或者售价略高但在农户能够接受的范围内，以此来鼓励农户使用低碳含量的农业物资或者节能型农机用具；从日常农业生产管理的角度看，低碳补贴主要对日常低碳生产技术及管理方式进行补贴，例如对大力推广测土配方施肥技术进行补贴，能够提高肥料利用率、减少碳排量，又如对耕地实行科学合理的免耕少耕管理进行补贴，以此增强土壤固碳能力等，加大对低碳农业技术研发和低碳示范农户的补贴力度，形成综合示范效应；从农业产出的角度看，低碳补贴制度主要表现为对农产品收获方式的补贴，即对节能型收获方式给予补贴，促进全过程低碳生产。

2. 建立健全农产品消费环节的低碳补贴制度

本书界定的农业碳排放主要来源生产环节的温室气体排放，直接控制生产环节的温室气体排放固然重要，但亦不能忽视农产品消费环节的温室气体排放，根据经济学的供需理论，市场需求影响供给，故积极引导农产品消费方式低碳化对农业生产低碳化具有促进作用。农产品从田间地头到生活餐桌经历从被生产到被消费的过程，建立健全农产品的碳标签制度能够清楚界定农产品及与其有关的服务在此过程的碳排放量，在此基础上对低碳的农产品在销售价格上进行补贴，一方面可直接提高产品在国内与其他非低碳农产品的竞争力以及在国际市场上与其他国家低碳农产品的竞争力，另一方面可激励生产农产品的农户进行低碳化生产。为此，需要建立农业碳标签相应的国家标准，方便统一对农产品从生产到消费过程中的碳排放进行核算和计量，这也是进行低碳补贴的基础工作之一。

3. 加大生物质能源补贴力度

除了对农产品生产和消费的低碳行为进行补贴外，对农村生物质能源的补贴亦是减排的重要途径。中国生物质能源重点规划的三个方面为农户生活用沼气、农作物秸秆能源化利用和能源作物。以秸秆为例，中国每年产生秸秆超过 8 亿吨，对其利用不当对环境是巨大的考验，而利用得当可转化为有力的减排工具。研究表明，8.486 亿吨秸秆中，可收集利用的达 6.4 亿吨，而在可利用的秸秆中，除去传统的还田、作生活燃料和作饲料等用途，可资源化利用的秸秆达 1.5 亿吨（崔蜜蜜等，2016）。秸秆资源化利用对减排的意义在于：一是直接减少对秸秆不合理利用（如随意丢弃、直接焚烧等）带来的农业碳排放，二是对传统能源的替代作用（如秸秆发电项目等）从而间接减少碳排放。加大对生物质能源的补贴应着重从补贴的主体、依据、标准和方式等方面开展。研究制定相关政策，运用市场化的产业机制激励其发展，持续加大对其资金投入。对秸秆发电、秸秆气化以及秸秆燃料乙醇生产给予适当的经济补贴，对秸秆综合利用企业和个人给予信贷支持，鼓励社会资本进入秸秆生态化利用项目，给予税收优惠的补偿。完善秸秆发电等生物质能源的价格政策。

8.4.3 推进农业碳排放权交易市场的发展

农业碳交易是指交易双方或者多方通过签订合同等方式，其中一方以技术或资本为筹码来交易另一方的农业温室气体减排指标，在此种交易模式中，农业碳排放权被视为一种可买卖的商品，购买方通过交易获得减排额从而完成减排的义务（周宏春，2009）。碳交易存在的核心源于强制性规则的减排要求，即在对碳排放进行总量控制的前提下，设置灵活的交易机制，提升减排的效率。不同国家、地区之间由于技术水平、人力资源等差异的存在，碳减排成本形成鲜明对比，从而产生了碳交易市场。自《京都议定书》对具体减排任务进行强制性规定以来，碳交易逐渐成为具有时代特质的实现环境管理的工具。世界上目前已建立起的碳交易市场有欧盟碳交易市场、芝加哥碳交易市场、伦敦碳交易市场等。

中国作为世界上最大的发展中国家和负责任的大国，从人类可持续发展的高度出发，自觉承担减排任务，积极推动碳交易市场的发展。2011 年起，在国务院的推动下，北京、天津、上海等 7 省份逐步开展碳交易的试点工作，不断探索碳交易的制度设计、约束机制和分配机制等。发展到 2016 年底，福建碳排放权交易市场初步建成，并于 2017 年启动运行全国碳排放权交易市场。现阶段，碳交易市场在国内仍然处于起步阶段，交易市场比较集中，主要包括能源、交通等大型能源消费的领域，而农业碳排放权尚未纳入配额交易体系，仅能参与国家自愿核证减排量（CCER），减排的效率有待提升。一方面，中国农业碳排放量基数较大，碳排放权纳入配额交易系统对减排意义重大；另一方面，中国农业碳吸收体量和潜力巨大，加入碳交易市场不但能有利于进一步推进中国碳市场交易的发展，还能促进市场主体减排增汇积极性。结合欧美发达国家碳交易市场建设，依托国内现有的八大碳排放权交易市场基础，我国需从以下两个方面着重推进农业碳交易的不断发展。

1. 依托现有市场逐步完善农业碳交易市场建设

中国碳交易市场的建设不可能一蹴而就，根据欧美发达国家的经验，碳交易市场的建立和完善应当拥有健全的法律体系和完善的协调监管机制，建立过程应当分阶段、循序渐进，在市场条件不成熟的起步阶段应该是自愿性交易市场，等到市场条件成熟时逐步向强制性减排市场过渡。要积极促进相关市场准则的建立，将农业纳入碳排放权交易市场。新西兰、美国已通过一定法律保障措施将农业纳入碳排放权交易市场，欧盟虽然暂未将农业纳入，但对农业减排提出了单独的目标。具体而言，促进农业碳交易市场建设，一是要建立起相关的法律保障机制，充分保障农业碳排放权交易有法可依，用法律保障相对公平的交易环境；二是要适当保持政府的调控和监管力度，对碳排放额进行较为合理的分配，积极引导企业参与碳交易，在初期鼓励大企业参与自愿性减排交易，形成对中小企业的带动作用，待交易规模具备一定的条件可实施强制性减排，推动碳交易市场的发展；三是构建有效的惩罚机制，对于温室气体排放超标的相关主体给予严厉惩罚，如对其在金融市场准入上作出限制；四是逐步发挥市场对碳排放权交易的基础性调节作用，政府对其调控主要体现为初期建设的扶持作用以及对交易主体违反规则的惩罚作用，不能取代市场的基础性作用，要逐步推进碳排放权产权的清晰界定，这是市场化交易的基础。

2. 实现农业碳交易与农村扶贫有效结合

农业作为中国的基础产业，目前涉及的碳交易项目较少，结合农业发展的现状可知，中国农业减排增汇的潜力巨大；但中国农业的基础仍然较为薄弱，农村地区贫困是中国贫困的主要表现形式。农业碳交易目的是实现减排，而农民积极参与减排在农村地区取得成效的关键。参考世界银行社区发展碳基金的做法，中国农业碳交易与农村扶贫的结合点表现为利用农业生产或者生物能源资源化利用的巨大减排空间创造出可交易的减排额，将其在碳交易市场上出售成立碳基金，根据农民参与减碳工作程度给予不同的经济补偿，农民获取收益会激励其更积极参与碳交易项目。在保障农业碳排放交易主体利益的同时，确保农业减排项目收益率，利用农业碳吸收特性，将碳汇同时纳入碳交易市场可以进行风险补偿，以调动农业减排增汇积极性。据此，农业碳交易和乡村振兴结合的关键政策设计在于：第一，将农村减排工作项目化，重点发展如农业清洁生产工程、秸秆气化项目、秸秆发电项目等便于有效对减排量进行度量的项目，鼓励农民积极参与其中；第二，实现减排额在市场上交易，由政府设立农业碳交易基金；第三，碳交易基金按照农民参与低碳项目程度对其进行经济补偿。

8.4.4　推进低碳农业发展进程的保障措施

"十三五"规划提出了要积极应对全球气候的变化，在农业领域主要表现为减排与增汇并重，促进农业低碳化发展。农业低碳发展则强调了多重目标的实现，在追求提升农业经济效率的同时，关注资源消耗低和温室气体排放少等多重指标，以实现农业经济发展与资源环境保护的"双赢"，进而推进整个社会的低碳化发展。发展低碳农业是一个长期的过程，要紧密结合中国农业发展的实际情况，有计划、有步骤、有保障地推进，走中国特色的低碳农业发展之路，具体措施主要从政策法规、技术体系、产业结构以及社会宣传等方面入手。

1. 出台低碳农业战略规划，推进低碳农业立法进程

良好的规则与制度会带来有效率的、增长迅速的、生活水平不断提升的社会环境。分析国外低碳农业发展的经验发现，先进国家或地区均出台了相关的发展战略规划，如美国的《气候变化技术战略计划》、欧盟的《欧盟2000 年议程》等，结合中国低碳农业发展的特点，应适时推出相关发展战略和规划，通过以政府工作目标的形式确定下来，从而通过经济政策、产业政策、环境政策等各方面政策措施促进低碳农业的不断发展。

相比政策措施的灵活性，法律法规更具强制性，实施的成本更大，在低碳农业发展的初级阶段出台相关激励或约束政策更有利于其正确发展，而从低碳农业的长远发展看，势必要推进其立法进程，方能做到有法可依。因此现阶段要积极总结政策措施施加于低碳农业的效果，为将来低碳农业立法提供相关的依据。

2. 突出低碳技术的支撑作用，创新科技推广服务

一是积极构建基于技术支撑的农业产业低碳化发展模式，应依托现有的各级农业科技研发单位，加大对低碳化农业技术的研发投入，增强中国技术的自主创新能力，提供更多优质的低碳技术。一方面，在加大低碳农业科技研发投入的基础上，学习和借鉴国外先进经验，结合中国的实际情况，有针对性地研发一批符合小农分散经营特点的清洁、无污染、低碳、绿色、高效的农业生产技术，以满足农业产业低碳化发展的技术需求；在种植业方面，加快研发高效、环保的生物肥技术，借助生物育种技术，研发出更多抗疫抗病、产品安全的、低投入、低排放、高产出优良农作物品种。

二是建立适当的激励机制，充分调动农业科技工作者的力量，搭建有利于推进各地各类低碳农业生产技术交流与合作的平台。加强低碳农业技术推广服务体系建设，注重低碳农业技术推广渠道的多元化发展。应在利用电

视、广播、报纸等传统媒体的基础上，充分发挥互联网等现代信息技术传播手段，构建形式多样、内容丰富、立体交叉的低碳农业技术传播网络同时，深入实地调研，了解和收集农民在技术推广方面的需求与问题，实现技术供求之间的有效对接，创造出更多、更新、更有效的低碳农业技术推广方法和手段。

3. 优化农业产业结构，提高低碳农业组织化水平

长期以来，中国对农业的关注主要集中在种植业，核心是粮食产量，导致农业发展过于关注粮食的产量而忽视农业的多层次发展。要在保障粮食安全的前提下，更加注重农业多功能的开发，促进农林牧渔全面协调发展。重点突出现代低碳生态农业示范园的创建，引导农业朝以观光农业、休闲农业、立体农业等为特色的综合农业方向发展。

农业合作化是协同分散经营户提高低碳化水平的必由之路。近年来，中国农民合作组织发展成效显著，在推动低碳农业向前发展中产生了良好的辅助作用。而提高组织化水平一方面要加强专业合作社人才队伍的建设，锻炼出一批有能力的人才，推动低碳农业的发展；另一方面要规范合作社内部管理制度，进一步加强管理队伍建设，帮助合作社做好发展规划，将低碳效率作为一个重要的考核标准。

4. 促进产业间减排政策平衡发展，引导全民参与

目前整个经济朝着低碳化的方向发展，"低碳"一词逐渐融入公众的生产、消费与日常生活中，但现阶段公众对低碳以及减排等概念的理解大多停留于工业领域，而相比工业碳排放，农业碳排放问题的公众关注度与减排行动的参与度均不高，应充分利用现阶段工业反哺农业的相关支持政策的契机，引导公众更多关注农业碳排放问题，从而参与到低碳农业生产的行动中来。首先，政府要适当平衡低碳工业资源与低碳农业资源的投入，在促进农业与工业协同减排的同时，应充分发挥农业碳吸收的特殊功能，促进减排进入良性循环；其次，利用现代化的传播媒介对低碳农业进行宣传，例如在微信、微博等公众高度参与的社交媒体上广泛传播农业节能减排的科学知识，提高公众对低碳农业的认知程度；最后，强化低碳农业的减排责任制度，以政府为第一减排责任人，做好自身的减排工作，引导和带动全社会参与低碳

农业的社会实践活动。

8.5　本章小结

　　本章主要阐述了低碳农业发展的国际经验、对中国的启示和推进中国低碳农业发展的政策体系构建。其中，低碳农业发展国际经验分为发达国家的经验和发展中国家发展低碳农业的亮点，发达国家低碳农业取得显著成效的原因在于先进的农业技术体系和富有成效的管理模式，而发展中国家发展低碳农业更注重从本国的农业产业的优势和特色出发。根据国外低碳农业发展的经验得出中国发展低碳农业启示：一是注重对政策制度的设计；二是注重对低碳农业技术的投入力度；三是提升民众的低碳意识；四是综合考虑经济发展水平以因地制宜。在此基础上，提出"一个目标，两大考虑因素，四个重点，三大支撑系统，四大保障措施"的基本思路，从区域责任分摊、财政补贴制度、碳交易市场和政策保障措施等多方面着手，系统构建推进中国低碳农业发展的减排政策体系：（1）构建农业碳减排区域责任分摊机制，遵循"共同但有区别"的原则，严忌搞"一刀切"，分别指出东中西部减排政策的方向；（2）考虑低碳因素进行农业补贴制度改革与创新，包括建立健全农业生产环节的低碳补贴制度以及农产品消费环节的低碳补贴制度，加大对生物质能源补贴力度；（3）推进农业碳交易市场的发展，完善农业碳交易市场建设基础与条件，实现农业碳交易与农村扶贫有效结合；（4）推进中国低碳农业发展进程的政策保障措施包括出台低碳农业战略规划，推进低碳农业立法进程；（5）突出低碳技术的支撑作用，创新科技推广服务；（6）优化农业产业结构，提高低碳农业组织化水平；（7）促进产业间减排政策平衡发展，引导全民参与减排实践。

第9章 研究结论与展望

在本书前八章明确选题缘起和理论框架的基础上，本章以"效率测度→成本核算→政策设计"的逻辑主线，将农业碳排放和农业碳吸收等生态环境因素引入传统的农业经济效率核算分析框架，系统性分析中国低碳农业发展问题。一方面，从微观视角出发，估算农户低碳生产效率，探究农户低碳行为对农户低碳生产效率的影响效应；另一方面，从宏观动态视角出发，测定不同省域低碳农业效率，分析宏观低碳约束及低碳激励政策对低碳农业效率的影响效应。在此基础上，引入经济学中的影子价格思想对农业碳排放边际减排成本进行估计，探究农业碳排放分布动态趋势。最后，在总结国外低碳农业发展经验的基础上，从行政措施、财政手段、市场调节和政策保障措施等多方面系统探讨实现农业碳减排的路径选择与推动低碳农业发展进程的政策设计。作为全书的终结，本章将全书的基本结论进行归纳和总结，提炼研究核心观点；同时，在本书的基础上，对下一步研究方向进行展望。

9.1 研究结论

本书经研究得出以下几点结论。

（1）从微观视角看，农户低碳生产效率整体偏低，资本要素投入与碳排放产出冗余率较高是导致效率低下的重要原因；参与农业清洁生产工程等农户低碳行为对低碳生产效率具有显著正向促进效应。

运用 SBM 模型测算农户低碳生产效率，考察无效率决策单元的投入要素冗余率，并将低碳生产效率与传统生产效率进行比较分析；进一步基于倾向得分匹配方法，探究低碳参与行为对农户低碳生产效率的影响效应，得到以下三个结论。

其一，农户低碳生产效率较低，平均值为 0.4900，表明在维持现有技术和投入水平下，如果能够提高生产技术效率，农业产出仍有 51.00% 的提升空间；样本间差异性较大，约 58.63% 的样本农户低碳生产效率值在 0.5 以下，仅有 14.92% 的农户低碳生产效率值大于 0.7，大多数农户的效率值介于 0.3~0.6 之间。与最优决策单元相比较，资源过度消耗和农业碳排放产量高均是农户低碳生产效率低下的重要原因，其中，投入要素中资本投入冗余率最高，为 -6.37%，其次为劳动力和土地投入。

其二，通过传统生产效率与低碳生产效率的对比分析发现，低碳生产效率得分均值（0.4900）小于传统生产效率得分均值（0.5078），表明以往忽视农业碳排放、碳吸收的环境约束因素会高估农户的生产效率。进一步，依据低碳生产效率与传统生产效率得分值的大小进行分类，结果显示，占总样本量的 69.65% 的农户均属于高碳型，仅有 25.37% 的样本属于低碳型，此外，少量农户的低碳生产效率等于传统生产效率，属于均衡型。

其三，参与低碳减排工程对农户低碳生产效率具有显著的正向影响，但在控制了样本选择性偏误等问题之后，秸秆禁烧与综合利用工程、农机节能升级工程对低碳生产效率的正向影响不再显著，而参与农业清洁生产工程对低碳生产效率的正向影响依然显著但提升效应明显缩小。具体而言，参与农业清洁生产工程的农户比未参与农业清洁生产工程的农户其低碳生产效率高出 9.90%；对于已经参与农业清洁生产工程的农户而言，该参与行为使得其低碳生产效率提高了 8.75%；对于未参与农业清洁生产工程的农户而言，若参与农业清洁生产工程，将会使得其低碳生产效率提高约 7.89%。

（2）从宏观视角看，中国低碳农业效率增长速度缓慢，其对农业规模技术进步和纯技术效率改善的依赖性较大；邻近省份低碳农业发展存在一定的空间集聚效应。

借助低碳农业效率 GML 指数及其分解指数，从宏观层面对中国低碳农业效率进行评价，并建立空间计量模型对低碳农业效率的影响因素进行估计，主要结论有三个。

其一，中国低碳农业效率增长总体偏慢，年均增速仅为 0.49%，主要依赖于前沿技术进步和技术效率改善的双重驱动效应，在进一步分解指数中，规模技术进步和纯技术效率的改善年均贡献率较高，分别为 0.59% 和 0.37%；规模效率和纯技术进步指数处于轻微恶化态势，年均递减率分别为 0.20% 和 0.27%，存在一定提升空间；通过传统农业生产效率与低碳农业生产效率的对比分析发现，低碳农业效率指数（1.0049）小于传统农业效率指数（1.0078），但低碳农业效率年均增长率（0.51%）大于传统农业生产效率年均增长率（0.23%）。

其二，从空间计量结果来看，中国低碳农业效率在各省域之间存在着一定关联特征，各省低碳农业效率表现出显著的空间自相关关系；同时，中国各省的低碳农业效率分布呈现出明显的空间分块结构，中部、西部地区大部分省份的空间属性均为"低-低"集聚，而华北地区则更多地表现为"高-高"类型，有少数省份属于"低-高"或"高-低"集聚类型；地理因素对中国低碳农业效率具有显著的正向影响，邻近地区间的低碳农业效率存在着空间依赖性。

其三，影响因素方面，对外开放程度与低碳农业效率有显著的正相关关系，进一步提倡对外贸易将有利于提升中国低碳农业效率，实现农业经济和低碳发展的双赢；目前中国仍然处于低碳农业效率和农村居民收入水平"U"型关系的左半段，低碳农业效率将会随着农村居民收入水平的提高而继续呈现下降趋势；城乡差距的不断扩大将会带来低碳农业效率的降低，进一步缓解城乡收入差距的扩大有利于提升低碳农业效率；农业财政支持力度越大，低碳农业效率反而越低，有必要对现有农业财政支持政策进行结构、形式等方面的改革；在其他条件保持不变的前提下，农作物受灾程度越高，低碳农业效率越低。

（3）低碳规制手段与低碳农业效率之间具有明显的非线性关系，增汇约束手段、财政支农政策和农业补贴政策对低碳农业效率提升的影响均显著存在基于排放强度约束的"门槛效应"。

采用门槛面板模型分别模拟低碳约束与低碳激励对低碳农业效率的影响效应，并根据门槛区间标准进行省级分组讨论，得到以下三个结论。

其一，排放强度约束手段能够有效促进低碳农业效率的提升，但并不意味着排放强度约束力度越大越好，增汇约束的低碳促进效应显著存在基于排放强度约束的"单一门槛效应"，当农业碳排放强度低于门槛值 0.4970 时，增汇约束对低碳农业效率提升的负向影响并不显著；当农业碳排放强度大于门槛值 0.4970 时，增汇约束对低碳农业效率提升的影响效应显著正，此时同时采取增汇约束将会显著促进低碳农业效率的提升。

其二，财政支农和农业补贴两种低碳激励政策对低碳农业效率提升的影响效应在一定程度上受到农业碳排放强度的影响。其中，财政支农政策的低碳促进效应显著存在基于排放强度约束的"单一门槛效应"，当农业碳排放强度高于门槛值 1.7344 时，财政支农政策对低碳农业效率提升产生显著负面影响，表明在排放强度越高的地方，财政支农政策越不利于低碳农业效率的提升；农业补贴政策的激励作用对低碳农业效率提升产生显著正向影响，即补贴力度越强，对低碳农业效率的正向促进效应越大，但两者之间并非简单的线性关系，补贴政策的低碳促进效应显著存在基于排放强度约束的"双门槛效应"，当农业碳排放强度介于 0.4554 与 1.7344 之间时，补贴政策的激励强度增加对低碳农业效率提升的平均边际效应最大。

其三，从农业碳排放强度的省份划分来看，中国大部分省份均位于中高强度约束区域，这些省份在低碳约束和低碳激励政策等各类低碳环境规制手段的组合配套使用工作方面卓有成效，各类低碳规制手段的优点均能够得到有效发挥。总之，不建议单独使用单项约束或激励手段，而应"因区施策"，以排放强度约束为主的同时避免过度依赖排放强度约束，适当放弃财政支农的政策激励方式，积极采用增汇效应约束和农业补贴等激励方式的配套使用；根据不同地区发展特征分别选择单边突破式、扬优补劣渐进式和短期积蓄的跨越式等不同低碳发展路径。

（4）中国农业碳排放的影子价格估计值省域差异较大，平均值为 67.71 元/吨（合约 10.19 美元/吨）；碳减排行动将造成农业部门的资源配置存在一定效率损失，但损失部分越来越小。

在构建含有期望产出与非期望产出农业经济核算框架的基础上，利用方向距离函数估算 1993 ~ 2015 年中国 31 个省份的农业碳排放边际减排成本，并讨论减排成本分布动态趋势，探究农业种植结构对边际减排成本的影响，可得出以下主要结论。

其一，农业碳排放的影子价格估计值在 6.62 ~ 551.05 元/吨，平均值为 67.71 元/吨（合约 10.19 美元/吨），且农业碳排放边际减排成本值在不同省份的差异较大，若实行碳减排行动将造成农业部门的资源配置存在一定效率损失。其中，青海、北京、西藏、天津、宁夏、上海、海南等省份的边际

减排成本较高，分别为 551.05 元/吨、224.63 元/吨、287.58 元/吨、176.59
元/吨、136.78 元/吨、127.25 元/吨、81.46 元/吨，而江苏、安徽、江西、
山东、河南、湖北和湖南等地区的边际减排成本相对较低。

其二，从农业碳排放影子价格的核密度曲线来看，随着时间推移，影子
价格核密度曲线的峰值明显增大，表明农业碳减排成本的区域分布随时间变
得越来越高度集中，碳减排成本地区差异在样本考察期内呈现较为明显的缩
小趋势，说明由于低碳约束造成的农业部门资源配置所存在的效率损失部分
越来越小。农业碳排放影子价格 1995 年的核密度分布相对分散，在 25.26
元处达到峰值，随着时间的推移，其分布变得更加集中，表明实行农业碳减
排所需要付出的经济成本浪费部分在减少，到 2015 年，每减少一吨农业碳
排放所需损失的市场价值成本平均值降至 18.94 元。

其三，种植结构是导致农业碳减排成本区域差异的重要影响因素之一。
水稻增长比例每下降 1 个百分点，将导致农业碳减排成本值增加约 0.31 个
百分点；同时，为克服"设定误差"而用非参数方法对种植结构与农业碳减
排成本进行回归，估计结果进一步验证了种植结构对农业碳减排成本的负向
影响作用。表明，水稻播种面积在粮食播种总面积中所占比重越高，实现农
业碳减排目标所要付出的经济成本将越低，由于水稻主产区的减排难度更相
对较小，可以通过调整和优化农作物种植结构来降低农业碳减排成本。

（5）推进中国低碳农业发展的减排政策设计应从构建农业碳减排区域责
任分摊机制、考虑低碳因素进行农业补贴制度改革与创新、推进农业碳交易
市场发展等多方面着手，同时完善推进低碳农业发展进程的政策保障措施。

通过对发达国家低碳农业发展先进经验和发展中国家发展低碳农业的亮
点的归纳，发现发达国家先进的农业技术和管理模式是低碳农业发展的关
键，而发展中国家发展低碳农业更注重从本国的农业产业的优势和特色出
发。根据国外低碳农业发展的经验得出对中国发展低碳农业的启示：一是注
重对政策制度的设计；二是注重对低碳农业技术的投入力度；三是提升民众
的低碳意识；四是综合考虑经济发展水平以因地制宜。在此基础上，提出
"一个目标，两大考虑因素，四个重点，三大支撑系统，四大保障措施"的
基本思路，从区域责任分摊、财政补贴制度、碳交易市场和政策保障措施等
多方面着手系统构建推进中国低碳农业发展的减排政策体系：构建农业碳减
排区域责任分摊机制，遵循"共同但有区别"的原则，严忌搞"一刀切"，

分别指出东、中、西部减排政策的方向。考虑低碳因素进行农业补贴制度改革与创新，包括建立健全农业生产环节的低碳补贴制度以及农产品消费环节的低碳补贴制度，加大对生物质能源补贴力度。推进农业碳交易市场的发展，完善农业碳交易市场建设基础与条件以及实现农业碳交易与农村扶贫有效结合。推进中国低碳农业发展进程的政策保障措施包括出台低碳农业战略规划，推进低碳农业立法进程；突出低碳技术的支撑作用，创新科技推广服务；优化农业产业结构，提高低碳农业组织化水平；促进产业间减排政策平衡发展，引导全民参与减排实践。

9.2　研究不足与展望

本书深入分析中国农业低碳农业发展的效率及减排成本问题，力求全面，但研究数据存在一定局限和笔者学术水平有限，使得本书具体存在以下几点不足。

在非期望产出农业碳排放量的测算上，本书虽然在前人测算农业生产物资投入所引发的碳排放、农作物生长过程所产生的温室气体排放的基础上，还考虑了农作物秸秆焚烧所引发的温室气体排放，但仍然存在一些有待完善的地方。主要体现为：一是在计算过程中，由于数据条件限制，仅考虑了水稻、玉米和小麦三类主要农作物秸秆焚烧所产生的二氧化碳和一氧化碳气体排放，事实上，豆类、油菜、花生、向日葵、棉花、薯类、甘蔗、瓜类和其他蔬菜类等众多农作物均会产生大量的秸秆，但由于草谷比系数的参考资料有限，且水稻、玉米和小麦是我国秸秆产量的主要来源，故暂时仅考察了这三类主要作物秸秆燃烧碳排放；二是水稻、玉米和小麦三类作物草谷比系数来源于国家发展和改革委员会公布资料及前人研究成果整理而得，虽然对地区因素有所区分，分别考虑了华北、东北、华东、华中、华南、西南、西北七大地区的草谷比系数差异，但未能细化到具体省份，在一定程度上影响了秸秆焚烧引发碳排放核算的准确性。

在微观角度定量分析与评价农户低碳生产效率时，农户低碳生产效率计算的投入产出变量选取方面，由于农业生产投入变量多而杂、调研对象假想偏差等问题，调研中不可避免地会存在考虑不周全的情况，很难精确涵盖农户生产的所有要素。虽然在农户调查过程中，我们做了很多工作，包括对调查人员进行培训、为被调查农户准备礼品等，尽可能地降低调查方式偏差、调查者偏差、农户假想偏差以及策略性偏差，以保证调查结果的准确性，但依然不可避免地出现农户低报收入而高报投入的现象，从而导致农户低碳生产效率被低估的情况。此外，在农户生产碳排放清查过程中，虽然尽可能全面地涉及化肥、农药、农膜、农用柴油以及灌溉耗电等各类碳源因素，但对于这些物资投入的使用量，农户并不能精确衡量而是进行粗略估计，这也在一定程度上影响了效率评价结果的准确性。

在分析农户低碳参与行为对其低碳生产效率的影响时，解释变量涉及面较窄，仅用了三类低碳减排工程的采用情况来作为农户低碳行为的替代变量，受制于问卷设计和调查数据，不能全面分析农户参与各类低碳减排工程的情况，表现为第 4 章仅仅考察了秸秆禁烧与综合利用工程、农机节能升级工程和农业清洁生产工程三类低碳减排工程的参与情况，且从实证结果来看，农户参与不同减排工程对其低碳生产效率的影响效应不一样，因此，仅以这三类低碳减排工程为例难以全面把握农户低碳采用行为对其低碳生产效率的影响效应。事实上，除了上述三类低碳减排工程之外，国家大力推行的还有多种与低碳农业相关的减排技术或减排项目，例如农村沼气建设、农村扶贫光伏下乡和农村太阳能热水器入户等，在未来研究中可以多加验证。

第四，本书所提出的农业碳减排政策及促进低碳农业进程的保障措施中虽使用了"机制""体系"一类的词，但严格来说，本书政策设计框架的构建并不成熟，也不够系统，有待进一步深化和细化，尤其要强化政策探讨与实证分析的协调统一。本书虽对中国低碳农业效率、减排成本等问题进行了系统研究，但提出的政策建议有待进一步完善：一是对参与农业碳减排主体间相互之间的影响关系分析不够，因此有必要借助博弈分析，找出多方利益平衡的契合点，以进一步完善减排政策的多方面合作体系；二是政策探讨不够深入和具体，与前文的实证研究结果联系紧密度不够，未能与实证部分形成较好的衔接。为此，笔者在今后的研究中将努力进行进一步的探索和提升。

参 考 文 献

[1] 曹国良，张小曳，王丹等．秸秆露天焚烧排放的 TSP 等污染物清单 [J]．农业环境科学学报，2005，24 (4)：800 - 804．

[2] 曹国良，张小曳，郑方成等．中国大陆秸秆露天焚烧的量的估算 [J]．资源科学，2006 (1)：9 - 13．

[3] 曾大林，纪凡荣，李山峰．中国省际低碳农业发展的实证分析 [J]．中国人口·资源与环境，2013，23 (11)：30 - 35．

[4] 曾大林，陈建国，徐友全．资源约束下的中国各省区建筑业生产效率测算 [J]．统计与决策，2015 (9)：129 - 132．

[5] 查建平，唐方方，别念民．结构性调整能否改善碳排放效率？——来自中国省级面板数据的证据 [J]．数量经济技术经济研究，2012 (11)：18 - 33．

[6] 陈红兵，卢进登，赵丽娅等．循环农业的由来及发展现状 [J]．中国农业资源与区划，2007 (6)：65 - 69．

[7] 陈罗烨，薛领，雪燕．中国农业净碳汇时空演化特征分析 [J]．自然资源学报，2016，31 (4)：596 - 607．

[8] 陈茹，王兵，卢金勇．环境管制与工业生产率增长：东部地区的实证研究 [J]．产经评论，2010 (2)：74 - 83．

[9] 陈诗一．工业二氧化碳的影子价格：参数化和非参数化方法 [J]．世界经济，2010，33 (8)：93 - 111．

[10] 陈舜，逯非，王效科．中国氮磷钾肥制造温室气体排放系数的估算 [J]．生态学报，2015，35 (19)：6371 - 6383．

[11] 陈中督，吴尧，逯晋松等．湖南省双季稻生产系统碳效率 [J]．应用生态学报，2015，26 (1)：87 - 92．

[12] 崔蜜蜜，蒋琳莉，颜廷武．基于资源密度的作物秸秆资源化利用潜力测算与市场评估 [J]．中国农业大学学报，2016 (6)：117 - 131．

［13］戴小文，何艳秋，钟秋波．基于扩展的 Kaya 恒等式的中国农业碳排放驱动因素分析［J］．中国科学院大学学报，2015（6）：751 –759.

［14］邓明君，邓俊杰，刘佳宇．中国粮食作物化肥施用的碳排放时空演变与减排潜力［J］．资源科学，2016，38（3）：534 –544.

［15］董红敏，李玉娥，陶秀萍等．中国农业源温室气体排放与减排技术对策［J］．农业工程学报，2008（10）：269 –273.

［16］杜江，王锐，王新华．环境全要素生产率与农业增长：基于 DEA-GML 指数与面板 Tobit 模型的两阶段分析［J］．中国农村经济，2016（3）：65 –81.

［17］段华平，张悦，赵建波等．中国农田生态系统的碳足迹分析［J］．水土保持学报，2011，25（5）：203 –208.

［18］段庆锋．我国省域全要素碳排放效率比较研究——基于 Malmquist 指数分解方法［J］．技术经济，2012（2）：68 –74.

［19］范定祥，廖进中．农业源碳减排的进化博弈分析［J］．统计与决策，2011（1）：40 –42.

［20］方精云，郭兆迪，朴世龙等．1981 –2000 年中国陆地植被碳汇的估算［J］．中国科学：地球科学，2007，37（6）：804 –812.

［21］方精云，刘国华，徐嵩龄．我国森林植被的生物量和净生产量［J］．生态学报，1996，16（5）：497 –508.

［22］丰雷，蒋妍，叶剑平等．中国农村土地调整制度变迁中的农户态度——基于 1999 ~2010 年 17 省份调查的实证分析［J］．管理世界，2013（7）：44 –58.

［23］葛继红，周曙东．环境友好型技术对水稻种植技术效率的影响——以测土配方施肥技术为例［J］．南京农业大学学报（社会科学版），2012（2）：52 –57.

［24］国家发展改革委应对气候变化司．2005 中国温室气体清单研究［M］．北京：中国环境科学出版社，2014.

［25］韩海彬，赵丽芬．环境约束下中国农业全要素生产率增长及收敛分析［J］．中国人口·资源与环境，2013（3）：70 –76.

［26］韩鲁佳，闫巧娟，刘向阳等．中国农作物秸秆资源及其利用现状［J］．农业工程学报，2002，18（3）：87 –91.

[27] 何浩然, 张林秀, 李强. 农民施肥行为及农业面源污染研究 [J]. 农业技术经济, 2006 (6): 2-10.

[28] 侯彩霞, 赵雪雁, 文岩等. 不同生计方式农户的碳足迹研究——以黑河流域中游张掖市为例 [J]. 自然资源学报, 2014, 29 (4): 587-597.

[29] 胡向东, 王济民. 中国畜禽温室气体排放量估算 [J]. 农业工程学报, 2010, 26 (10): 247-252.

[30] 黄祖辉, 米松华. 农业碳足迹研究——以浙江省为例 [J]. 农业经济问题, 2011 (11): 40-47, 111.

[31] 姜天龙. 吉林省农户粮作经营行为和效率的实证研究 [D]. 吉林农业大学, 2012.

[32] 金琳, 李玉娥, 高清竹等. 中国农田管理土壤碳汇估算 [J]. 中国农业科学, 2008, 41 (3): 734-743.

[33] 李波, 张俊飚. 基于我国农地利用方式变化的碳效应特征与空间差异研究 [J]. 经济地理, 2012 (7): 135-140.

[34] 李飞跃, 汪建飞. 中国粮食作物秸秆焚烧排碳量及转化生物炭固碳量的估算 [J]. 农业工程学报, 2013 (14): 1-7.

[35] 李谷成, 陈宁陆, 闵锐. 环境规制条件下中国农业全要素生产率增长与分解 [J]. 中国人口·资源与环境, 2011 (11): 153-160.

[36] 李虎, 邱建军, 王立刚等. 中国农田主要温室气体排放特征与控制技术 [J]. 生态环境学报, 2012 (1): 159-165.

[37] 李明明, 韩凤朋, 刘恒博等. 1992-2010 年黄土高原小流域土壤有机碳时空变异性研究 [J]. 干旱区资源与环境, 2014, 28 (4): 134-139.

[38] 李鹏, 张俊飚. 农业生产废弃物循环利用效率测度的实证研究——基于三阶段 DEA 模型的农户基质化管理 [J]. 中国环境科学, 2013, 33 (4): 754-761.

[39] 李太平, 张锋, 胡浩. 中国化肥面源污染 EKC 验证及其驱动因素 [J]. 中国人口·资源与环境, 2011 (11): 118-123.

[40] 李迎春, 林而达, 甄晓林. 农业温室气体清单方法研究最新进展 [J]. 地球科学进展, 2007 (10): 1076-1080.

［41］李长生，肖向明，S. Frolking 等 . 中国农田的温室气体排放［J］. 第四纪研究，2003（5）：493 – 503.

［42］刘泉君 . 低碳农业发展金融困境及对策探究［J］. 当代经济，2011（23）：74 – 75.

［43］刘涛，党小虎，刘国彬等 . 黄土丘陵区 3 种退耕灌木林生态系统碳密度的对比研究［J］. 西北农林科技大学学报（自然科学版），2013（9）：68 – 72.

［44］刘月仙，刘娟，吴文良 . 北京地区畜禽温室气体排放的时空变化分析［J］. 中国生态农业学报，2013（7）：891 – 897.

［45］刘志超，杨改河，杜英等 . 退耕还林（草）对黄土丘陵沟壑区农民经济生活影响的分析——以安塞县为例［J］. 水土保持研究，2008，15（1）：169 – 172.

［46］罗小娟，冯淑怡，黄挺等 . 测土配方施肥项目实施的环境和经济效果评价［J］. 华中农业大学学报（社会科学版），2014（1）：86 – 93.

［47］农业部科技教育司 . 发展低碳农业 应对气候变化：低碳农业研讨会论文集［M］. 北京：中国农业出版社，2010.

［48］马骥 . 农户粮食作物化肥施用量及其影响因素分析——以华北平原为例［J］. 农业技术经济，2006（6）：36 – 42.

［49］马骥 . 中国农户秸秆就地焚烧的原因：成本收益比较与约束条件分析——以河南省开封县杜良乡为例［J］. 农业技术经济，2009（2）：77 – 84.

［50］马欣，田志宏 . 巴西农业支持政策分析与借鉴［J］. 经济问题探索，2015（3）：14 – 18.

［51］孟祥海，程国强，张俊飚 . 中国畜牧业全生命周期温室气体排放时空特征分析［J］. 中国环境科学，2014，34（8）：2167 – 2176.

［52］闵继胜，胡浩 . 中国农业生产温室气体排放量的测算［J］. 中国人口·资源与环境，2012，22（7）：21 – 27.

［53］潘丹，应瑞瑶 . 资源环境约束下的中国农业全要素生产率增长研究［J］. 资源科学，2013（7）：1329 – 1338.

［54］潘丹 . 基于资源环境约束视角的中国农业绿色生产率测算及其影响因素解析［J］. 统计与信息论坛，2014，29（8）：27 – 33.

[55] 彭春艳, 罗怀良, 孔静. 中国作物秸秆资源量估算与利用状况研究进展 [J]. 中国农业资源与区划, 2014 (3): 14 – 20.

[56] 彭小辉. 农业政策变化与农户行为研究 [D]. 上海: 上海交通大学, 2014.

[57] 钱丽, 肖仁桥, 陈忠卫. 碳排放约束下中国省际农业生产效率及其影响因素研究 [J]. 经济理论与经济管理, 2013 (9): 100 – 112.

[58] 屈宇宏. 城市土地利用碳通量测算、碳效应分析及调控机制研究——以武汉市为例 [D]. 武汉: 华中农业大学, 2015.

[59] 冉光和, 王建洪, 王定祥. 我国现代农业生产的碳排放变动趋势研究 [J]. 农业经济问题, 2011 (2): 32 – 38, 110 – 111.

[60] 沈满洪, 贺震川, 孟艾红. 低碳经济视角下的财税政策创新 [J]. 鄱阳湖学刊, 2011 (3): 5 – 13.

[61] 师阳阳, 陈云明, 张光辉等. 不同退耕年限撂荒地植物多样性及生物量分析 [J]. 水土保持研究, 2012, 19 (6): 36 – 40.

[62] 史清华. 农户经济增长与发展研究 [M]. 北京: 中国农业出版社, 1999: 120 – 121.

[63] 舒畅, 乔娟. 欧美低碳农业政策体系的发展以及对中国的启示 [J]. 农村经济, 2014 (3): 125 – 129.

[64] 西奥多·W. 舒尔茨. 改造传统农业 [M]. 北京: 商务印书馆, 2009.

[65] 斯科特, 程立显, 刘建. 农民的道义经济学: 东南亚的反叛与生存 [M]. 北京: 译林出版社, 2001.

[66] 宋博, 穆月英, 侯玲玲. 农户专业化对农业低碳化的影响研究——来自北京市蔬菜种植户的证据 [J]. 自然资源学报, 2016, 31 (3): 468 – 476.

[67] 孙志强, 郝庆菊, 江长胜等. 农田土壤 N_2O 的产生机制及其影响因素研究进展 [J]. 土壤通报, 2010 (6): 1524 – 1530.

[68] 谭秋成. 中国农业温室气体排放: 现状及挑战 [J]. 中国人口·资源与环境, 2011, 21 (10): 69 – 75.

[69] 唐红侠, 韩丹, 赵由才等. 农林业温室气体减排与控制技术 [M]. 北京: 化学工业出版社, 2009: 81 – 96.

[70] 唐晓川, 孙玉军, 王绍强等. 我国南方红壤区 CDM 造林再造林项目实证研究——以千烟洲生态试验站为例 [J]. 自然资源学报, 2009 (8): 1477 – 1487.

[71] 田云, 张俊飚, 何可等. 农户农业低碳生产行为及其影响因素分析——以化肥施用和农药使用为例 [J]. 中国农村观察, 2015 (4): 61 – 70.

[72] 田云, 张俊飚, 李波. 中国农业碳排放研究: 测算、时空比较及脱钩效应 [J]. 资源科学, 2012 (11): 2097 – 2105.

[73] 田云, 张俊飚, 吴贤荣等. 中国种植业碳汇盈余动态变化及地区差异分析——基于 31 个省 (市、区) 2000—2012 年的面板数据 [J]. 自然资源学报, 2015, 30 (11): 1886 – 1309.

[74] 田云, 张俊飚, 尹朝静等. 中国农业碳排放分布动态与趋势演进 [J]. 中国人口·资源与环境, 2014 (7).

[75] 田展, 牛逸龙, 孙来祥等. 基于 DNDC 模型模拟气候变化影响下的中国水稻田温室气体排放 [J]. 应用生态学报, 2015, 26 (3): 793 – 799.

[76] 佟小刚, 韩新辉, 吴发启等. 黄土丘陵区三种典型退耕还林地土壤固碳效应差异 [J]. 生态学报, 2012, 32 (20): 6396 – 6403.

[77] 涂正革, 肖耿. 环境约束下的中国工业增长模式研究 [J]. 世界经济, 2009 (11): 41 – 54.

[78] 涂正革. 工业二氧化硫排放的影子价格: 一个新的分析框架 [J]. 经济学 (季刊), 2009, 9 (1): 259 – 281.

[79] 涂正革. 环境、资源与工业增长的协调性 [J]. 经济研究, 2008 (2): 93 – 105.

[80] 王才军, 孙德亮, 张凤太. 基于农业投入的重庆农业碳排放时序特征及减排措施研究 [J]. 水土保持研究, 2012 (5): 206 – 209.

[81] 王珏, 宋文飞, 韩先锋. 中国地区农业全要素生产率及其影响因素的空间计量分析——基于 1992 - 2007 年省域空间面板数据 [J]. 中国农村经济, 2010 (8): 24 – 35.

[82] 王奇, 王会, 陈海丹. 中国农业绿色全要素生产率变化研究: 1992 - 2010 年 [J]. 经济评论, 2012 (5): 24 – 33.

[83] 王青，郑红勇，聂桢祯. 低碳农业理论分析与中国低碳农业发展思路 [J]. 西北农林科技大学学报（社会科学版），2012，12（3）：1 - 7.

[84] 王群伟，周德群，周鹏. 区域二氧化碳排放效率及减排潜力研究——以我国主要工业省区为例 [J]. 科学学研究，2011（6）：868 - 875.

[85] 王珊珊，张广胜. 非农就业对农户碳排放行为的影响研究——来自辽宁省辽中县的证据 [J]. 资源科学，2013（9）：1855 - 1862.

[86] 王效琴，梁东丽，王旭东等. 运用生命周期评价方法评估奶牛养殖系统温室气体排放量 [J]. 农业工程学报，2012，28（13）：179 - 184.

[87] 王正淑，王继军. 县南沟流域种植业生态价值的测算与分析——基于碳汇视角 [J]. 水土保持研究，2015，22（6）：261 - 266.

[88] 王智平. 中国农田 N_2O 排放量的估算 [J]. 农村生态环境，1997，13（2）：51 - 55.

[89] 温铁军，董筱丹，石嫣. 中国农业发展方向的转变和政策导向：基于国际比较研究的视角 [J]. 农业经济问题，2010（10）：88 - 94.

[90] 文小才. 当前我国财政农业补贴中存在的问题及对策 [J]. 经济经纬，2007（3）：128 - 131.

[91] 吴军. 环境约束下中国地区工业全要素生产率增长及收敛分析 [J]. 数量经济技术经济研究，2009（11）：17 - 27.

[92] 吴贤荣，张俊飚，程琳琳等. 中国省域农业碳减排潜力及其空间关联特征——基于空间权重矩阵的空间 Durbin 模型 [J]. 中国人口·资源与环境，2015，25（6）：53 - 61.

[93] 吴贤荣，张俊飚，田云等. 基于公平与效率双重视角的中国农业碳减排潜力分析 [J]. 自然资源学报，2015，30（7）：1172 - 1182.

[94] 吴贤荣，张俊飚，田云等. 中国省域农业碳排放：测算、效率变动及影响因素研究——基于 DEA-Malmquist 指数分解方法与 Tobit 模型运用 [J]. 资源科学，2014，36（1）：129 - 138.

[95] 吴贤荣，张俊飚，朱烨等. 中国省域低碳农业绩效评估及边际减排成本分析 [J]. 中国人口·资源与环境，2014，24（10）：57 - 63.

[96] 吴玉鸣. 中国区域农业生产要素的投入产出弹性测算——基于空间计量经济模型的实证 [J]. 中国农村经济，2010（6）：25 - 37.

[97] 伍芬琳，李琳，张海林等. 保护性耕作对农田生态系统净碳释放

量的影响 [J]. 生态学杂志, 2007, 26 (12): 2035 - 2039.

[98] 向东梅, 周洪文. 现有农业环境政策对农户采用环境友好技术行为的影响分析 [J]. 生态经济, 2007 (2): 88 - 91.

[99] 向平安, 周燕, 黄璜等. 氮肥面源污染控制的绿税激励措施探讨——以洞庭湖区为例 [J]. 中国农业科学, 2007 (2): 330 - 337.

[100] 肖国增, 吴雪莲, 费永俊. 基于 DEA 模型的荆州市 44 个村农地利用效率评测 [J]. 长江大学学报 (自然科学版), 2014 (23): 84 - 89.

[101] 徐占军. 高潜水位矿区煤炭开采对土壤和植被碳库扰动的碳效应 [D]. 徐州: 中国矿业大学, 2011.

[102] 许广月. 中国低碳农业发展研究 [J]. 经济学家, 2010 (10): 72 - 78.

[103] 杨俊, 陈怡. 基于环境因素的中国农业生产率增长研究 [J]. 中国人口·资源与环境, 2011 (6): 153 - 157.

[104] 杨玉姣, 陈云明, 曹扬. 黄土丘陵区油松人工林生态系统碳密度及其分配 [J]. 生态学报, 2014, 34 (8): 2128 - 2136.

[105] 尹钰莹, 郝晋珉, 牛灵安等. 河北省曲周县农田生态系统碳循环及碳效率研究 [J]. 资源科学, 2016, 38 (5): 918 - 928.

[106] 于宏源. 以绿色共赢为核心的中国能源环境外交 [J]. 国际展望, 2011 (4): 73 - 88, 156 - 157.

[107] 余光英, 员开奇. 武汉城市圈土地碳平衡适宜性评价及潜力分析 [J]. 水土保持研究, 2013 (6): 271 - 276.

[108] 张灿强, 王莉, 华春林等. 中国主要粮食生产的化肥削减潜力及其碳减排效应 [J]. 资源科学, 2016, 38 (4): 790 - 797.

[109] 张成, 陆旸, 郭路等. 环境规制强度和生产技术进步 [J]. 经济研究, 2011 (2): 113 - 124.

[110] 张冬平, 冯继红. 中国小麦生产效率的 DEA 分析 [J]. 农业技术经济, 2005 (3): 48 - 54.

[111] 张广胜, 王珊珊. 中国农业碳排放的结构、效率及其决定机制 [J]. 农业经济问题, 2014, 35 (7): 18 - 26, 110.

[112] 张广胜. 基于投入产出的江西省生产性服务业效率评价 [J]. 科学决策, 2013 (1): 59 - 77.

[113] 张俊飚. "两型社会"建设与湖北农业发展 [J]. 湖南社会科学, 2008 (5): 106 – 109.

[114] 张新民. 低碳农业发展核心目标: 减缓和适应气候变化 [J]. 生态经济, 2012 (6): 79 – 81, 145.

[115] 赵建宁, 张贵龙, 杨殿林. 中国粮食作物秸秆焚烧释放碳量的估算 [J]. 农业环境科学学报, 2011 (4): 812 – 816.

[116] 赵连阁, 蔡书凯. 晚稻种植农户 IPM 技术采纳的农药成本节约和粮食增产效果分析 [J]. 中国农村经济, 2013 (5): 78 – 87.

[117] 赵其国, 钱海燕. 低碳经济与农业发展思考 [J]. 生态环境学报, 2009 (5): 1609 – 1614.

[118] 郑恒, 李跃. 低碳农业发展模式探析 [J]. 农业经济问题, 2011 (6): 26 – 29.

[119] 周贝贝, 王一明, 林先贵. 不同处理方式的粪肥对水稻生长和温室气体排放的影响 [J]. 应用与环境生物学报, 2016 (3): 430 – 436.

[120] 周德成, 赵淑清, 朱超. 退耕还林工程对黄土高原土地利用/覆被变化的影响——以陕西省安塞县为例 [J]. 自然资源学报, 2011 (11): 1866 – 1878.

[121] 周宏春. 世界碳交易市场的发展与启示 [J]. 中国软科学, 2009 (12): 39 – 48.

[122] 朱帆, 余成群, 曾嵘等. 西藏 "一江两河" 地区农户生产效率分析及改进方案——基于三阶段 DEA 模型和农户微观数据 [J]. 经济地理, 2011, 31 (7): 1178 – 1184.

[123] ACIL Tasman Pty Ltd. Agriculture and GHG mitigation policy: options in addition to the CPRS [M]. New South Wales: Industry & Investment NSW, 2009.

[124] Andreae M O, Merlet P. Emission of trace gases and aerosols from biomass burning [J]. Global Biogeochemical Cycles, 2001, 15 (4): 955 – 966.

[125] Ang B W, Zhang F Q. A survey of index decomposition analysis in energy and environmental study [J]. Energy, 2000, 25 (12): 1149 – 1176.

[126] Ang B W. Decomposition analysis for policy-making in Energy: Which is the preferred method? [J]. Energy Policy, 2004, 33 (9): 1131 – 1139.

［127］Ang B W. Factorizing changes in energy and environmental indicators through decomposition ［J］. Energy, 1998（6）: 489 - 495.

［128］Anselin L. Spatial econometrics: Methods and models ［M］. Dordrecht: Kluwer, 1988: 7 - 13.

［129］Antle J M, Stoorvogel J J, Valdivia R O. Assessing the economic impacts of agricultural carbon sequestration: Terraces and agroforestry in the Peruvian Andes ［J］. Agriculture Ecosystems & Environment, 2007, 122（4）: 435 - 445.

［130］Baumann M, Gasparri I, Piquer-Rodríguez M et al. Carbon emissions from agricultural expansion and intensification in the Chaco ［J］. Global Change Biology, 2016.

［131］Blandford D, Josling T. Greenhouse gas reduction policies and agriculture: implications for production incentives and international trade disciplines ［J］. International Centre for Trade & Sustainable Development, 2009, 55（10）: 512 - 521.

［132］Brucel, Ruce L, John P G. Will either cap and trade or a carbon emissions tax be effective in monetizing carbon as an ecosystem service ［J］. Forest Ecology and Management, 2008, 256（12）: 2160 - 2165.

［133］Burtraw D, Palmer K, Bharvirkar R et al. The effect on asset values of the allocation of carbon dioxide emission allowances ［J］. Electricity Journal, 2002, 15（5）: 51 - 62.

［134］Caliendo M, Kopeinig S. Some practical guidance for the implementation of propensity score matching ［J］. Journal of Economic Surveys, 2008, 22（1）: 31 - 72.

［135］Callaway J M, Mc Carl B. The economic consequences of substituting carbon payments for crop subsidies in U. S. agriculture ［J］. Environmental and Resource Economics, 1996, 7（1）: 15 - 43.

［136］Caves D W, Christensen L R, Diewert W E. The economic theory of index numbers and the measurement of input, output and productivity ［J］. Econometrics, 1982, 50（6）: 1393 - 1414.

［137］Chambers R G, Chung Y, Fare R. Benefit and distance functions

[J]. Journal of Economic Theory, 1996, 70 (2): 407 – 419.

[138] Chan K. Consistency and limiting distribution of the least squares estimator of a threshold auto regressive model [J]. The Annals of Statistics, 1993, 21 (1): 520 – 533.

[139] Chen C, Pan J, Shu K L. A review of precision fertilization research [J]. Environmental Earth Sciences, 2014, 71 (9): 4073 – 4080.

[140] Cheng K, Pan G, Smith P et al. Carbon footprint of China's crop production—An estimation using agro-statistics data over 1993 – 2007 [J]. Agriculture Ecosystems & Environment, 2011, 142 (3 – 4): 231 - 237.

[141] Christine L G, Michael J A, Richard A B et al. Forest carbon sinks in the Northern Hemisphere [J]. Ecological Applications, 2002, 12 (3): 891 – 899.

[142] Chung Y H, Färe R, Grosskopf S. Productivity and undesirable outputs: A directional distance function approach [J]. Journal of Environmental Management, 1995, 51 (3): 229 – 240.

[143] Coggins J S, Swinton J R. The price of pollution: A dual approach to valuing SO_2 allowances [J]. Journal of Environmental Economics & Management, 1996, 30 (1): 58 – 72.

[144] Cole C V, Duxbury J, Freney J et al. Global estimates of potential mitigation of greenhouse gas emissions by agriculture [J]. Nutrient Cycling in Agroecosystems, 1997, 49 (1): 221 – 228.

[145] Cowie A L, Smith P, Johnson D. Does soil carbon loss in biomass production systems negate the greenhouse benefits of bioenergy? [J]. Mitigation and Adaptation Strategies for Global Change, 2006, 11 (5): 979 – 1002.

[146] Criqui P, Mima S, Viguier L. Marginal abatement costs of CO_2, emission reductions, geographical flexibility and concrete ceilings: an assessment using the POLES model [J]. Energy Policy, 1999, 27 (10): 585 – 601.

[147] Dent J B, Heal O W. Methane emissions from China's paddy land [J]. Agriculture, Ecosystems and Environment, 1995, 55 (2): 129 – 137.

[148] Devi P I, Solomon S S, Jayasree M G. Green technologies for sustainable agriculture: Policy options towards farmer adoption [J]. Indian Journal of

Agricultural Economics, 2014, 69 (3): 414 –425.

[149] Dong F, Li X, Long R et al. Regional carbon emission performance in China according to a stochastic frontier model [J]. Renewable & Sustainable Energy Reviews, 2013, 28 (8): 525 –530.

[150] Du L, Wei C, Cai S. Economic development and carbon dioxide emissions in China: Provincial panel data analysis [J]. China Economic Review, 2012, 23 (2): 371 –384.

[151] Dyer J A, Kulshreshtha S N, Mcconkey B G. An assessment of fossil fuel energy use and CO_2 emissions from farm field operations using a regional level crop and land use database for Canada [J]. Energy, 2010 (5): 2261 –2269.

[152] Erneto G E, Rodriguez L C, Walen V K et al. Carbon sequestration and farm income in west Africa: Identifying best management practices for smallholder agricultural systems in northern Ghana [J]. Ecological Economics, 2008, 67 (3): 492 –502.

[153] FAO. Carbon sequestration options under the clean development mechanism to address land gradation [R]. World Soil Resources Reports 92. FAO and IFAD, Rome, 2000.

[154] Färe R, Grosskopf S, Lundgren T et al. Pollution-generating technologies and environmental efficiency [J]. Journal of Chinese Economic & Business Studies, 2012, 12 (3): 233 –251.

[155] Färe R, Grosskopf S, Margaritis D et al. Technological change and timing reductions in greenhouse gas emissions [J]. Journal of Productivity Analysis, 2012, 37 (3): 205 –216.

[156] Färe R, Grosskopf S, Noh D W et al. Characteristics of a polluting technology: Theory and practice [J]. Ssrn Electronic Journal, 2005, 126 (2): 469 –492.

[157] Färe R, Grosskopf S, Norris M et al. Productivity Growth, Technical Progress, and Efficiency Change in Industrialized Countries [J]. American Economic Review, 1994, 84 (1): 66 –83.

[158] Färe R. Pollution abatement activities and traditional productivity: A Joint Production Perspective [J]. Ssrn Electronic Journal, 2004, 62: 673 –682.

［159］ Färe R et al. Derivation of shadow prices for undesirable outputs: A distance function approach ［J］. The Review of Economics and Statistics, 1993, 75 （2）: 374 – 380.

［160］ Färe R, Grosskopf S, Pasurka C A. Environmental production functions and environmental directional distance functions ［J］. Energy, 2007, 32 （7）: 1055 – 1066.

［161］ Färe R, Grosskopf S. Shadow pricing of good and bad commodities ［J］. American Journal of Agricultural Economics, 1999, 80 （3）: 584 – 590.

［162］ Fargione J, Hill J, Tilman D et al. Land clearing and the biofuel carbon debt ［J］. Science, 2008, 319 （29）: 1235 – 1238.

［163］ Fisher M, Kandiwa V. Can agricultural input subsidies reduce the gender gap in modern maize adoption? Evidence from Malawi ［J］. Food Policy, 2014, 45 （45）: 101 – 111.

［164］ Flugge F, Abadi A. Farming carbon: An economic analysis of agroforestry for carbon sequestration and dry land salinity reduction in Western Australia ［J］. Agroforestry Systems, 2006, 68 （3）: 181 – 192.

［165］ Galford G L, Melillo J M, Kicklighter D W et al. Historical carbon emissions and uptake from the agricultural frontier of the Brazilian Amazon ［J］. Ecological Applications, 2011, 21 （3）: 750.

［166］ Garnett T. Livestock-related greenhouse gas emissions: Impacts and options for policy makers ［J］. Environmental Science & Policy, 2009, 12 （4）: 491 – 503.

［167］ Ghorbani M and Motallebi M. The study on shadow price of greenhouse gases emission in Iran: Case of dairy farms ［J］. Research Journal of Enviromental Sciences, 2009, 3 （4）: 466 – 475.

［168］ Gong P, Liang L, Zhang Q. China must reduce fertilizer use too ［J］. Nature, 2011, 473: 284 – 285.

［169］ González-Estrada E, Rodriguez L C, Walen V K et al. Carbon sequestration and farm income in West Africa: Identifying best management practices for smallholder agricultural systems in northern Ghana ［J］. Ecological Economics, 2008, 67 （3）: 492 – 502.

［170］Hailu A and Veeman T S. Environmentally sensitive productivity analysis of the Canadian pulp and paper industry, 1959 – 1994: An input distance function approach ［J］. Journal of Environmental Economics and Management, 2000, 40 (3): 251 – 274.

［171］Hansen B. Inference when a nuisance parameter is not identified under the Null hypothesis ［J］. Econometrica, 1996, 64 (2): 413 – 430.

［172］Hansen B. Threshold effects in non-dynamic panels: Estimation, testing, and inference ［J］. Journal of Econometrics, 1999, 93: 345 – 368.

［173］Helm D, Hepburn C, Mash R. Credible carbon policy ［J］. Oxford Review of Economic Policy, 2003, 19 (3): 438 – 450.

［174］Hu J L, Sheu H J, Lo S F. Under the shadow of Asian Brown Clouds: Unbalanced regional productivities in China and environmental concerns ［J］. International Journal of Sustainable Development & World Ecology, 2005, 12 (4): 429 – 442.

［175］Hu W. Household land tenure reform in China: Its impact on farming land use and agro-environment ［J］. Land Use Policy, 1997, 14 (14): 175 – 186.

［176］Hu X, Si T, Liu C. Total factor carbon emission performance measurement and development ［J］. Journal of Cleaner Production, 2017, 142 (1): 2804 – 2815.

［177］Huan N H, Thiet L V, Chien H V et al. Farmers' participatory evaluation of reducing pesticides, fertilizers and seed rates in rice farming in the Mekong Delta, Vietnam ［J］. Crop Protection, 2005, 24 (5): 457 – 464.

［178］Huang W Y, Heifner R G, Taylor H et al. Timing nitrogen fertilizer application to reduce nitrogen losses to the environment ［J］. Water Resources Management, 2000, 14 (1): 35 – 58.

［179］Hugh B. Carbon banking: Creating flexibility for forest owners ［J］. Forest Ecology and Management, 2009, 257 (1): 378 – 383.

［180］Imbens G W, Wooldridge J. Recent developments in the econometrics of program evaluation ［J］. Social Science Electronic Publishing, 2009 (47): 5 – 86.

［181］ Jiang J. China's urban residential carbon emission and energy efficiency policy ［J］. Energy, 2016, 109: 866 – 875.

［182］ Jobin C, Duquette P. The impact of agricultural extension on farmer nutrient management behavior in Chinese rice production: A household-level analysis ［J］. Sustainability, 2014, 6 (10): 6644 – 6665.

［183］ Johnson J M, Franzluebbers A J, Weyers S L et al. Agricultural opportunities to mitigate greenhouse gas emissions ［J］. Environmental Pollution, 2007, 150 (1): 107 – 124.

［184］ Kooten G C V, Binkley C S, Delcourt G. Effect of Carbon Taxes and subsidies on optimal forest rotation age and supply of carbon services ［J］. American Journal of Agricultural Economics, 1995, 77 (3): 365 – 374.

［185］ Kudo S, Tanimoto H, Inomata S et al. Emissions of nonmethane volatile organic compounds from open crop residue burning in the Yangtze River Delta region, China ［J］. Journal of Geophysical Research Atmospheres, 2014, 119 (12): 7684 – 7698.

［186］ Kuik O, Brander L, Tol R S J. Marginal abatement costs of greenhouse gas emissions: A meta-analysis ［J］. Energy Policy, 2009, 37 (4): 1395 – 1403.

［187］ Lee D, Park B, Kim Y. Estimation of the shadow prices of pollutants with production environment inefficiency taken into account: A nonparametric directional distance function approach ［J］. Journal of Environmental Management, 2002, 64 (4): 365 – 375.

［188］ Lee H C, Mccarl B A, Schneider U A et al. Economic implications of international participation alternatives for agricultural greenhouse gas emission mitigation ［J］. Journal of Polymer Science Part A Polymer Chemistry, 2000, 38 (22): 4095 – 4109.

［189］ LeSage P J, Pace R K. Introduction to spatial econometrics. New York: CRC Press, 2009: 27 – 41.

［190］ Li Ji, Mario Giampietro, Gianni Pastore et al. Trends of technical changes in rice-based farming systems in Southern China: Case study of Qianjiang municipality ［J］. Critical Reviews in Plant Sciences, 1999, 18 (3): 283 – 297.

[191] Li C et al. Carbon emission reduction potential of rural energy in China [J]. Renewable and Sustainable Energy Reviews, 2014, 29: 254 – 262.

[192] Liu S G, Cao F Y, Jun – Ying Y I et al. Effect of depressurizing speed on mold filling behavior and entrainment of oxide film in vacuum suction casting of A356 alloy [J]. Transactions of Nonferrous Metals Society of China, 2016, 26 (12): 3292 – 3298.

[193] Liu X J, Mosier A R, Halvorson A D et al. The impact of nitrogen placement and tillage on NO, N_2O, CH_4, and CO_2, fluxes from a clay loam soil [J]. Plant and Soil, 2006, 280 (1): 177 – 188.

[194] Locatelli B, Pedroni L. Accounting methods for carbon credits: Impacts on the minimum area of forestry projects under the Clean Development Mechanism [J]. Climate Policy, 2004, 4 (2): 193 – 204.

[195] Lozano S, Gutiérrez E. Non – parametric frontier approach to modelling the relationships among population, GDP, energy consumption and CO_2, emissions [J]. Ecological Economics, 2008, 66 (4): 687 – 699.

[196] Luyssaert S, Schulze E D, Borner A et al. Old-growth forests as global carbon sinks [J]. Nature, 2008, 455 (7210): 213 – 215.

[197] Macleod M, Moran D, Eory V et al. Developing greenhouse gas marginal abatement cost curves for agricultural emissions from crops and soils in the UK [J]. Agricultural Systems, 2010, 103 (4): 198 – 209.

[198] Marenya P, Nkonya E, Xiong W et al. Which policy would work better for improved soil fertility management in sub – Saharan Africa, fertilizer subsidies or carbon credits? [J]. Agricultural Systems, 2012, 110 (5): 162 – 172.

[199] Mccarl B A, Schneider U A. U. S. Agriculture's role in a greenhouse gas emission mitigation world: An economic perspective [J]. Applied Economic Perspectives and Policy, 2000, 22 (1): 134 – 159.

[200] Meyeraurich A, Weersink A, Janovicek K et al. Cost efficient rotation and tillage options to sequester carbon and mitigate GHG emissions from agriculture in Eastern Canada [J]. Agriculture Ecosystems & Environment, 2006, 117 (2 – 3): 119 – 127.

[201] Mielnik O, Goldemberg J. Communication the evolution of the "car-

bonization index" in developing countries [J]. Energy Policy, 1999, 27 (5): 307 – 308.

[202] Milne E, Paustian K, Easter M et al. An increased understanding of soil organic carbon stocks and changes in non-temperate areas: National and global implications [J]. Agriculture Ecosystems & Environment, 2007, 122 (1): 125 – 136.

[203] Montefrio M J F, Sonnenfeld D A, Luzadis V A. Social construction of the environment and smallholder farmers' participation in "low-carbon", agro-industrial crop production contracts in the Philippines [J]. Ecological Economics, 2015, 116: 70 – 77.

[204] Mosier A R, Halvorson A D et al. Net global warming potential and greenhouse gas intensity in irrigated cropping systems in Northeastern Colorado [J]. Journal of Environmental Quality, 2006, 35 (4): 1584 – 1598.

[205] Murray B C, Mccarl B A, Lee H C. Estimating leakage from forest carbon sequestration programs [J]. Uwo Department of Economics Working Papers, 2004, 80 (1): 109 – 124.

[206] Murray B C. Overview of agricultural and forestry GHG offsets on the US landscape [J]. Choices, 2004, 6 (3): 14 – 18.

[207] Nguyen V H, Shashi K et al. Shadow prices of environmental outputs and production efficiency of household-level paper recycling units in Vietnam [J]. Ecological Economics, 2008, 65 (1): 98 – 110.

[208] OECD. Indicators to Measure Decoupling of Environmental Pressure and Economic Growth [R]. Paris: OECD, 2002.

[209] Oenema O. Nitrogen budgets and losses in livestock systems [J]. International Congress, 2006, 1293: 262 – 271.

[210] Pan J. H. Emissions rights and their transferability: Equity concerns over climate change mitigation [J]. International Environmental Agreements: Politics, Law and Economics, 2003, 3 (3): 1 – 16.

[211] Parks P J, Hardie I W. Least-cost forest carbon reserves: Cost-effective subsidies to convert marginal agricultural land to forests [J]. Land Economics, 1995, 71 (1): 122 – 136.

[212] Pathak H, Wassmann R. Introducing greenhouse gas mitigation as a development objective in rice-based agriculture: I. Generation of technical coefficients [J]. Agricultural Systems, 2007, 94 (3): 807 – 825.

[213] Peneder M. Industrial structure and aggregate growth [J]. Structural Change & Economic Dynamics, 2003, 14 (4): 427 – 448.

[214] Picazo-Tadeo A J, Reig-Martínez E, Hernández-Sancho F. Directional distance functions and environmental regulation [J]. Resource & Energy Economics, 2005, 27 (2): 131 – 142.

[215] Pretty J, Ward H. Social capital and the environment [J]. World Development, 2001, 29 (2): 209 – 227.

[216] Prieto A M, Zofio J L. Evaluating effectiveness in public provision of infrastructure and equipment: The case of Spanish municipalities [J]. Journal of Productivity Analysis, 2001, 15 (1): 41 – 58.

[217] Rainer Baritz, Guenther Seufert, Luca Montanarella et al. Carbon concentrations and stocks in forest soils of Europe [J]. Forest Ecology and Management, 2010, 260 (3): 262 – 277.

[218] Ramanathan R. Combining Indicators of Energy Consumption and CO_2 Emissions: Across country comparison [J]. International Journal of Global Energy Issues, 2002, 17 (3): 214 – 227.

[219] Rayment, Bryce M. Carbon and water fluxes in a boreal forest ecosystem [J]. Journal of Geophysical Research Atmospheres, 1998, 96 (D9): 17329 – 17338.

[220] Rezek J P, Campbell R C. Cost estimates for multiple pollutants: A maximum entropy approach [J]. Energy Economics, 2007, 29 (3): 503 – 519.

[221] Rosenbaum P R, Rubin D B. Discussion of "on state education statistics": A difficulty with regression analyses of regional test score averages [J]. Journal of Educational and Behavioral Statistics, 1985, 10 (4): 326 – 333.

[222] Ruben N L, Andrew J Plantinga. Land-use change and carbon sinks: econometric estimation of the carbon sequestration supply function [J]. Journal of Environmental Economics and Management, 2006 (51): 135 – 152.

[223] Ryan B, Ledda A. A review of sulphur in coal: With specific reference to the Telkwa deposit [M]. Northwestern British Columbia: Geological Fieldwork, 2010.

[224] Ryan B, Tiffany D G. Minnesota agricultural energy use and the incidence of a carbon tax [M]. Minnesota: Institute for Local Self Reliance, 1998.

[225] Sebastiaan Luyssaert, Detlef Schulze, Annett Borner. Old-growth forests as global carbon sinks [J]. Nature, 2008, 455: 213 – 215.

[226] Seiford L M, Zhu J. Modeling undesirable factors in efficiency evaluation [J]. European Journal of Operational Research, 2002, 142 (1): 16 – 20.

[227] Shaikh S L, Sun L L, Kooten G C. Are agricultural values a reliable guide in determining landowners' decisions to create forest carbon sinks? [J]. Canadian Journal of Agricultural Economics, 2007, 55 (1): 97 – 114.

[228] Six J, Ogle S M, Jay Breidt F et al. The potential to mitigate global warming with no-tillage management is only realized when practised in the long term [J]. Global Change Biology, 2004, 10 (2): 155 – 160.

[229] Smith W N, Grant B B, Desjardins R L et al. A tool to link agricultural activity data with the DNDC model to estimate GHG emission factors in Canada [J]. Agriculture Ecosystems & Environment, 2010, 136 (3): 301 – 309.

[230] Solomon S, Qin D, Manning M et al. IPCC, 2007: Summary for policymakers [M] // Climate Change 2007: The Physical Science Basis. Contribution of Working Group I to the Fourth Assessment Report of the Intergovernmental Panel on Climate Change, 2007.

[231] Steele S R. Expanding the solution set: Organizational economics and agri-environmental policy [J]. Ecological Economics, 2009, 69 (2): 398 – 405.

[232] Storey M. The climate implications of agricultural policy reform [J]. 1997.

[233] Strazicich M C, List J A. Are CO_2 emission levels converging among industrial countries? [J]. Environmental and Resource Economics, 2003, 24 (3): 263 – 2711.

[234] Susan Charnley, David Diaz, Hannah Gosnell. Mitigating climate

change through small-scale forestry in the USA: Opportunities and challenges [J]. 2010, 9 (4): 445 – 462.

[235] Tang K, Hailu A, Kragt M E et al. Marginal abatement costs of greenhouse gas emissions: Broadacre farming in the Great Southern Region of Western Australia [J]. Australian Journal of Agricultural and Resource Economics, 2016, 60 (3): 459 – 475.

[236] Taskin F, Zaim O. Searching for a Kuznets curve in environmental efficiency using kernel estimation [J]. Economics Letters, 2000, 68 (2): 217 – 223.

[237] Thamo T, Kingwell R S, D J P. Measurement of greenhouse gas emissions from agriculture: Economic implications for policy and agricultural producers [J]. Australian Journal of Agricultural and Resource Economics, 2013, 57 (2): 234 – 252.

[238] Tian J, Yang H, Xiang P et al. Drivers of agricultural carbon emissions in Hunan Province, China [J]. Environmental Earth Sciences, 2016, 75 (2): 121.

[239] Tian Y, Zhang J B, He Y Y. Research on spatial-temporal characteristics and driving factor of agricultural carbon emissions in China [J]. Journal of Integrative Agriculture, 2014, 13 (6): 1393 – 1403.

[240] Tieszen L L, Tappan G G, Toure A. Sequestration of carbon in soil organic matter in Senegal: An overview [J]. Journal of Arid Environments, 2004, 59 (3): 409 – 425.

[241] Tone K. A slacks-based measure of efficiency in data envelopment analysis [J]. European Journal of Operational Research, 2001, 130 (3): 498 – 509.

[242] Tschakert P. The costs of soil carbon sequestration: An economic analysis for small-scale farming systems in Senegal [J]. Agricultural Systems, 2004, 81 (3): 227 – 253.

[243] Tyteca D. Linear programing models for the measurement of environmental performance of firms-concepts and empirical results [J]. Journal of Productivity Analysis, 1997, 8: 183 – 197.

[244] Vleeshouwers L M, Verhagen A. Carbon emission and sequestration

by agricultural land use: A model study for Europe [J]. Global Change Biology, 2002, 8 (6): 519 – 530.

[245] Vleeshouwers L M, Verhagen A. CESAR: A model for carbon emission and sequestration by agricultural land use [J]. Report, 2001, 9: 1 – 20.

[246] Wang J, Huang J, Zhang L et al. Why is China's blue revolution so "blue"? The determinants of conservation tillage in China [J]. Journal of Soil & Water Conservation, 2010, 65 (2): 113 – 129.

[247] Wang W, Xie H, Jiang T et al. Measuring the total-factor carbon emission performance of industrial land use in china based on the global directional distance function and non-radial luenberger productivity index [J]. Sustainability, 2016, 8 (4): 336.

[248] Wehner M F, Reed K A, Li F et al. The effect of horizontal resolution on simulation quality in the Community Atmospheric Model, CAM5.1 [J]. Journal of Advances in Modeling Earth Systems, 2014, 6 (4): 980 – 997.

[249] Wei C, Ni J L, Du L M. Regional allocation of carbon dioxide abatement in China [J]. China Economic Review, 2012, 23 (3): 552 – 565.

[250] West T O, Marland G. Net carbon flux from agriculture: Carbon emissions, carbon sequestration, crop yield, and land-use change [J]. Biogeochemistry, 2003, 63 (1): 73 – 83.

[251] Willcock S, Phillips O L, Platts P J et al. Land cover change and carbon emissions over 100 years in an African biodiversity hotspot [J]. Global Change Biology, 2016, 22 (8): 2787 – 2800.

[252] Wise M, Dooley J, Luckow P et al. Agriculture, land use, energy and carbon emission impacts of global biofuel mandates to mid-century [J]. Applied Energy, 2014, 114 (2): 763 – 773.

[253] Woomer P L, Tieszen L L, Tappan G et al. Land use change and terrestrial carbon stocks in Senegal [J]. Journal of Arid Environments, 2004, 59 (3): 625 – 642.

[254] Woomer P L, Toure A, Sall M. Carbon stocks in Senegal's Sahel Transition Zone [J]. Journal of Arid Environments, 2004, 59 (3): 499 – 510.

[255] Wu F L, Li L, Zhang H L et al. Effects of conservation tillage on net

carbon flux from farmland ecosystems ［J］. Chinese Journal of Ecology, 2007, 26 (12): 2035 –2039.

［256］ Wu S, Walker D, Devadoss S. Productivity growth and its components in Chinese agriculture after reforms ［J］. Review of Development Economics, 2001, 5 (3): 375 –391.

［257］ Wu T, Wang Y, Yu C et al. Carbon Sequestration by Fruit Trees-Chinese Apple Orchards as an Example ［J］. Plos One, 2012, 7 (6): 1 –12.

［258］ Yao X, Guo C, Shao S et al. Total-factor CO_2, emission performance of China's provincial industrial sector: A meta-frontier non-radial Malmquist index approach ［J］. Applied Energy, 2016, 184 (12): 1142 –1153.

［259］ Yan X, Hiroko A, Kazuyuki Y et al. Global estimations of the inventory and mitigation potential of methane emissions from rice cultivation conducted using the 2006 Intergovernmental Panel on Climate Change Guidelines ［J］. Global Biogeochemical Cycles, 2009, 23 (2): 125 –151.

［260］ Yoichi K. Impact of Carbon Dioxide Emission on GNP Growth: Interpretation of Proposed Scenarios ［R］. Paris: Presentation to the Energy and Industry Subgroup, Response Strategies Working Group, IPCC, 1989.

［261］ Zaim O, Taskin F. A kuznets curve in environmental efficiency: An application on OECD countries ［J］. Environmental and Resource Economics, 2000, 17: 21 –36.

［262］ Zhang C Q, Wang L, Hua C L et al. Potentialities of fertilizer reduction for grain produce and effects on carbon emissions ［J］. Resources Science, 2016, 38 (4): 790 –797.

［263］ Zhang L X et al. Carbon emissions by rural energy in China ［J］. Renewable Energy, 2014, 66: 641 –649.

［264］ Zhang L X et al. Carbon emissions from energy combustion in rural China ［J］. Procedia Environmental Sciences, 2010 (2): 980 –989.

［265］ Zhang N, Choi Y. Total-factor carbon emission performance of fossil fuel power plants in China: A metafrontier non-radial malmquist index analysis ［J］. Energy Economics, 2013, 40 (2): 549 –559.

［266］ Zhang N, Wei X. Dynamic total factor carbon emissions performance changes in the Chinese transportation industry ［J］. Applied Energy, 2015, 146: 409 – 420.

［267］ Zhang N, Zhou P, Kung C C. Total-factor carbon emission performance of the Chinese transportation industry: A bootstrapped non-radial Malmquist index analysis ［J］. Renewable & Sustainable Energy Reviews, 2015, 41: 584 – 593.

［268］ Zhong Y Y, Zhong W Z. China's regional total factor carbon emission performance and influencing factors analysis ［J］. Journal of Business Economics, 2012, 1 (1): 85 – 96.

［269］ Zhou P, Ang B W, JY Han. Total factor carbon emission performance: A malmquist index analysis ［J］. Energy Economics, 2010, 32: 194 – 201.

［270］ Zhou P, Zhang L, Zhou D Q et al. Modeling economic performance of interprovincial CO_2, emission reduction quota trading in China ［J］. Applied Energy, 2013, 112 (16): 1518 – 1528.

［271］ Zofío J L, Prieto A M. Environmental efficiency and regulatory standards: the case of CO_2, emissions from OECD industries ［J］. Resource & Energy Economics, 2001, 23 (1): 63 – 83.